AI 赋能高校辅导员：
数智能力开启新质思政工作新范式

主　编　杨东杰　闫亮亮
副主编　李青山　王　天　吴　双
参　编　李卓然　艾丽菲热·艾斯卡尔
　　　　刘　希　叶和樽　何洁玉
　　　　曹可滢　范晓璐

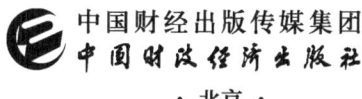

中国财经出版传媒集团
中国财政经济出版社
·北京·

图书在版编目（CIP）数据

AI赋能高校辅导员：数智能力开启新质思政工作新范式 / 杨东杰，闫亮亮主编；李青山，王天，吴双副主编. -- 北京：中国财政经济出版社，2025.5. -- ISBN 978-7-5223-4010-4

Ⅰ. G645.1

中国国家版本馆CIP数据核字第2025LC5482号

责任编辑：葛　新　　　　　　责任校对：胡永立

封面设计：陈宇琰　　　　　　责任印制：史大鹏

AI 赋能高校辅导员：数智能力开启新质思政工作新范式
AI FUNENG GAOXIAO FUDAOYUAN :
SHUZHI NENGLI KAIQI XINZHI SIZHENG GONGZUO XINFANSHI

中国财政经济出版社 出版

URL：http：//www.cfeph.cn

E - mail：cfeph@ cfeph.cn

（版权所有　翻印必究）

社址：北京市海淀区阜成路甲 28 号　邮政编码：100142

营销中心电话：010 - 88191522　编辑部门电话：010 - 88190640

天猫网店：中国财政经济出版社旗舰店

网址：https：//zgczjjcbs.tmall.com

涿州汇美亿浓印刷有限公司印刷　各地新华书店经销

成品尺寸：170mm×240mm　16 开　23 印张　310 000 字

2025 年 5 月第 1 版　2025 年 5 月河北第 1 次印刷

定价：88.00 元

ISBN 978 - 7 - 5223 - 4010 - 4

（图书出现印装问题，本社负责调换，电话：010 - 88190548）

本社质量投诉电话：010 - 88190744

打击盗版举报热线：010 - 88191661　QQ：2242791300

本书系 2024 年度教育部人文社会科学研究专项任务项目（高校辅导员研究）课题——《大学生日常行为大数据赋能高校精准思政实效性提升研究》（课题编号：24JDSZ3144）研究成果

前　言

　　新一代人工智能技术凭借其强大的通用性、渗透性和颠覆性，给高等教育带来了深刻变革，2019年5月，习近平总书记在向国际人工智能与教育大会致贺信中提出："中国高度重视人工智能对教育的深刻影响，积极推动人工智能和教育深度融合，促进教育变革创新。"党的二十大报告首次提出"推进教育数字化，建设全民终身学习的学习型社会、学习型大国"。2023年，习近平总书记在中共中央政治局第五次集体学习时强调："教育数字化是我国开辟教育发展新赛道和塑造教育发展新优势的重要突破口。"2025年1月，中共中央、国务院印发了《教育强国建设规划纲要（2024—2035年）》，明确要求以教育数字化开辟发展新赛道、塑造发展新优势，其中非常重要的一点就是促进人工智能助力教育变革。

　　2023年9月，习近平总书记在黑龙江考察调研时首次提出"新质生产力"，新质生产力具有高科技、高效能、高质量的特征，人工智能技术正在通过赋能各行各业形成新质生产力。党和国家始终高度关注人工智能的发展，明确人工智能技术赋能高等教育变革的重要性，强调要培养教师的数字素养，将数字化技术运用到实际工作中。《高等学校辅导员职业能力标准（暂行）》明确指出："辅导员是高等学校教师队伍和管理队伍的重要组成部分"，因此，高校辅导员需要顺应时代发展趋势，提升数字素养，推动人工智能和教育深度融合，学会将数智能力应用到日常教育管理工作中，更好地成为大学生日常思想政治教育和管理工作的组织者、实施者和指导者，推动高校辅导员工作迭代升级、提质增效。

为更好地响应教育数字化转型战略要求，贯彻落实《教育强国建设规划纲要（2024—2035年）》，积极应对人工智能时代高校学生教育管理工作出现的新变化和新态势，帮助高校辅导员利用人工智能技术提高工作成效，推动高校辅导员队伍专业化职业化发展。本书从高校辅导员工作"九大职责"出发，系统梳理人工智能技术与高校辅导员工作的内涵特征，在分析人工智能技术引入高校辅导员工作的契合性的基础上，尝试解答"人工智能技术为高校辅导员工作带来了怎样的机遇与挑战、人工智能技术赋能高校辅导员工作的具体路径是什么？其中的风险是什么，应该怎样规避各类风险？"等一系列问题，为人工智能时代高校辅导员工作提质增效提供了新思路和理论支持。

本书共十三章。第一章绪论，介绍本书的核心概念，并对人工智能技术赋能高校辅导员工作的理论基础、研究现状和研究方法进行概述；第二章现实依据，从高校辅导员工作现状与困境出发，分析人工智能技术赋能辅导员工作的价值意蕴和可行性；第三章关注思想理论教育和价值引领层面，介绍如何利用人工智能技术实时动态感知学生思想动态，探讨如何利用人工智能技术实现思想理论教育资源的智能化精准供给；第四章关注党团和班级建设层面，介绍如何利用人工智能技术实现党员团员智能管理服务，加强党的思想建设和理论武装；第五章关注学风建设层面，探讨如何利用人工智能技术进行学情检测与分析，提供智能辅导与答疑服务，提高学习效率；第六章关注学生日常事务管理层面，介绍如何利用人工智能技术实现学生日常事务自动化管理，同时进行大数据汇集与分析，为管理决策提供依据；第七章关注人工智能技术在心理健康与咨询中的应用，介绍如何利用人工智能技术提供全天候的智能情感支持和倾听服务，为学生提供心理疏导，缓解心理压力。第八章关注网络思想政治教育层面，介绍如何利用人工智能技术进行网络思想政治教育资源智能推荐，整合思想政治教育知识图谱，提供沉浸式互动学习体验；第九章关注校园危机事件应对，介绍如何利用人工智能技术进行校园危机事件动态预警，以及教育舆情合理应对处置，为校园决策提供参考意见，提高决策效率；第十章关注职业规划与就业指导层面，介绍如何利用人工智能技术进行智能化职业生涯规划指导，进行职业能力的智能评价与跟踪，为学生提供个性化的提升方案；第十一章关注理论与实践层面，介绍如何利用人工智能技术加速相关领域的知识学习，为高校辅导员科学研究提供数据支持；第十二章探讨了人工智能技术赋能高校辅导员工作面临的挑战，包括意识形态偏差、隐私安全风险、智能算法歧视等方面；第十三章探讨了人工智能技术赋能高校辅导员工作高质量发展路径，从思想、制度、技术三个层面提出可行性建议。

本书编写团队从 2019 年开始，持续探索人工智能技术应用于高校辅导员工作的契合性、必要性以及可行路径，积累了一定的理论研究成果和工作实践经验。在编写过程中，编写团队注重理论与实践相结合，嵌入具体的人工智能应用场景，重点突出创新思维，立足高校辅导员工作"九大职责"，将相关领域理论研究成果和实际工作经历中的经典案例有机结合，力求编写一本时代特色鲜明、逻辑结构严密、内容前卫丰富、可读性高的高质量应用型图书，为高校辅导员工作实践提供参考和支持。

人工智能技术对高校辅导员工作的赋能，本质上是对育人本质的回归。当机器算法解构了经验主义的模糊性，当数据照亮了认知盲区，高校辅导员得以更专注地践行"以学生为中心"的初心。人工智能技术不是冰冷工具理性的代名词，而是新时代高校实现"精准思政""智慧思政"的必由之路，更是高等教育回应"培养什么人、怎样培养人、为谁培养人"根本问题的高分答卷。

特向为本书编写提供理论基础、案例支撑以及技术支持的专家学者和各界朋友表示衷心的感谢，期待社会各界读者对本书的疏漏之处提出批评与建议。

编　者

2025 年 4 月

目 录

第一章 绪论 …… 1
  第一节 核心概念辨析 …… 2
  第二节 人工智能技术赋能高校辅导员工作的理论基础 …… 18
  第三节 人工智能技术赋能高校辅导员工作的研究现状 …… 24
  第四节 人工智能技术赋能高校辅导员工作的研究方法 …… 29

第二章 人工智能技术赋能高校辅导员工作的现实依据 …… 32
  第一节 高校辅导员工作现状与困境 …… 33
  第二节 人工智能技术赋能高校辅导员工作的价值意蕴 …… 42
  第三节 人工智能技术赋能高校辅导员工作的可行性分析 …… 49
  第四节 人工智能技术赋能高校辅导员工作遵循的原则 …… 61

第三章 思想理论教育和价值引领工作中的数智能力和应用方法 …… 65
  第一节 动态感知学生思想动态 …… 67
  第二节 精准供给思想理论教育资源 …… 74
  第三节 创新打造虚实结合的思政育人环境 …… 81
  第四节 应用案例——人工智能技术在新生入学教育中的应用 …… 91

第四章 党团和班级建设工作中的数智能力和应用方法 …… 102
第一节 党员团员智能管理服务 …… 103
第二节 党团思想建设和理论武装 …… 112
第三节 班级活动组织与实效性检测 …… 120
第四节 应用案例——以人工智能技术为基础的
智慧党建平台 …… 136

第五章 学风建设工作中的数智能力和应用方法 …… 139
第一节 学情检测与分析 …… 141
第二节 智能辅导与答疑 …… 152
第三节 个性化学习资源推荐 …… 157
第四节 应用案例——学业辅导智能体 …… 160

第六章 学生日常事务管理工作中的数智能力和应用方法 …… 168
第一节 学生日常事务自动化管理 …… 169
第二节 学生校园行为大数据汇集与分析 …… 176
第三节 "一站式"学生社区智慧治理 …… 186
第四节 应用案例——打造数字人辅导员 …… 191

第七章 心理健康与咨询工作中的数智能力和应用方法 …… 197
第一节 全天候智能情感支持和倾听服务 …… 199
第二节 人工智能技术在心理健康与咨询领域的关键技术 …… 202
第三节 人工智能技术对大学生心理健康与咨询的影响 …… 210
第四节 人工智能技术在心理健康与咨询领域的发展趋势 …… 215
第五节 人工智能技术在心理健康与咨询领域的应用案例 …… 218

第八章　网络思想政治教育工作中的数智能力和应用方法 …… 223
　　第一节　网络思想政治教育资源智能推荐 …………………… 224
　　第二节　整合思想政治教育知识图谱 ………………………… 229
　　第三节　沉浸式互动学习体验 ………………………………… 234
　　第四节　应用案例——人工智能技术辅助思想政治教育
　　　　　　知识图谱制作 ………………………………………… 235

第九章　校园危机事件应对工作中的数智能力和应用方法 …… 241
　　第一节　校园危机事件动态预警 ……………………………… 243
　　第二节　校园危机事件应对辅助决策 ………………………… 255
　　第三节　教育舆情合理应对处置 ……………………………… 259
　　第四节　应用案例——校园危机评估指标体系和预警机制 … 263

第十章　职业规划与就业指导工作中的数智能力和应用方法 … 270
　　第一节　智能化职业生涯规划指导 …………………………… 271
　　第二节　职业能力的智能评价与跟踪 ………………………… 279
　　第三节　就业信息的智能化收集与展示 ……………………… 283
　　第四节　就业技能的智能化提升 ……………………………… 288
　　第五节　应用案例——"能源动力行业智能就业指导"
　　　　　　课程设计 ……………………………………………… 295

第十一章　理论与实践中的数智能力和应用方法 ………………… 305
　　第一节　加速相关领域知识学习 ……………………………… 306
　　第二节　数据模型建构与优化 ………………………………… 309
　　第三节　人工智能助力辅导员开展科学研究 ………………… 316

第十二章 人工智能技术赋能高校辅导员工作的挑战 ………… 319
第一节 意识形态偏差 ………………………………… 320
第二节 隐私安全风险 ………………………………… 325
第三节 智能算法歧视 ………………………………… 330
第四节 师生关系消解 ………………………………… 335

第十三章 人工智能技术赋能高校辅导员工作高质量发展路径 ……… 339
第一节 思想方面:转变观念,积极应对 ………………… 340
第二节 制度方面:制度创新、审慎监管 ………………… 343
第三节 技术层面:创新应用,实效为重 ………………… 346

第一章
绪　论

在数字化浪潮重塑教育生态的今天,"00后""05后"作为深度数字化的"网络原住民"已成为高校学生主体。其信息获取的碎片化特征、价值认知的多元取向及互动需求的即时响应期待,与依赖经验判断、粗放管理的传统思政工作模式不相匹配。这种供需错位的深层症结,折射出辅导员数智能力不足导致的教育供给与数字时代结构性脱节的现实困境。人工智能技术正经历指数级发展,催生思政工作范式的革新契机,通过构建人机协同的智慧思政系统,不仅能够实现教育资源的精准适配,更将实质性提升辅导员新质思政工作能力,为破解代际认知鸿沟提供技术赋能的创新路径。

本章立足教育生态的深刻变革,聚焦三大核心命题:为何需要技术赋能、如何实现价值革新、怎样构建系统路径。通过解构"人工智能技术"的双重属性、辨析"高质量发展"的内涵,揭示技术赋能不仅是工具升级,更是教育理念的重构——从"大水漫灌"转向"精准滴灌",从"被动响应"转向"主动预见"。

第一节 核心概念辨析

一、人工智能技术

（一）人工智能技术发展历程

人工智能（Artificial Intelligence，AI）概念首次提出于1956年的夏天，这一里程碑式的事件发生在美国达特茅斯学院，当时举办了一场历史上具有重要意义的人工智能研讨会。这次会议被普遍认为是人工智能学科诞生的标志，由一批在计算机科学、数学、心理学等领域享有盛誉的杰出科学家共同发起和参与。在会议召开之前，科学家们已经对机器能否模仿和展现人类智能进行了初步的探索，尤其是1950年著名的"图灵测试"，为人工智能的提出奠定了理论基础。"图灵测试"提出，如果一台机器能够与人类进行对话而无法被辨别出其机器身份，那么这台机器就具备智能。这一测试不仅为人工智能的研究设定了目标，也预示了未来机器可能具有真正智能的可能性。

在这样的背景下，1955年，约翰·麦卡锡、马文·斯基、克劳德·香农和赫伯特·西蒙四位学者向美国洛克菲勒基金会递交了一份关于举办达特茅斯人工智能暑期研讨会的提议。该提议旨在资助研究"让机器能像人那样认知、思考和学习，即用计算机模拟人的智能"的科学，这一提议最终得到了该基金会的部分资助，从而促成了达特茅斯会议的召开。在长达两个月的会议期间，科学家们齐聚一堂，深入探讨了用机器来模仿人类学习以及其他方面的智能的可行性。计算机科学家约翰·麦卡锡在会上首次使用了"人工智能"这一术语，用以描述能够模仿、延伸和扩展人类智能的理论、方法和技术。这一概念的提出，不仅是对当时研究成果的总结，更是对未来研究方向的展望。达特茅斯会议不仅提出了"人工智能"这一术语，还启动了一系列基础研究，为人工智能的后续发展奠定了坚实的基础。会议之后,科学家们开始致力于将人工智能理念付诸实践,进行了一系列理论基础的建立和基本算法的开发。这些努力推动了人工智能领域的快速发展,使得人工智能从一个抽象的概念逐渐发展成为可以用于解决实际问题的工具。

人工智能发展至今主要历经四次浪潮见图1-1。

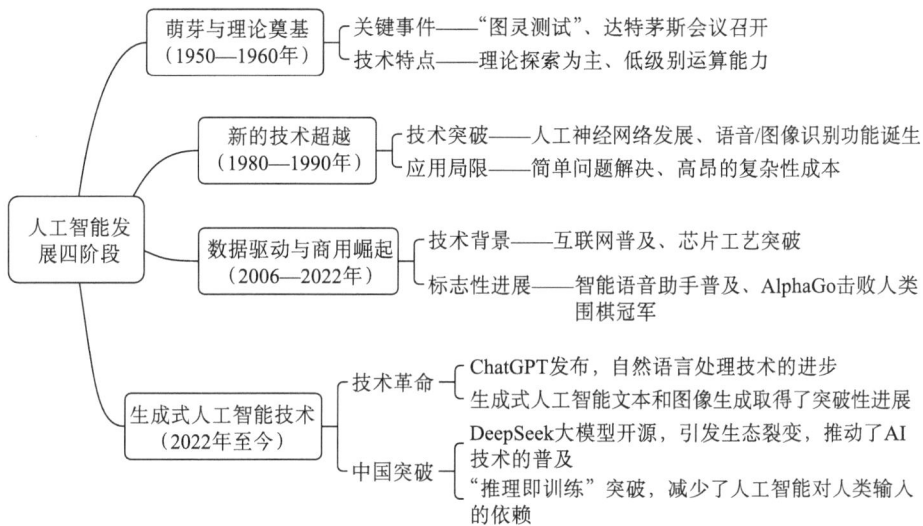

图1-1 人工智能技术发展历程

1950—1960年首次出现人工智能浪潮,1950年,"人工智能之父"阿兰·图灵提出了"机器能否思考?"的问题,也就是著名的"图灵测试",这是对人工智能的开创性构思。1956年夏天,在美国东部召开的达特茅斯会议上,人工智能作为一个全新研究领域出现在学界,学界将这一年称为人工智能的元年,但是受制于当时科学技术发展水平较低,硬件设施算力不够,只能进行低级别的基础运算,智能技术在理论和实践中均无法取得新的进展,更无法达到原有的技术愿景,所以本次发展浪潮于1960年陷入低谷。

20世纪80年代至90年代,人工智能开启第二次发展浪潮,处于这个阶段的人工智能有了新的技术超越,最大突破是在人工神经网络模块,具备了语音识别和图像识别功能,但需要注意的是,这个阶段的人工智能只能解决一些简单问题,在处理复杂的、数据量较大的问题时显得无能为力,且处理成本高昂,很难在实际生活中运用,技术实用价值较低。

2006—2022年是人工智能第三次发展浪潮,从此时期开始人工智能逐渐走向成熟,随着互联网走进千家万户,海量的数据信息喷涌而出,芯片制程工艺突飞猛进。此阶段,人工智能可被应用的领域得到拓展,各类商用的智能软件走进大众的生活,如手机智能语音助手的普及应用,实现了更加便捷自然的人机交互方式,之后人工智能再次让世人瞩目的事件是智能机器人 Alpha.Go 在围棋比赛中战胜人类围棋世界冠军。

2022年至今是人工智能第四次发展浪潮,生成式人工智能技术是当前人工智能技术发展的新形态。美国 OpenAI 公司于 2022 年 11 月 30 日发布了一款基于 GPT-3.5 架构的聊天机器人模型 ChatGPT。ChatGPT 采用了"从人类反馈中强化学习"(RLHF)的训练方式,通过大量语料库的学习,能够理解和生成自然语言文本,模拟与人类交流对话,这标志着生成式人工智能技术的快速进步与逐渐成熟。2025 年,中国学者研发的 DeepSeek 大模型一夜爆火出圈,如同在平静的湖面投入了一颗石子,短短半月之余,在国际舞台激起层层涟漪,其震荡效应甚至跃出技术范围,迅速扩散到国际政治、经济社会和思想文化领域。DeepSeek R1-Zero 更重要的价值是,"推理即训练"的自我进化突破了自 GPT 大模型以来终极的人类输入瓶颈,其普惠开源的公益壮举,更使人工智能一味追逐大数据、大算力、大模型、大能耗的"闭源竞争"整体生态发生裂变,国际上几大 AI 头部企业也被迫走出大模型开源免费之路。

生成式人工智能(Generative AI)是人工智能领域的一个重要分支,它专注于创造新内容,如文本、图像、音乐等,而非仅仅分析或识别现有数据。其核心原理是利用机器学习和深度学习技术,让模型通过学习大量数据样本,掌握其内在规律和特征,进而生成与原始数据相似但又不完全相同的新数据。生成式对抗网络(GANs)和变分自编码器(VAEs)是其中的代表性技术。GANs 通过两个神经网络——生成器和判别器的相互博弈来提升生成内容的质量,而 VAEs 则通过编码和解码过程来学习数据的潜在表示。生成式人工智能在多个领域展现出巨大潜力,如艺术创作、游戏设计、药物研发等，它不仅能提高创作效率，还能激发新的创意。

（二）人工智能技术的核心技术

人工智能技术的核心技术主要包括机器学习、自然语言处理（NLP）和计算机视觉，这些技术在推动人工智能的广泛应用和持续发展中发挥着至关重要的作用。

机器学习作为人工智能领域的一个关键技术，它使计算机能够通过数据学习并作出决策或预测。这一技术大致可分为监督学习、无监督学习和强化学习三大类。监督学习在有标签的数据集上进行训练，使模型能够学会从输入到输出的映射关系；无监督学习则是在没有标签的数据集上发现数据的内在结构和规律；强化学习则是通过与环境的交互，学习如何采取行动以最大化某种累积奖励。这些技术使得机器可以通过数据的模式和规律来改善性能，逐渐提高自己的表现。在金融风控领域，机器学习模型可以分析大量的交易数据，识别出潜在的欺诈行为；在医疗诊断中，机器学习可以辅助医生分析医学影像，提高诊断的准确性和效率。深度学习作为机器学习的一个子领域，它通过构建多层神经网络模型，模拟人脑的学习过程，能够处理复杂的非线性问题。在图像识别、语音识别、自然语言处理等领域，深度学习都取得了显著的成果，例如，在图像识别领域，深度学习算法能够准确识别出照片中的物体、人脸等，为智能安防、自动驾驶等领域提供了有力的技术支持。

自然语言处理（NLP）是人工智能领域的另一大核心技术，它关注于使计算机能够理解、解释和生成人类语言。NLP技术涵盖了语言模型、词性标注、句法分析、语义理解和机器翻译等多个方面。通过这些技术，计算机可以处理和分析大量的文本数据，提取有用的信息，甚至进行语言的自动生成和对话。NLP技术在智能客服、智能翻译、情感分析等领域有着广泛的应用。例如，智能客服系统可以通过NLP技术理解用户的提问，并给出相应的回答；智能翻译系统则可以将一种语言自动翻译成另一种语言，极大地促进了跨语言交流。随着深度学习的发展，NLP技术取得了显著进展，例如，BERT模型的出现使得计算机对语境的理解更加准确，推动了智能搜索、智能写作等领域的发展。

计算机视觉技术使计算机能够像人类一样通过视觉感知世界，这是实现智能监控、自动驾驶等应用的关键。它涵盖了图像识别、物体检测、场景重建等多个方面。图像识别技术能够识别图像中的物体、人脸等，为智能安防、智能零售等领域提供支持；物体检测技术则用于检测图像中的特定物体，如交通标志、行人等，为自动驾驶等领域提供支持；场景重建技术则能够构建三维场景模型，为虚拟现实、增强现实等应用提供可能。在自动驾驶技术中，计算机视觉技术负责识别道路、车辆、行人等交通元素，为自动驾驶提供决策依据，是自动驾驶中最关键的部分之一。

这三大核心技术不仅各自在特定领域内发挥着重要作用，而且它们之间的相互融合与协作更是为人工智能的广泛应用奠定了坚实的基础。例如，在智能医疗领域，机器学习技术可以用于分析医学影像数据、预测疾病风险；自然语言处理技术可以用于处理医疗文献和病历数据、提取有用信息；而计算机视觉技术则可以用于辅助手术和远程医疗等场景。在智能语音助手的应用中，机器学习技术用于识别用户的语音输入并将其转化为文本；自然语言处理技术则用于理解用户的意图和请求；而计算机视觉技术则可能用于识别用户的手势或面部表情，以提供更丰富的交互体验。

此外，人工智能的发展还离不开大数据、云计算、高性能计算硬件等的支持。大数据技术能够处理海量数据，为人工智能模型提供丰富的训练样本；云计算提供了分布式计算和存储服务，降低了人工智能应用的成本和门槛；而 GPU、TPU 等高性能计算设备则为人工智能提供了强大的计算能力，使深度学习等复杂算法得以高效运行。

（三）人工智能技术对经济社会的影响

人工智能技术对经济社会发展的影响是全面而深刻的，体现在：生产方式的智能化转型、消费模式的个性化与智能化、就业结构的深刻变革、社会结构的优化与治理创新以及公共政策的调整与适应性等方面。

第一，生产方式的智能化转型。人工智能技术的广泛应用，促使传统制造业和服务业向智能化、自动化方向转型。在生产线上，机器人、自动化设备和智能管理系统成为主角,它们能够高效、精准地完成重复性高、劳动强度大的工作,显著提高了生产效率和质量。例如,在汽车制造业,智能机器人已广泛应用于焊接、喷涂、装配等环节,不仅大幅提升了生产速度,还有效降低了人为错误率。此外,人工智能技术还推动了智能制造的发展,通过数据分析、预测维护等手段,实现了生产过程的智能化管理和优化,降低了能耗和成本。在服务业,AI客服、智能推荐系统、自动化交易等的应用,也极大提高了服务效率和顾客满意度。这种生产方式的智能化转型,不仅促进了产业升级,还带动了新技术、新业态、新模式的蓬勃发展。

第二,消费模式的个性化与智能化。人工智能技术的普及,深刻改变了消费者的购物体验,推动了消费模式的个性化与智能化。借助大数据分析、机器学习等技术,电商平台能够精准分析用户的购物习惯、偏好和需求,实现个性化商品推荐,极大地提升了购物体验和转化率。同时,智能家居、智能穿戴设备等产品的出现,让消费者的生活更加便捷和智能。这些设备通过物联网技术连接,能够根据用户的习惯和环境变化自动调节,如智能温控系统根据室内外温差自动调节室内温度,智能音箱根据用户指令播放音乐或查询信息等。这种个性化、智能化的消费模式,不仅满足了消费者多样化的需求,还促进了消费市场的繁荣和消费升级。

第三,就业结构的深刻变革。人工智能技术的快速发展,对就业市场产生了深远影响,引发了就业结构的深刻变革。一方面,人工智能技术的广泛应用,使得许多传统岗位被自动化取代,如工厂流水线工人、客服人员等,导致部分低技能劳动力面临失业风险。另一方面,人工智能技术也催生了大量新兴职业,如算法工程师、数据分析师、人工智能训练师等,这些岗位对专业技能的要求较高,为求职者提供了新的就业机会。此外,人工智能技术还促进了跨行业、跨领域的融合创新,为创业和就业提供了更广阔的发展空间。面对这种就业结构的变革,政府需要积极采取措施,加强职业教育和技能培训,提高劳动力的适应性和竞争力,以应对人工智能技术带来的挑战。

第四,社会结构的优化与治理创新。人工智能技术的普及,也在一定程度上优化了社会结构，推动了社会治理的创新。在公共服务领域，人工智能技术能够提供更高效、更精准的服务，如智能医疗系统能够辅助医生进行疾病诊断，提高诊疗效率和质量；智能交通系统能够优化交通流量，缓解交通拥堵问题。在社会治理方面，人工智能技术通过大数据分析、智能监控等手段，能够及时发现和预警社会风险，提高社会治理的预见性和精准性。例如，通过智能安防系统，可以实现对重点区域、重点人群的实时监控，有效预防犯罪行为的发生。此外，人工智能技术还促进了政务服务的智能化和便捷化，如在线政务服务平台的出现，让民众能够足不出户就可办理各类业务，提高了政府服务的效率和满意度。

第五，公共政策的调整与适应性。面对人工智能技术的快速发展，公共政策也需要进行相应的调整和优化，以适应新的经济社会环境。一方面，政府应制定和完善相关法律法规，规范人工智能技术的研发和应用，保护个人隐私和数据安全。例如，出台数据保护法、算法责任法等，明确数据收集、处理、使用的法律边界，防止滥用和侵权。另一方面，政府还应加大对人工智能技术的研发投入，支持关键技术的突破和创新，推动人工智能技术的广泛应用和产业化发展。同时，政府还应加强对人工智能技术的监管和评估，确保其符合社会伦理和道德标准，避免对社会造成不良影响。此外，政府还应通过税收优惠、财政补贴等手段，鼓励企业加大人工智能技术的研发投入和应用推广，促进人工智能技术与实体经济的深度融合，推动经济社会高质量发展。

二、高校辅导员

（一）高校辅导员职业发展历程

我国高校辅导员在每个历史阶段都有其不同的内涵。"辅导员"这一称谓最初出现在1951年政务院批准的《关于全国工学院调整方案的报告》中，名为"政治辅导员"，是以军政干部院校中的"政治指导员"为依据设立的。到了1953年，当时的清华大学校长蒋南翔提出清华大学要试行"双肩挑"政治辅导员制度，这也标志着"政治辅导员"制度的开始，这时的"辅导员"是指那些学习成绩优良、觉悟较高的、可以对更多学生进行政治指导的党团员学生。政治辅导员制度在经历十年探索时期的曲折发展后,在改革开放时期迎来了蓬勃发展。1978年,随着党的十一届三中全会的召开,高校党建与思想政治工作被提升至一个崭新的层次,此时的"政治辅导员"是从专职的党政干部、理论课教师及其他青年教师中挑选出来的①。直到2004年,中共中央、国务院印发了《关于进一步加强和改进大学生思想政治教育的意见》,把"政治辅导员"的称呼改为"辅导员",工作内容亦由"思想政治工作"向"思想政治教育"过渡②。进入21世纪高等教育大众化阶段,高校辅导员是指对大学生进行思想教育、心理健康教育、职业生涯规划、学生事务管理等方面的专门人才③。

本书关注的高校辅导员概念,主要来自2017年教育部公布的《普通高等学校辅导员队伍建设规定》(教育部令第43号)。当前高等教育进入高质量发展的新阶段,辅导员在人才培养中发挥着重要作用。高校辅导员是对大学生进行思想政治教育工作的骨干力量,是学生日常思想政治教育和日常事务管理的组织者、实施者和指导者④。

(二) 高校辅导员主要工作内容

2017年,为贯彻落实全国高校思想政治工作会议精神和《中共中央、国务院关于加强和改进新形势下高校思想政治工作的意见》,以加强高等学校辅导员队伍专业化职业化建设为目的,依据《中华人民共和国高等教育法》等有关法律法规,教育部制定了《普通高等学校辅导员队伍建设规定》(教育部令第43号),其详细规定了高校辅导员的工作职责,主要包括九个部分。

第一,思想理论教育和价值引领。辅导员需定期组织班会、党团活动,深入学习党的理论和路线方针政策,如党的历史、党的创新理论等,

---

① 张艺嘉. 高校辅导员职业能力提升研究 [D]. 郑州大学, 2021.
② 邹开明. 红色资源应用于高校思政教育的现状调查与分析 [J]. 高教学刊, 2021, 7 (28): 181-184+189.
③ 卢远. 浅论高职院校辅导员队伍建设 [J]. 教育与职业, 2010 (27): 51-52.
④ 苏世橘. 高校辅导员队伍的建设和发展 [J]. 中国大学生就业, 2018 (12): 12-14.

引导学生树立正确的世界观、人生观和价值观。通过主题讲座、讨论会等形式，加强学生的爱国主义教育、社会主义核心价值观教育，增强学生的国家意识、民族意识和社会责任感。密切关注学生的思想动态，及时发现并纠正学生中的错误思想倾向，引导学生认清历史使命，树立正确的历史观、国家观、文化观。

第二，党团和班级建设。辅导员负责指导班级党团组织的建设，包括选举产生班级干部、建立班级管理制度、开展党团活动等，确保班级党团组织的有效运行。鼓励和支持班级党团组织开展丰富多彩的文体活动、志愿服务等，培养学生的团队协作精神和集体荣誉感。重视学生骨干队伍的培养，通过组织培训、实践锻炼等方式，提升学生骨干的综合素质和领导能力，发挥他们在班级建设中的积极作用。

第三，学风建设。辅导员需制定学习计划，明确学习目标，引导学生树立正确的学习态度，养成良好的学习习惯。组织学习小组、学习竞赛等活动，激发学生的学习热情和积极性，提高学生的学习效率和成绩。关注学生的学习进度和成绩，对学业困难的学生进行个别辅导和帮扶，如提供学习资源、学习方法指导等，帮助他们克服学习困难。

第四，学生日常事务管理。辅导员需建立健全学生管理制度，如学籍管理制度、奖学金评定制度、宿舍管理制度等，确保学生事务的规范化、制度化。及时处理学生的请假、休学、复学等事务，确保学生的学籍信息准确无误。关注学生的日常生活，及时解决学生在生活中遇到的问题，如宿舍矛盾、生活困难等，为学生提供必要的帮助和支持。

第五，心理健康教育与咨询工作。辅导员需关注学生的心理健康状态，定期开展心理健康教育讲座和心理健康普查，建立学生心理健康档案。通过日常谈心谈话、心理咨询等方式，及时发现并解决学生的心理问题，如焦虑、抑郁等，为学生提供必要的心理支持和帮助。引导学生树立正确的自我认知，提升心理韧性和自我调节能力，培养学生的积极心态和乐观精神。

第六，网络思想政治教育。辅导员需关注学生的网络动态，及时引导学生正确看待网络信息和网络现象，预防网络不良信息对学生的影响。通过建立班级微信群、QQ群等社交媒体平台，发布正能量信息，引导学生树立正确的网络价值观，营造良好的网络氛围。组织网络主题教育，如网络知识竞赛、网络征文等，提高学生的网络素养和网络安全意识。

第七，校园危机事件应对。辅导员需制定校园危机事件应急预案，明确应对流程和责任分工，确保在突发事件发生时能够迅速响应、妥善处理。在突发事件发生时，辅导员需及时安抚学生情绪，维护校园秩序，确保学生的安全和校园的稳定。加强安全教育，增强学生的安全意识和自我保护能力，如防火、防盗、防骗等安全教育。

第八，职业规划与就业创业指导。辅导员需了解就业市场和行业动态，为学生提供职业规划指导和就业信息。组织就业招聘会、创业指导讲座等活动，帮助学生了解就业市场和创业机会，提升学生的就业竞争力和创业能力。提供简历制作、面试技巧等培训服务，帮助学生更好地展示自己的优势和特点，提高求职成功率。

第九，理论和实践研究。辅导员需结合工作实际，开展理论和实践研究，如学生思想政治教育、心理健康教育、职业规划等方面的研究。通过撰写论文、参加学术会议等方式，不断提升自身的理论水平和研究能力。将研究成果应用于实际工作中，为学生提供更好的指导和服务，推动学生工作的创新和发展。

（三）高校辅导员工作需要的职业素养

随着高校辅导员制度及队伍的持续优化，其所需素养的标准与要求日益明确且多样化。然而，目前在学术界及实际操作层面，关于高校辅导员素养的具体构成元素仍未达成共识。我们对相关研究进行整理后，发现存在诸如"二要素论""三要素论""四要素论""五要素论""六要素论"等多种观点。这既源于人的素养结构本身的复杂性和多样性，难以作出精确界定，也反映出辅导员职业涵盖的内容过于广泛，其权责界限不够明确。尽管如此，基于"政治坚定、业务精湛、纪律严明、作风优良"的工作准则，以及"爱国守法、敬业奉献、以生为本、终身学习、为人师表"的职业操守，可以将高校辅导员的职业素养划分为四个部分。

一是思想政治素养。政治素养的重要性从"政治辅导员"这一初始称谓的持续时间可见一斑,在高校辅导员还是以"兼职"为主的探索发展时期,他们都是从党政领导干部、政治理论课教师中间进行选拔,即便后来大力推动专业化、职业化高校辅导员队伍建设,高校辅导员选拔标准中"政治性"依旧是首要标准,这也是从事高校思想政治教育工作的教师必须具备的核心素养。我国独特的历史、文化与国情决定了我们的高校是中国共产党领导下的高校,是中国特色社会主义高校。辅导员作为高校思想政治工作的骨干力量,肩负"立德树人"的历史使命,面临"培养什么人,如何培养人,为谁培养人"这一根本问题,高校辅导员必须"不忘初心、牢记使命",坚持正确政治方向,坚持以马克思主义为指导,全面贯彻党的教育方针,积极深入学习贯彻习近平新时代中国特色社会主义思想,不断加强政治理论学习,坚定理想信念,巩固提升自身政治素养,方能对大学生进行思想教育和价值引领[①]。

二是道德纪律素养。"学高为师,身正为范",道德品质作为教师的基本素养,师德师风建设一向是所有学校教师队伍建设常抓不懈的重点任务。"为人师表"是社会对一名教师最基本最朴素的道德要求,也是教师"立德树人"的前提与基础。辅导员作为高等学校学生日常思想政治教育和管理工作的组织者、实施者、指导者,学生成长成才的人生导师和健康生活的知心朋友,其工作开展必须"围绕学生、关照学生、服务学生",其与学生的接触较为密切,必须坚守"纪律严""作风正",才能实现"言传身教"。2014年10月,教育部制定了《关于建立健全高校师德建设长效机制的意见》,针对高校教师暴露出的师德问题,首次明确禁行行为"红七条",划出了高校教师的"禁行红线"[②]。2018年11月,教育部发布了《新时代高校教师职业行为十项准则》,提出"坚定政治方向,自觉爱国守法,传播优秀文化,潜心教书育人,关心爱护学生,坚持言行雅正,

---

① 李江华. 职业能力标准下的高校辅导员多专业化发展[J]. 教书育人(高教论坛),2017(6):56-57.
② 胡守强. 高校专任教师立德树人的使命与责任[J]. 中国高等教育,2019(19):37-39.

遵守学术规范,秉承公平诚信,坚守廉洁自律,积极奉献社会"等"十项"高校教师应当努力做到的"正向期待",这也是对新时代高校辅导员道德品质基本要求的进一步补充与完善。

三是理论知识素养。相较于高校教师,高校辅导员的知识素养较为庞杂。首先,这与其较为宽泛的职业内容一脉相承;其次,高校辅导员具有管理人员与教师的双重身份定位,职业发展方式亦是"双线"晋升,这就对辅导员知识储备的广度提出了一定要求。同时,随着高校辅导员队伍建设逐步迈向专业化、职业化、专家化,辅导员提高自身的知识素养深度或精度成为必然的发展趋势,知识素养作为辅导员工作实践的理论基础,是辅导员素养体系建构的重要支撑。高校辅导员知识素养的具体内容可以在"九大职责"的基础上大致划分为以下几个方面:第一,专业理论知识,主要是指思想政治教育专业的基本理论、知识与方法,马克思主义中国化相关理论与知识,这部分是整个知识素养体系的核心部分,是高校辅导员必须深入学习并掌握的内容;第二,与大学生思想政治教育工作实务相关的知识,如党团建设、奖勤助贷、现代信息技术、网络思想政治教育、心理健康教育、职业生涯与就业指导、危机事件处理相关的知识,这是直接作用于大学生思想政治教育实践的知识内容,需要辅导员熟练运用并不断更新。

四是职业技能素养。职业技能素养是对高校辅导员思想政治素养、道德品质素养和知识素养融合之后的外化,直接作用于高校思想政治教育实践活动。职业技能素养作为高校辅导员素养的最终呈现方式,属于显性素养,它集中反映了辅导员前三类内在素养的构建水平,也是内在素养发挥作用的唯一路径,若缺失这一素养,那再丰富完善的内在素养也无施展余地[1]。因此,职业技能素养在高校辅导员素养体系中承担着由内而外,由隐性转化为显性的关键作用。高校辅导员的职业技能素养内容丰富,若要对其明确归类则并非易事,首先可以按照"九大职能"进行直接分类,如

---

① 李江华. 职业能力标准下的高校辅导员多专业化发展 [J]. 教书育人(高教论坛),2017(6): 56-57.

思想政治教育素养、党团和班级建设素养、学风建设素养、学生日常事务管理素养、心理健康教育素养、网络思想政治教育素养、校园危机事件处理素养、职业规划与就业指导素养、理论研究素养等九类,其次也可以归纳为思想政治教育素养、管理服务素养、教学科研素养。此外,还可以划分为基础职业素养、专业职业素养、扩展职业素养,但无论哪种划分方式都无法避免职业技能素养要素的跨类别交叉重叠,如沟通交流能力、组织管理能力、创新能力、思辨能力、现代信息技术素养等。

三、人工智能技术赋能高校辅导员工作高质量发展

(一) 赋能

这一概念在现代管理学、组织行为学及企业战略领域中被广泛探讨与应用,其核心理念在于通过一系列策略和实践,赋予个体或团队更多的权力、资源、能力、信息和自主决策的机会,以激发其潜能、创造力及工作热情,从而促进整个组织或系统的效能提升、创新加速和可持续发展。具体而言,赋能不仅仅是简单地下放权力或增加资源分配,而是一个多维度、深层次的过程,它涉及组织结构的调整,以扁平化、网络化或自组织的形式减少层级障碍,促进信息流通与知识共享;包含对个体能力的培养与提升,通过培训、教育、教练辅导等手段增强员工的专业技能、领导力、团队协作能力及自我管理能力;还涵盖了对组织文化的塑造,营造一个鼓励尝试、容忍失败、重视反馈与学习的正向氛围,让每位成员都感受到被尊重、被信任,并愿意主动承担责任、追求卓越。

进一步而言,赋能的实践要求领导者转变传统的管理思维,从命令控制型转变为服务型领导,注重激发团队的内在动力而非仅仅依赖外部激励,通过设定清晰的目标与愿景,提供必要的支持与资源,同时给予充分的授权,让团队成员能够基于自身判断作出最佳决策。这种领导方式的转变,不仅促进了决策效率的提升,还增强了员工的归属感和忠诚度,构建了一个更加灵活、响应迅速、富有创新精神的组织生态。在数字化时代,赋能更被赋予了新的内涵,如云计算、大数据、人工智能等技术的应用,

为个体和团队提供了前所未有的信息处理能力、数据分析工具和自动化解决方案，使得赋能过程能够更精准、更高效地进行，进一步推动了业务模式的创新和价值的重塑。

赋能的过程还需注意平衡，既要确保个体和团队拥有足够的自主权来应对快速变化的市场环境，又要通过有效的治理机制来规避潜在的风险，保持组织的稳定性和方向性。这要求组织在设计赋能策略时，需综合考虑不同层级、不同职能部门的特性和需求，制定差异化的赋能方案，同时建立透明的沟通渠道和绩效反馈机制，确保赋能效果的持续跟踪与评估，并能及时调整策略，确保赋能活动能够真正促进组织目标的实现。

此外，赋能也是一个双向互动的过程，它要求个体或团队在接受权力的同时，也要承担相应的责任，展现出高度的自律性和自我驱动能力。通过设立明确的责任边界和期望管理，赋能可以促使团队成员更加主动地寻求成长机会，积极面对挑战，不断超越自我，形成个人成长与组织发展的良性循环。从长远来看，赋能不仅是对当前组织效能的即时提升，更是对未来竞争力的投资，它能够帮助组织构建适应性强、灵活度高、创新能力强的核心竞争力，确保在复杂多变的市场环境中保持领先地位。

赋能作为一种现代管理理念，其深远意义在于通过系统性的变革，打破传统组织结构的束缚，激发个体与团队的潜能，促进知识的流动与创新的涌现，构建更加开放、包容、高效的组织生态系统。它要求领导者具备前瞻性的视野、开放的心态和灵活的应变能力，同时也对个体提出了更高的自我管理与成长要求。在快速迭代的商业环境中，赋能已成为推动组织转型升级、实现可持续发展的关键驱动力，它不仅关乎当下的成功，更关乎未来的竞争力与可持续发展能力。通过持续的赋能实践，组织能够不断激发内在活力，把握市场先机，共创更加辉煌的未来。

（二）高质量发展

辅导员工作高质量发展，是指在高等教育的新时代背景下，辅导员队伍以促进学生全面发展为核心，不断提升自身专业素养，创新工作方法，优化服务内容，以高效、精准、全面的方式履行教育引导、管理服务职责，推动学生工作迈向更高水平的过程。这一过程不仅要求辅导员具备深厚的思想政治教育理论基础和丰富的实践经验，能够准确把握学生思想动态，有效引导学生树立正确的世界观、人生观、价值观，还强调辅导员需要紧跟时代步伐，充分利用现代信息技术手段，如大数据分析、云计算平台、社交媒体等，实现学生信息的智能化管理和个性化服务的精准推送，提高工作效率和响应速度。

具体而言，辅导员工作高质量发展体现在以下几个方面：

一是强化队伍建设，通过持续的专业培训、学术交流和实践锻炼，提升辅导员队伍的整体素质和专业能力，构建一支政治过硬、业务精湛、作风优良的工作队伍。

二是深化教育改革，将思想政治教育融入学生日常学习生活的各个环节，创新开展形势政策教育、心理健康教育、职业规划指导等活动，增强学生的社会责任感、创新精神和实践能力。

三是优化管理机制，建立健全学生工作规章制度，完善学生信息管理体系，确保学生工作有序、高效运行。同时，注重发挥学生自我管理和自我服务的作用，激发学生内在动力，营造积极向上的校园文化氛围。

四是强化服务意识，坚持以生为本，关注学生的多元化需求，提供精准帮扶和心理疏导，解决学生的实际困难，增强学生的归属感和幸福感。

五是推动创新发展，鼓励辅导员积极探索学生工作新思路、新方法，如利用新媒体平台开展线上思想政治教育，组织丰富多彩的校园文化活动，拓宽学生视野，提升学生综合素质。

辅导员工作高质量发展是一个持续的过程，需要辅导员不断更新教育理念，提升专业技能，创新工作方法，以适应高等教育发展的新趋势、新要求。在这一过程中，辅导员应成为学生成长道路上的引路人、同行者和支持者，以高质量的工作成效助力学生实现全面发展，为培养担当民族复兴大任的时代新人贡献力量。同时，高校应高度重视辅导员队伍的建设与发展，提供必要的政策支持、资源保障和职业发展机会，激发辅导员的工作热情和创造力，推动辅导员工作高质量发展迈上新台阶。

辅导员工作高质量发展是高等教育质量提升的重要组成部分,它不仅关乎学生的成长成才,也影响着高校的办学水平和社会声誉。通过不断加强辅导员队伍建设,创新工作方法,优化服务内容,构建家校共育机制,我们可以期待辅导员工作高质量发展将为高等教育注入新的活力,培养出更多具有社会责任感、创新精神和实践能力的优秀人才。

(三)人工智能时代高校辅导员工作特点

在人工智能时代,高校辅导员的工作特点呈现出鲜明的时代印记与创新导向,他们不仅是学生思想政治教育的引领者,更是学生能力培养与生涯规划的导航者,同时,还肩负着利用人工智能技术优化学生管理、提升服务质量的重要使命。

第一,这一时代背景下,辅导员工作更多地体现在对技术的高度敏感与融合应用上。他们需紧跟人工智能技术的发展步伐,不仅需要掌握基础的智能算法、大数据分析等技术,还需要深刻理解这些技术如何能够服务于学生管理、心理健康监测、学业预警、职业规划等多个领域,通过开发或引入智能化平台,如智能问答系统、情感分析软件、学习行为分析系统等,实现对学生信息的精准捕捉与个性化需求的快速响应,从而提高工作效率与服务的精准度。

第二,在人工智能时代,辅导员更加注重数据的驱动决策。他们利用大数据技术对学生的学习行为、社交互动、心理状态等多维度数据进行深度挖掘与分析,形成学生画像,为精准施策提供依据。例如,通过分析学生的学习轨迹,辅导员能够及时发现学业困难的学生,提供针对性的辅导与资源链接;通过监测社交网络的互动模式,识别可能存在社交障碍或心理压力的学生,及时介入进行心理疏导与干预,有效预防心理危机的发生。这种基于数据的决策方式,使得辅导员的工作更加科学、高效,能够更好地满足学生的个性化需求。

第三,在人工智能时代,辅导员更加注重培养学生的数字素养与创新能力。他们不仅自身要成为数字时代的先行者,更要成为学生掌握新技术、适应未来社会的引路人。通过开设数字素养课程、组织人工智能相关的创新竞赛、搭建校企合作平台等方式，鼓励学生积极探索人工智能技术的应用场景，培养学生的创新思维与实践能力，为学生未来的职业发展奠定坚实的基础。同时，辅导员还应积极引导学生正确看待人工智能技术的双刃剑效应，培养他们的伦理意识与社会责任感，确保技术发展服务于人类的共同福祉。

第四，在人工智能时代，辅导员工作还体现在对家校合作模式的创新上。借助智能化平台，辅导员能够与家长建立更为紧密、高效的沟通渠道，实时分享学生的在校表现、心理状态等重要信息，共同参与到学生的成长过程中。这种基于技术的家校合作，不仅增强了家长对学生教育的参与度，也促进了家校双方对学生个性化需求的共同理解与响应，形成了更加和谐、有效的教育合力。

第五，在人工智能时代，辅导员还需不断提升自身的专业素养与创新能力。面对技术带来的变革，辅导员需持续学习，掌握最新的教育理念与技术趋势，不断提升自身的思想政治教育能力、数据分析能力、心理咨询服务能力等，以适应新时代学生工作的复杂性与多样性。同时，辅导员还需具备开放的心态与跨界的视野，积极与计算机科学、心理学、社会学等领域的专家合作，探索人工智能技术在学生工作中的更多应用场景，共同推动学生工作的高质量发展。

第二节　人工智能技术赋能高校辅导员工作的理论基础

一、马克思主义科技观

马克思主义科技观是马克思主义关于科学技术的一套理论体系，它深刻揭示了科学技术的本质、功能、发展规律及其与社会的关系。这一观念认为，科学技术不仅是推动社会生产力发展的关键力量，而且是实现人民利益、促进社会变革和进步的重要手段。

首先，马克思主义科技观强调科技是为人民服务的，其发展应该以满足人民的需要为出发点和落脚点。科技作为生产力的重要组成部分，其发展应当致力于提高人民的生活水平，促进社会公平正义。同时，科技的应用和推广应当注重人民的实际需求和利益，确保科技成果能够真正惠及广大人民群众。

其次，马克思主义科技观认为生产力是社会发展的基础，科技应该为生产力的发展服务。科学技术通过提高生产效率、优化资源配置、创新生产方式等手段，不断推动社会生产力的提升。这种提升不仅体现在物质财富的增加上，更体现在社会整体文明程度的提高上。因此，科技进步是推动社会发展的重要动力，也是实现社会现代化的关键所在。

最后，马克思主义科技观推崇实践是检验真理的唯一标准。他认为真理是从实践中总结出来的，科技发展也要以实践为基础。科技理论的科学性和有效性必须通过实践来验证，而实践中的问题和挑战也为科技的进一步发展提供了动力和方向。因此，马克思主义科技观强调理论与实践的紧密结合，倡导在实践中不断探索和创新。

此外，马克思主义科技观还强调科技进步必须符合人类的整体利益。它指出，科技进步不能仅仅追求经济效益或者个人利益，而应当考虑其对人类社会、自然环境以及未来世代的影响。这种整体利益观要求我们在推动科技进步的同时，注重保护生态环境、保护社会公平、促进可持续发展等方面的问题。只有这样，才能确保科技进步真正服务于人类的整体福祉。

在马克思主义科技观中，创新和开放被视为科技进步的重要动力。它提倡创新的思维方式和开放的环境，鼓励人们勇于探索未知领域、敢于挑战传统观念。同时，它也强调科技交流的开放性和国际性，倡导各国在科技领域开展平等、互利、共赢的合作。这种创新和开放的理念为科技的快速发展和广泛应用提供了有力的支撑。值得一提的是，马克思主义科技观还深刻揭示了资本主义制度下科学技术的异化现象。在资本主义社会中，科学技术往往被用于追求最大化的剩余价值，而忽视了其服务人民、促进社会进步的本质。这种异化现象导致了科技与人民之间的疏离感，以及科技对社会的负面影响。因此,马克思主义科技观呼吁我们重新审视科技与社会的关系,确保科技真正服务于人民的利益和社会的进步。

进一步来说,马克思主义科技观认为科学是一般生产力,技术是现实生产力。科学作为认识世界的工具,为我们提供了探索自然规律、揭示宇宙奥秘的可能性;而技术则作为改造世界的手段,将科学的理论知识转化为现实的生产力。这种对科学与技术关系的深刻洞察,为我们理解科技在社会发展中的作用提供了重要的理论依据。同时,马克思主义科技观还强调了科学技术与哲学的相互关系。它认为科学技术的发展不仅受到哲学思想的制约和影响,而且也在推动着哲学的进步和发展。科学与哲学在研究对象上具有本质上的共同点和内在的一致性,它们共同构成了人类认识世界和改造世界的强大思想武器。

马克思主义科技观不仅为理解科技的本质提供了深刻的洞察,也为科技在社会中的应用和发展提供了重要的指导。在人工智能赋能高校辅导员工作的过程中,需要认识到人工智能技术对于提升辅导员工作效率、优化学生管理、促进教育公平等方面的积极作用。马克思主义强调人的全面发展,这要求在应用人工智能技术时,必须关注学生的个性化需求,促进学生的全面发展。辅导员可以利用人工智能技术,为学生提供更加精准、个性化的教育和指导,从而满足学生的多样化需求。马克思主义科技观认为,科技与社会是相互作用的。在人工智能赋能高校辅导员工作的过程中,需要关注科技与社会关系的互动,确保科技的应用不会损害学生的利益,而是能够更好地服务于学生的成长和发展。

二、教育变革理论

教育变革理论的主要观点在于强调教育是不断发展变化的动态过程,它认为教育应当随着社会的进步和科技的发展而不断革新,以适应新时代的需求。这一理论指出,教育变革并非简单地否定传统,而是在继承传统优势的基础上,融合新的教育理念和技术手段,实现教育的全面升级。在教育变革的过程中,教育的目标、内容、方法以及评价体系等都会发生相应的变化,以更好地服务于学生的全面发展和社会进步。

第一,教育变革理论为人工智能技术在高校辅导员工作中的应用提供了理论基础。随着人工智能技术的快速发展,它已经成为推动教育变革的重要力量之一。高校辅导员作为高校教育的重要组成部分,其工作方式和内容也必然受到教育变革的影响。因此,本书探讨了人工智能技术如何改变辅导员的工作方式,提升工作效率,实现教育资源的优化配置。例如,通过人工智能技术,辅导员可以更加便捷地收集和分析学生的信息,了解学生的思想动态和学习情况,从而提供更加精准的教育指导和心理支持。这种基于数据的精准教育,正是教育变革理论所倡导的以学生为中心、注重个体差异的教育理念的具体体现。

第二,教育变革理论强调了教育内容的更新和教学方法的创新。在人工智能赋能高校辅导员工作的背景下,本书进一步探讨了辅导员如何利用人工智能技术丰富教育内容,创新教学方法。例如,辅导员可以利用虚拟现实(VR)、增强现实(AR)等人工智能技术,打造沉浸式、交互式的教学体验环境,让学生在更加真实、生动的情境中接受教育。这种教学方式不仅能够激发学生的学习兴趣,还能够提高学生的参与度和学习效果。同时,人工智能技术还可以为辅导员提供智能化的教学辅助工具,如智能题库、在线答疑系统等,帮助辅导员更加高效地开展教学工作[①]。

第三,教育变革理论还关注教育评价体系的改革。在人工智能赋能高校辅导员工作的过程中,需要探讨如何构建更加科学、合理的教育评价体系。传统的教育评价体系往往侧重于学生的考试成绩和学术成果,而忽视了学生的综合素质和创新能力。而人工智能技术可以通过收集和分析学生的多维度数据,如学习行为、社交互动、心理状况等,以此全面评估学生的综合素质和发展潜力。这种基于大数据的教育评价体系,能够更加客

---

① 王海红,张琳.基于人工智能技术的高等学校教育教学改革[J].创新创业理论研究与实践,2024,7(24):26-28.

观、准确地反映学生的真实情况，为辅导员提供更加精准的指导和支持①。

第四，教育变革理论还强调了教育与社会发展的紧密联系。在人工智能赋能高校辅导员工作的背景下，本书进一步探讨了辅导员如何利用人工智能技术推动高校教育的社会化进程。例如，辅导员可以利用社交媒体平台和人工智能算法推荐机制，精准推送校园文化活动信息和思想政治教育内容，吸引更多学生主动参与到校园文化建设中来。同时，辅导员还可以利用人工智能技术加强与企业、社区等外部机构的合作，为学生提供更多的实践机会和就业渠道。这种基于人工智能技术的校企合作、产教融合模式，不仅能够提升学生的实践能力和职业素养，还能够促进高校与社会的深度融合和共同发展。

需要注意的是，虽然人工智能技术在高校辅导员工作中具有巨大的潜力和优势，但我们也必须清醒地认识到其可能带来的挑战和风险。例如，人工智能技术的广泛应用可能会引发数据安全和隐私保护问题；智能系统的决策过程可能存在算法偏见和歧视性结果等。同时，辅导员也应该不断提升自身的人工智能素养和数字技能，以更好地适应教育变革的需求和挑战。

三、技术赋能理论

技术赋能理论的主要观点在于强调利用数字技术增强某个领域或行业的能力与潜力，从而提升效率、改善管理，并推动创新。该理论认为，通过数字技术的引入和应用，可以为传统行业或领域注入新的活力，促进其转型升级和高质量发展。在教育领域，技术赋能不仅意味着教育手段的现代化，更代表着教育理念的更新和教育模式的重塑。

首先，从辅导员工作的本质来看，其核心在于服务学生、引导学生、教育学生。而人工智能技术的引入，无疑为辅导员工作提供了更为强大的工具和手段。通过人工智能技术，辅导员可以更加精准地掌握学生的学习

---

① 王海红，张琳. 基于人工智能技术的高等学校教育教学改革［J］. 创新创业理论研究与实践，2024，7（24）：26-28.

情况、思想动态和心理状态,从而提供更加个性化的指导和帮助。这种基于数据的精准服务,正是技术赋能理论在教育领域的具体体现①。

其次,从技术赋能的角度看,人工智能技术在高校辅导员工作中的应用,不仅提升了工作效率,更实现了工作模式的创新。传统上,辅导员的工作往往依赖于人工的、经验性的判断,而人工智能技术的应用,则使得辅导员可以依托大数据和算法,进行更加科学、客观的分析和决策。例如,通过构建学生行为分析模型,辅导员可以预测学生的学业成绩、心理状态等,从而提前进行干预和指导。这种基于数据驱动的决策方式,不仅提高了工作的针对性和有效性,也降低了人为因素带来的不确定性②。

进一步地,技术赋能理论还强调了数字技术在推动教育创新方面的作用。在高校辅导员工作中,人工智能技术的应用不仅局限于数据处理和分析,更可以拓展到教育内容、教育方法、教育评价等多个方面。例如,辅导员可以利用人工智能技术构建智能化的学习资源平台,为学生提供更加丰富、多样的学习资源;同时,也可以利用人工智能技术开展在线答疑、智能辅导等教学活动,提高学生的学习效率和兴趣③。此外,通过人工智能技术还可以实现对学生学习过程的全程跟踪和评估,为辅导员提供更加全面、准确的学生画像,从而更加精准地指导学生的学习和发展。

在技术赋能理论的指导下,本书深入探讨了人工智能技术与辅导员工作职责的深度融合。高校辅导员的工作职责涵盖了思想引领、组织建设、管理服务等多个方面,而人工智能技术的应用可以为这些职责的履行提供更加有力的支持。例如,在思想引领方面,辅导员可以利用人工智能技术开展网络思想政治教育,通过智能分析学生的网络行为和心理状态,引导学生树立正确的价值观和世界观;在组织建设方面,辅导员可以利用人工智能技术优化学生组织的管理结构和工作流程,提高学生组织的凝聚力和

---

① 王明炜,王伟骅. 高校辅导员思想政治教育工作开展实效性提升研究 [J]. 才智,2024 (18):60-63.
② 宋朴一. 系统科学中的高校学生教育管理创新机制探索 [J]. 山西青年,2025 (1):58-60.
③ 冯鹏,唐然,陈小平,等. 高等院校基础工程教学与人工智能融合模式探讨 [J]. 科教文汇,2025 (6):86-90.

战斗力；在管理服务方面，辅导员可以利用人工智能技术构建智能化的校园管理平台，提供更加便捷、高效的管理服务。

此外，本书还关注了人工智能技术在辅导员工作中的伦理和安全问题。虽然人工智能技术的应用给辅导员工作带来了诸多便利和创新，但同时也可能引发数据泄露、侵犯隐私等伦理问题。因此，本书还将深入探讨了如何建立有效的监管机制和技术标准来保障人工智能技术的健康有序发展。

第三节 人工智能技术赋能高校辅导员工作的研究现状

一、国外相关研究

（一）人工智能在教育领域的应用研究

英国人工智能教育专家 Rose Luckin 认为，教育是人工智能应用的一块重要试验田，教育人工智能需要为学生构建一个可以进行自适应学习的空间进而成为学生进行高效学习的工具，同时学校要与智能技术发展同步，在课程设置与智能知识普及方面发挥作用，培养学生智能技术操控技能，并在与之协作中进行学习①。Timms MJ 认为，教育人工智能通过借助智能设备和平台，给教师带来教学效率的提升，给学生带来更好的学习体验并实现对学生学习动态信息的收集、监管②。

对于人工智能技术融入高校思想政治教育中的研究，国外虽然没有明确的概念界定，但是与国内思想政治教育的相关概念大致相同。1954 年，美国著名行为心理学家斯金纳在《哈佛教育评论》发表的《学习的科学和

---

① Charlton P, Luckin R. Time to Re-load? Computational Thinking and Computer Science in Schools [C]. Briefing Report. 2012.
② Tims M J, Letting artificial intelligence in education out of the box: educational cobots and smart classrooms, International Journal of Artificial Intelligence in Education, 2016, 26 (2): 701-712.

教学的艺术》一文中再次提出,为了更好地满足受教育者的需求,可以发明一种智能教学机器,并建议把教学机器作为一种方法,给学生提供必要的强化,通过机器实现自动教学[1]。美国人工智能专家特伦斯·谢诺夫斯基认为,人工智能应该是造福世界的,当然教育也会随着升级,他在其著作《深度学习》一书前言中提到"随着基于深度神经网络的机器智能日渐成熟,它可以为生物智能提供一个新的概念框架"[2]。安东尼·塞尔登则是从教师和学生的视角来研究人工智能的,他认为,人工智能将使教学实现新一轮变革,教师的空余时间将大大增加,同时学生不再实行同质化教育,而是接受个性化教育,这将有效解决工厂教育模式的局限性[3]。

(二) 人工智能与个性化学习的研究

在人工智能技术的助力下,能克服传统教育难以对每个学生进行个性化定制学习的缺陷,使得大规模个性化学习得以实现。Paul Baxter 坚定地认为,个性化学习的实现需要依赖智能机器人与教育的融合[4]。也有国外学者认为人工智能在教育领域的大规模融合可以实现教育的精准化,有针对性地为学生提供各种知识内容,使得个性化教学成为可能[5]。"美国教育技术规划"——《为未来做准备的学习:重塑技术在教育中的角色》指出,通过与在线平台协作收集学生相关数据,可以实现为所有学生定制个性化服务和个性化学习路径,并通过对形成性和总结性评价数据的抓取和整合,协助教育者制定相关教学决策,为学习者提供独一无二的个性化学习体验[6]。

---

[1] 布拉德·史密斯. 工具,还是武器?[M]. 北京:中信出版社,2020.
[2] 特伦斯·谢诺夫斯基. 深度学习[M]. 姜悦兵,译. 北京:中信出版社,2019.
[3] 安东尼·塞尔登. 第四次教育革命人工智能如何改变教育[M]. 吕晓志,译. 北京:机械工业出版社,2019.
[4] Paul Baxter, et al. "Robot education peers in a situated primary school study: Personalisation promotes child learning." PLosONE 12.5 (2017). doi: 10.1371/joumal.pone.0178126.
[5] Graaf. M. De. A, Robot has been Teaching Grad Students for $Months.. and NONE of Them Realized, http://www.dailymail.co.uknewsaricle-3581085/A-roboteaching-grad-students-5.months-NONE-realized.himl.
[6] U.S. Department of Education, Office of Educational Technology Reimagining the role of technology in education: 2017 national education technology plan update, Washington: U.S, Department of Education, 2017.

（三） 人工智能与高校辅导员工作

国外研究者利用人工智能技术，如自然语言处理和机器学习，开发智能辅导系统，为学生提供个性化的学习和生活支持。这些系统能够根据学生的需求和问题，提供定制化的建议和解决方案。一些高校引入了基于人工智能技术的聊天机器人，作为辅导员的助手，为学生提供"24/7"的在线咨询服务。人工智能技术在心理健康领域的应用日益受到重视。通过情感分析和行为监测，人工智能系统能够及时发现学生的心理问题，并提供初步的心理干预或引导其寻求专业帮助。国外有研究表明，人工智能系统在学生心理健康监测方面表现出色，能够显著降低学生的心理压力和焦虑水平。利用大数据和人工智能技术，高校能够对学生的行为进行深入分析，包括学习行为、社交行为等。这些分析有助于辅导员更好地了解学生的状况，预测潜在的问题，并采取相应的预防措施。

二、国内相关研究

（一） 人工智能与高校辅导员的关系

其一，从三个视角进行研究，即思想视角、政治视角与教育视角。例如，常宴会认为，从思想视角看，人工智能采用大数据收集分析人们的思想数据来掌握人的思想和意识形态情况；从政治视角看，鉴于人工智能可以对每个人和社会思想进行分析和了解，在人工智能技术内灌注思想政治教育宗旨是必要的；从教育视角看，人工智能技术赋能教育也将为辅导员和思想政治教育工作带来新的发展[①]。

其二，从人工智能技术的基石进行分析。"大数据、深度学习和强算力（云计算）是当今人工智能技术的三大基石。[②]"崔建西、白显良认为，人工智能时代背景下，思想政治教育在大数据、深度学习算法、强算力等

---

① 常宴会．人工智能在思想政治教育中的应用前景和价值前提探析［J］．思想理论教育，2019（8）：79－83．

② 王作冰．人工智能时代的教育革命［M］．北京：北京联合出版公司，2017．

智能技术的赋能下生成一种新的思想政治教育形态,即智能思政①。

其三,从技术理路和内在发展逻辑分析挖掘人工智能与思想政治教育的契合点。李怀杰认为,网络信息社会构成的技术支撑是互联网、大数据和人工智能技术,如果思想政治教育能与这些技术建立"强链接",那么网络化、数据化和智能化思政将成为现实;从内在逻辑来分析这两者的契合之处,三大基础技术和辅导员工作结合将形成新的联系,进而达到技术赋能②。

(二) 高校辅导员运用数字技术能力的现状研究

多数学者认为高校辅导员网络思想政治教育能力现状不容乐观。龙妮娜和覃欢对广西407名高校辅导员进行问卷调查发现,当前高校辅导员借助网络工具进行思想政治育人工作的意识薄弱,并且运用网络进行思想政治教育的能力也存在不足③。崔钊和李晔晔认为,既擅长思想政治教育业务,又精通网络技术的高校网络思想政治教育工作者极少见④。刘洪达和许亨洪研究发现,高校辅导员对现代信息技术的使用处在被动状态,一般是使用网络技术做学生信息数据收集工作⑤。卢忠菊和刘亮指出,高校辅导员要提高网络思想政治教育针对性,目前对网络信息的分析、网络语言的灵活运用和使用网络工具的能力都有待提升⑥。何国强等认为,高校辅导员在网络舆论引导工作方面重视度不够、引导能力不足⑦。蒋春燕和孙

---

① 崔建西,白显良. 智能思政:思想政治教育创新发展的新形态 [J]. 思想理论教育,2021 (10):83-88.
② 李怀杰. 人工智能赋能思想政治教育论析 [J]. 思想理论教育,2020 (4):81-85.
③ 龙妮娜,覃欢. 新媒体背景下广西高校辅导员队伍软实力现状调查研究 [J]. 学校党建与思想教育,2015 (5):59-62.
④ 崔钊,李晔晔. 高校网络思想政治教育的功能及实现路径 [J]. 学校党建与思想教育,2022,683 (20):62-64+78.
⑤ 刘宏达,许亨洪. 信息化环境下高校辅导员的素质提升与工作创新 [J]. 国家教育行政学院学报,2016 (6):60-65.
⑥ 卢忠菊,刘亮. 新时代提升高校辅导员网络思想政治教育能力的三个要素 [J]. 高等农业教育,2018 (3):46-49.
⑦ 何国强,赵海涛,宋亚文. 高校辅导员网络舆论引导工作思考 [J]. 黑龙江教育 (理论与实践),2017 (Z1):24-25.

祺研究发现，高校辅导员网络思想政治教育在理念、内容和形式上发生错位①。任昊和傅秋野认为，高校辅导员整合网络信息、分析社会热点和引导舆情能力不足②。杨光认为，高校辅导员网络思想政治教育能力存在的问题有：对网络媒介工具的挖掘不足、对网络舆情的分析不精准、对网络平台的运用不熟练③。王若男认为，高校辅导员思政话语能力不足，导致网络载体的作用发挥不足④。李荣荣进一步指出，高校辅导员网络话语能力面临几个瓶颈：媒介素养理论欠缺、媒介运用范围较窄、媒介批判能力较差⑤。

（三）人工智能时代下辅导员工作发展研究

其一，党和国家颁布的相关政策支持和立法保障是促进人工智能技术在高校思政工作领域应用的根本保障。陈启迪认为，政府管理部门要增强法治思维，利用法律对智能算法进行监督管理，并紧抓法律推行落实，惩罚打击不法行为⑥。郑天翔、张震认为，要对人工智能创新高校思想政治教育的伦理进行规范，要规划好顶层设计，对人工智能的技术规范和法律制度进行完善优化，进而规范人工智能伦理，还必须明确两者融合的伦理底线原则，制定指导性文件防止陷入伦理道德困境⑦。

其二，强调高校辅导员的主体地位和人工智能技术的辅助作用，警惕并驳斥"人工智能替代论"。常静认为，人工智能技术在高校思想政治教

---

① 蒋春燕，孙祺. 新时代高校网络思想政治教育的现实困境及发展路径［J］. 学校党建与思想教育，2021，651（12）：59－61.
② 任昊，傅秋野. 高校网络思想政治教育创新研究［J］. 现代教育管理，2022，383（2）：9－16.
③ 杨光. 网络时代高校辅导员思想政治教育能力的提升［J］. 科教文汇（中旬刊），2021（11）：31－33.
④ 王若男. "五大发展理念"视角下提升高校辅导员网络思想政治教育话语能力的路径探析［J］. 新乡学院学报，2022，39（4）：69－72+76.
⑤ 李荣荣. 后疫情时代高校辅导员网络话语能力新提升［J］. 湖北经济学院学报（人文社会科学版），2021，18（1）：127－130.
⑥ 陈启迪. 人工智能嵌入高校思想政治教育的技术风险及应对策略［J］. 学校党建与思想教育，2022（9）：78－81.
⑦ 郑天翔，张震. 人工智能时代高校思想政治教育创新研究［J］. 学校党建与思想教育，2022（7）：83－85.

育中居于辅助性地位，要警惕人工智能的泛化问题①。崔建西认为，人工智能时代下，创新思想政治教育必须建立在对已有的思想政治教育理论基石、学科属性坚守的基础上，推动思想政治教育实现时代化、智能化发展②。亓振华等认为，人工智能在融合时不能改变也没有改变高校思想政治教育的终极目标、核心内容以及教学规律③。

其三，更新高校辅导员育人模式，构建人类教师与智能机器协作共赢的新模式。李文捷认为，应该增强思想政治教育者的智能意识，通过提升教师与智能机器的协作水平，对传统教育的教学内容进行丰富，以学生为主体进行定制化培育④。傅蝶认为，人工智能技术赋能教育，开启了"精准教育"的新时代，在今后的教育形态中智能机器和人进行协作将成为必然，人机共存将成为新常态⑤。

第四节　人工智能技术赋能高校辅导员工作的研究方法

一、文献综述法

文献综述法是不可或缺的基础，我们系统回顾和分析了人工智能技术在教育领域，尤其是高校辅导员工作中的历史发展、当前应用现状及未来趋势。我们通过广泛搜集国内外相关学术文献、政策文件、行业报告及案例研究，梳理出人工智能技术在辅导员工作中的具体应用场景、成效评估以及面临的挑战，为后续研究提供了坚实的理论基础和实证依据。其中，

---

① 常静．破除人工智能泡沫：人工智能思政教育研究泛化现象批判——兼论人工智能介入思政教育之限度 [J]．中学政治教学参考，2021（28）：16-18.
② 崔建西．论人工智能时代思想政治教育的"变"与"不变"[J]．思想教育研究，2021（5）：23-27.
③ 亓振华，杨晨，任雅才．人工智能时代大学生思想政治教育的变与不变 [J]．内蒙古师范大学学报（教育科学版），2019，32（5）：34-38.
④ 李文捷．人工智能背景下思想政治教育的发展方向 [J]．广西教育学院学报，2020（2）：73-76.
⑤ 傅蝶．人工智能时代学校教育何去何从 [J]．现代教育管理，2019（5）：52-57.

文献综述要确保资料来源广泛且权威,包括但不限于学术期刊、学位论文、会议论文、政策文件、行业报告、书籍章节等。这些文献应涵盖教育学、心理学、计算机科学、数据科学等多个相关领域,以确保综述的全面性和深入性。在搜集到大量文献后,需要进行严格的筛选。首先,根据研究主题和目的,筛选出与"人工智能赋能高校辅导员工作"直接相关的文献;其次,根据文献的质量、权威性和时效性进行进一步筛选,确保所选文献能够代表该领域的最新研究成果和主流观点。

二、案例研究法

案例研究法是一种实证研究方法,它聚焦于一个或多个具体情境(即案例),通过对这些情境的全面、深入探索,以理解某一现象、问题或解决方案的本质。案例研究法的目标是选取几所代表性高校作为研究样本,深入分析它们如何利用人工智能技术改进辅导员工作流程、提升工作效率和服务质量,以及这些实践对学生、辅导员乃至整个高等教育体系的影响。

需要注意的是,选择的案例应具有代表性,能够反映人工智能技术在高校辅导员工作中的普遍现象或特殊经验。这包括不同地域、类型(如公立、私立)、层次(如本科、研究生)的高校,以及不同应用场景(如学生管理、心理健康支持、职业规划等)的人工智能技术。为了确保研究的全面性和深入性,案例的选择应考虑多样性。这包括技术应用的成熟度、实施效果的好坏、面临挑战的多样性等方面,以便从不同角度和层面探讨人工智能赋能高校辅导员工作的复杂性。每个案例的撰写都应首先介绍其背景信息,包括高校的基本情况、人工智能技术的应用背景、实施目的等,为读者提供一个清晰的研究框架。详细描述人工智能技术的具体应用过程,包括技术选型、实施步骤、关键节点、遇到的挑战及应对策略等。基于收集到的数据,对人工智能技术的应用效果进行评估,包括工作效率的提升、服务质量的改善、学生满意度的提高等方面。同时,也要诚实地反映可能存在的问题和局限性。对每个案例进行深入讨论,分析技术应用背后的原因、机制及影响，提出改进建议。同时，反思案例研究的局限性和未来研究方向。

三、跨学科研究法

跨学科研究法也称"交叉研究法"，是指运用多学科的理论、方法和成果从整体上对某一课题进行综合研究的方法。人工智能赋能高校辅导员工作是一个涉及多个学科领域的复杂问题，因此需要采用跨学科的研究方法。结合教育学、心理学、计算机科学、数据科学等多个学科的理论和方法，综合探讨人工智能技术在辅导员工作中的应用前景、挑战以及解决方案。跨学科研究法有助于拓宽研究视野，深化对问题的理解，并提出具有创新性的观点和建议。

在具体实施时，需要注意合理选择和应用相关学科的理论和方法，确保研究的科学性和有效性。同时，也要注意跨学科研究可能带来的挑战。将不同学科的理论相结合，形成新的理论框架。例如，将人工智能技术与教育理论相结合，探讨智能辅导系统的设计原则。采用多种研究方法，如定量研究（问卷调查、数据分析）和定性研究（访谈、案例研究）相结合。从不同学科的角度分析研究结果，探讨人工智能赋能高校辅导员工作的优势和局限性。

第二章
人工智能技术赋能高校辅导员工作的现实依据

2019年2月,中共中央、国务院印发的《中国教育现代化2035》将"加快信息化时代教育变革"确立为战略要求,这一政策指向与高校辅导员数智能力建设的时代命题形成深刻呼应。作为大学生思想政治教育的实践主体,辅导员群体正面临传统经验型工作范式与数字化转型育人需求的结构性冲突,在意识形态引导、心理健康教育、精准帮扶以及日常管理等领域,现存工作模式与学生主体需求的适配性缺口持续显现。这种深层次的供需矛盾,既暴露了传统思政工作体系中人机协同机制缺位的现实困境,更凸显出培育辅导员新质思政工作能力的迫切性。人工智能技术通过构建数据驱动的教育治理体系、智能诊断的危机预警模型和精准化思政资源供给网络,不仅为突破传统育人效能天花板提供技术方案,更重要的是在算法伦理引导、数字画像解析、人机协作决策等维度催生思政能力新质态,推动辅导员实现从经验直觉型向智慧研判型的范式升级。

第一节 高校辅导员工作现状与困境

一、学生对主流意识形态认同有所削弱

意识形态认同是个体在社会文化环境中形成的一种关于自我归属、价值观念和社会认同的心理结构，它涉及个体对自我、他人以及社会整体的认知、评价和情感反应。而人工智能技术作为一种强大的信息处理、分析和交互工具，正通过其独特的运作机制和影响路径，悄然改变着学生的信息获取方式、思维习惯和价值观念，进而对学生的意识形态认同产生深远的影响。

首先，从信息获取的角度来看，人工智能技术以其强大的数据处理和分发能力，极大地丰富了学生的学习资源和信息来源。在以往，学生主要通过课堂讲授、书本阅读等传统方式获取知识，这些信息往往经过筛选和加工，具有一定的权威性和稳定性。然而，在人工智能技术的推动下，学生可以更加便捷地通过互联网、社交媒体等渠道获取到海量的信息，这些信息来源广泛、内容丰富、形式多样，既有学术性的专业知识，也有娱乐性的资讯内容，还有各类社会热点、政治观点等。这种信息获取的便捷性和多样性，一方面拓宽了学生的视野，使他们能够接触到更加多元的文化和价值观念，有助于培养学生的独立思考能力和批判性思维；另一方面也增加了学生在信息选择上的困难和挑战，面对海量的信息，学生需要具备一定的信息筛选和鉴别能力，否则很容易被错误信息、偏见观点所误导，进而影响其意识形态认同的准确性和稳定性。

其次，从思维习惯的角度来看，人工智能技术正在改变学生的思维方式和学习习惯。人工智能技术的应用，如智能搜索、自动翻译、在线学习平台等，使学生的学习过程更加高效、便捷和个性化。这些技术不仅提高了学生的学习效率，还为他们提供了更多样化的学习方式和选择。然而，

这种高效便捷的学习方式也可能导致学生的学习过程变得碎片化、表面化，缺乏深入思考和系统学习的能力。此外，人工智能技术的广泛应用还可能导致学生的依赖心理增强，缺乏独立思考和解决问题的能力。这种思维方式的改变，不仅影响了学生的学习效果，也可能对其意识形态认同的形成和发展产生负面影响，使其在面对复杂的社会问题和价值观念时，缺乏独立的判断力和批判性思维。

最后，从价值观念的角度来看，人工智能技术也在一定程度上影响着学生的价值观念的形成。人工智能技术作为一种新兴的技术力量，其背后的价值观念和伦理观念往往与学生的传统价值观念存在冲突和碰撞。例如，人工智能技术的广泛应用可能导致学生更加注重效率和结果，而忽视过程中的道德和伦理问题；同时，人工智能技术的智能化和自动化特性也可能引发学生对技术力量的崇拜和依赖，从而忽视人类自身的价值和意义。这些价值观念的转变，不仅可能影响学生的个人成长和发展，也可能对其意识形态认同产生深远影响，使其在面对社会变革和价值冲突时，缺乏正确的价值导向和道德判断。

然而，我们也应该看到，人工智能技术对学生意识形态认同的影响并非完全负面。一方面，人工智能技术的广泛应用为学生提供了更加广阔的学习和发展空间，使他们能够接触到更加多元的文化和价值观念，有助于培养学生的全球视野和跨文化交流能力；另一方面，人工智能技术的创新和应用也为学生的创新精神和实践能力提供了重要支撑和平台。这些积极的影响，不仅有助于学生的个人成长和发展，也为他们意识形态认同的多元化和包容性提供了重要保障。

当代中国主流意识形态的价值信仰就是社会主义核心价值观，但在全球化浪潮下，我国社会舆论场逐渐形成一元主导、多元共存的现象。在中华民族向第二个百年奋斗目标前进的关键时刻，以美国为首的西方发达国家利用其在人工智能领域的优势，持续向我国输出各类政治谣言和反动言论，企图消解我国主流意识形态，扰乱我国正常开展意识形态工作。其通过人工智能算法向我国隐秘输入文化产品，通过输入多元的价值观念挤占和扰乱我国主流价值观念，利用历史虚无主义、"普世价值"等思潮极力抢占网络舆论阵地，排挤主流意识形态，抢夺主流意识形态的话语表达权，消解其权威性。而高校学生还处于信仰迷茫、意志不坚定的阶段，很容易被西方的价值输出带偏，对于客观事物的认识产生差异偏离，甚至在境外反动势力组织诱骗和鼓动下产生不理性的行为，对社会安定造成危害。

二、教育管理工作时效性不强

高校辅导员工作具有时效性的标准，主要体现在其能够迅速响应学生需求、高效解决学生问题、及时引导学生发展以及灵活适应教育环境变化等多个方面。

首先，迅速响应学生需求是辅导员工作时效性的基础。在日常工作中，辅导员应建立有效的沟通机制，确保能够及时捕捉到学生的学习、生活、心理等多方面的需求，并立即采取行动，提供必要的帮助和支持。这种迅速响应的能力不仅体现了辅导员对学生的关心和责任感，也是维护学校稳定、促进学生健康成长的重要保障。

其次，高效解决学生问题是辅导员工作时效性的核心。面对学生在学习、人际关系、职业规划等方面遇到的问题，辅导员应具备专业的知识和技能，能够迅速分析问题根源，制定科学合理的解决方案，并有效地执行，在最短的时间内帮助学生摆脱困境。高效解决问题的能力不仅提高了辅导员的工作效率，也增强了学生对辅导员的信任感和满意度。

最后，及时引导学生发展是辅导员工作时效性的重要体现。辅导员应关注学生的成长动态，根据学生的兴趣、特长和发展方向，提供个性化的指导和建议，引导学生树立正确的价值观、职业观和人生目标。通过及时地引导，帮助学生明确发展方向，激发内在潜能，促进学生全面发展。

此外，灵活适应教育环境变化也是辅导员工作时效性的关键。随着教育改革的深入和时代的发展，高校教育环境不断发生变化，辅导员应紧跟时代步伐，不断更新教育观念，创新工作方法，以适应新的教育形势。灵活适应教育环境变化的能力不仅能提高辅导员的工作适应性,也能为学生提供更加优质的教育服务。

高校辅导员工作实效性的内涵是指辅导员在教育管理实践中,通过综合运用专业知识、技能与情感投入,有效促进学生全面发展、维护校园稳定和谐、提升教育质量所展现出的实际成效与影响力。具体而言,它涵盖了辅导员在思想政治教育、学业指导、心理健康辅导、职业规划、班级管理与危机应对等多个维度上的工作效果。

现如今,网络信息环境下各种信息愈发多元化、交互性极强,传统的思想政治教育内容对学生的吸引力降低。此外,某些不良信息和非主流意识在网络中传播毫无障碍,分散了学生的注意力,对传统思想政治教育的冲击很大,如何屏蔽不良信息并创建更具吸引力的内容对高校思想政治教育极为迫切。在网络信息时代,高校学生可以自由地在网络社交媒体上发表自己对于时事的看法和观点,高校辅导员要利用自己的专业视角迅速找到最权威的有效信息,并针对不同的个体提供相对应的舆论引导方法,但处于信息爆炸时代的高校思想政治教育者面对海量数据就会显得力不胜任,因为其无法立刻在海量的信息中找到有效信息并转化为对学生开展教育管理的资源与支持。在传统媒体条件下,信息产生、传播和扩散不可避免地会受到时空的限制,不可能在短时间内完成,信息传播速度缓慢。而在人工智能时代,信息从产生到传播扩散到现实世界与网络空间的每一个角落仅需几秒甚至几毫秒,以往的时空阻隔几乎不复存在,通过智能移动设备,人们可以随时随地接收和发送各类信息。智能时代下,互联网的交互性和便捷性实现了跨越式提升,网络信息的更新频率和传播速度达到了前所未有的程度,高校辅导员在短时间内掌握信息并快速整合分析的难度空前变大。

第一,辅导员面临的工作负担过重,常常需要在学生日常管理、学业指导、心理健康辅导、就业指导等多个领域之间频繁切换,这种多任务处理的压力导致辅导员难以对每个学生的具体需求给予及时且充分的关注。例如,当学生遇到学习困难、人际关系冲突或心理压力时,由于辅导员的时间和精力有限,往往无法第一时间提供有效的干预和支持,使得问题得不到及时解决，影响了学生的成长和发展。

第二，信息传递的延迟和不对称也是时效性问题的重要体现。无论是通过传统的班会、公告栏还是现代的信息技术平台，信息的传递都可能受到各种因素的影响，如技术故障、信息更新不及时、学生接收信息的意愿和能力等，导致重要通知、政策解读、紧急事件预警等信息无法迅速、准确地传达给每一位学生，影响了教育管理工作的及时响应和有效执行。

第三，辅导员与学生之间的沟通障碍也不容忽视，由于年龄、背景、兴趣等方面的差异，辅导员可能难以完全理解学生的真实想法和需求，而学生也可能因为害怕被评判或认为辅导员无法理解自己而选择沉默，这种沟通不畅不仅阻碍了教育管理工作的顺利进行，也削弱了辅导员在学生心中的信任度和影响力，进一步降低了教育管理工作的时效性。

第四，辅导员在应对突发事件和危机管理方面的能力也是检验其时效性的重要指标。在面对学生突发事件，如身心健康危机、校园安全事件等，辅导员需要迅速作出判断，采取有效措施，保护学生的安全，然而，在实际操作中，由于资源限制、预案不足、信息传递不畅等原因，辅导员可能无法在短时间内作出最优决策，导致事态扩大，影响了学生的身心健康和校园的安全稳定。

第五，辅导员教育管理工作的时效性还体现在对学生个性化需求的满足上。每个学生都是独一无二的个体，他们的学习风格、兴趣爱好、职业规划等各不相同，辅导员需要充分了解每个学生的个性特点，提供个性化的指导和支持，然而，在实际工作中，由于辅导员时间和精力有限，以及对学生个体差异的认识不足，往往难以做到因材施教，导致教育管理工作的针对性和实效性不强，影响了学生的全面发展和个性化成长。

三、学生日常管理精准性不够

高校辅导员工作精准性欠佳的问题主要体现在难以满足学生的个性化需求、日常管理与服务工作不规范以及思想政治教育工作针对性不强等方面。这不仅影响了工作的效率与质量，也给高校的人才培养与校园管理带来了挑战。高校学生管理工作涉及众多方面，包括宿舍管理、奖学金评定、违纪处理等。在这些工作中，辅导员需要严格遵循规章制度，确保公平、公正、公开。然而，在实际操作中，一些辅导员在处理具体事务时可能存在标准不一、程序不规范的情况，这不仅损害了管理的权威性，也影响了学生的切身利益。此外，在服务学生方面，如就业指导、信息传达等，辅导员的精准性不足还可能导致学生错过重要机会或产生误解。另外，辅导员在思想政治教育工作中的精准性也面临挑战。作为大学生思想政治教育的骨干力量，辅导员需要准确把握学生的思想动态，引导学生树立正确的世界观、人生观和价值观①。然而，在实际工作中，一些辅导员可能由于对学生思想状况了解不够深入，或者教育方法过于单一、陈旧，导致思想政治教育工作的针对性和实效性不强。这不仅影响了学生的思想政治素质提升，也削弱了辅导员在学生中的影响力和感召力。

"人的本质不是单个人所固有的抽象物，在其现实性上，它是一切社会关系的总和。②"大数据时代，高校思想政治教育环境场域和大学生生活的社会、家庭、学校环境均发生了变化。在科技迅猛发展的信息时代下成长的"00后""05后"已成为当代大学生的主体，其思想行为特点呈现多面性，在思想行为变化趋向上，呈现出盲目胶着状态，带给高校辅导员新的挑战。一是思想观念易受影响。教育对象突破了传统一对一的教学模式，在学习上趋于碎片化、个性化，知识获取渠道多样，内容丰富；对课堂、书本依赖程度变低。不再相信权威，面对社会热点、网络舆论事件，相比于从官方网站或渠道了解事实真相，他们更热衷从微博、贴吧了解信息，容易被误导产生偏激的心理和情绪，从而被别有用心之人利用，给网络话语权、意识形态治理带来挑战。二是行为模式的改变。随着互联网、物联网的快速发展，大学生成为"低头族、触屏族"的主力军。一方面，网络活动频繁，校园社交繁荣于QQ、微信、微博等网络平台，人际交往

---

① 韩素斌，林杰. 基于学生满意度的高校辅导员工作创新方法研究 [J]. 现代商贸工业，2024，45（19）：236-238.

② 马克思恩格斯文集（第1卷）[M]. 北京：人民出版社，2009.

转向群聊、朋友圈、微博互动、语音视频通话等方式；购物靠网店快递；吃饭靠点外卖；出行靠网约车，外出旅游更是在出行前就完成网络购票、酒店预订等，生活无网不在。另一方面，存在网络化、娱乐化倾向。例如，即时通信、短视频、音乐、游戏等网络行为。大学生思想行为的变化给辅导员思想政治工作的精准性带来了挑战。

四、技术应用能力不足

面对人工智能时代的全新挑战，高校辅导员队伍群体和个体的技术素养和能力格外重要。高校辅导员工作在人工智能时代如何继续发挥优势，既要依靠辅导员工作制度的推进，也要依靠辅导员自身主体作用的发挥。需要其提升自身的技术素养和创新素养，同时，高校应将辅导员应用人工智能技术纳入辅导员队伍建设，予以统筹考虑。当前，高校辅导员队伍建设面临诸多困境，这给高校辅导员应用人工智能技术带来了挑战。一是辅导员创新素养提升的实践感知不足。高校辅导员工作与人工智能技术的融合具有很强的技术性和应用性，辅导员的创新素养需要在以人工智能技术推动高校辅导员工作优势发挥的实践感知中得以提升。高校辅导员在实践运用人工智能技术过程中，既难以克服遇到的技术难题又存在数据泄露、侵犯学生隐私等风险，导致既不会用又不敢用。二是辅导员在人工智能技术素养提升方面存在不足。当前关于人工智能技术的研究重心主要围绕在平台建设和技术运用上，对辅导员的人工智能技术素养关注不足。国家有要求，高校有需求，但是却未能将技术素养作为辅导员职业能力要求从选聘、培养、考核等具体环节上加以推进，缺乏实施标准和制度推进。同时，辅导员的专业背景差异大，各高校应用成熟的成果较少，针对辅导员技术素养提升的培训不足，并且缺乏平台和资源。

当前，高校辅导员在人工智能等先进技术应用能力上的不足主要体现在多个方面，这不仅限制了辅导员工作效率的提升，也影响了学生服务与教育管理的现代化进程。

首先，这种不足表现在辅导员对人工智能技术的认知和理解上。尽管人工智能技术已经广泛应用于各个领域，但部分辅导员对这一技术的了解仍然有限，缺乏对其基本原理、技术特点及应用场景的深入认识。这导致他们在面对学生提出的与人工智能相关的需求或问题时，难以作出及时、准确地判断和应对。

其次，辅导员在人工智能技术的实际操作能力上存在短板。许多辅导员虽然意识到了人工智能技术的重要性，但由于缺乏系统的培训和实践经验，他们在应用这些技术时往往感到力不从心。例如，在利用大数据分析学生学习情况、为学生提供个性化学习建议，或者运用自然语言处理技术进行在线答疑等方面，辅导员可能因操作不熟练而无法充分发挥人工智能技术的优势。

再次，辅导员在将人工智能技术融入日常学生工作方面的创新能力存在不足。人工智能技术为辅导员提供了全新的工作手段和方法，但如何将这些技术有效地融入学生管理、思想教育、心理健康辅导等各个环节，需要辅导员具备创新思维和实践能力。然而，部分辅导员可能因循守旧，缺乏探索新方法的勇气和动力，导致人工智能技术在辅导员工作中的应用效果大打折扣。

最后，辅导员在人工智能伦理和法律方面的素养也有待提升。随着人工智能技术的广泛应用，隐私保护、数据安全等问题日益凸显。辅导员在应用人工智能技术时，需要严格遵守相关法律法规，确保学生的个人信息和隐私安全。然而，一些辅导员可能对相关法律法规了解不够，或者在实际操作中忽视了学生的隐私保护，从而引发了一系列潜在的法律风险和伦理问题。

五、工作目标时代性欠佳

高校辅导员的工作目标需要具有鲜明的时代性。随着社会的快速发展和科技的日新月异，国家对人才的需求也在不断变化，这对高校的人才培养工作提出了新的要求。辅导员作为高校教育体系中的重要组成部分，其工作目标必须紧跟时代步伐，与国家的战略部署和人才需求紧密对接。具有时代性的工作目标，能够帮助辅导员更好地理解和把握新时代的教育理念和人才培养要求，从而制定出更加符合学生实际和社会发展需求的工作计划。这不仅能够提升学生的综合素质和创新能力，还能够为国家和社会培养出更多具备高度责任感和使命感的高素质人才。

高校辅导员应该积极关注国家的发展战略和人才需求变化，将时代性的要求融入自己的工作中，不断创新工作方法和手段，为学生提供更加优质的教育服务和管理支持。当前，辅导员工作目标未能充分融入和反映新时代的发展要求，这在一定程度上影响了高校人才培养的质量和效果。

首先，在工作目标设定上，部分辅导员未能充分理解和把握中国式现代化的深刻内涵，未能将培养德智体美劳全面发展的社会主义建设者和接班人这一根本任务，与新时代的发展要求紧密结合。他们可能更多地关注传统的学生管理和思想教育，而忽视了对学生创新能力、实践能力和社会责任感的培养，这与国家推动创新驱动发展、建设创新型国家的战略要求存在差距。同时，辅导员在设定工作目标时，也未能充分考虑到新质生产力的需求，即培养能够创造和适应新质生产力的高素质人才。新质生产力强调的是科技创新和产业升级，要求人才具备跨学科的知识结构、创新的思维方式和解决问题的能力。然而，一些辅导员在制定工作计划时，未能将这些要素纳入考虑，导致学生的培养方案与时代需求脱节。

其次，在教育内容与方法上，辅导员未能充分利用先进科技手段，创新教育方式，提升教育效果。随着信息技术的飞速发展，特别是人工智能、大数据、云计算等先进科技的应用，教育领域正在经历深刻的变革。然而，部分辅导员在教育实践中，仍然沿用传统的方式方法，如单一的课堂讲授、灌输式的思想教育等，忽视了对学生自主学习、合作学习和创新学习能力的培养。此外，辅导员在利用先进科技手段进行学生管理和思想教育方面也存在不足，如未能充分利用社交媒体、在线学习平台等新媒体工具，与学生进行及时、有效地沟通和互动，导致教育工作的针对性和实效性不强。

再次，在学生能力培养上，辅导员未能充分关注到学生创新能力和实践能力的培养，这与国家推动创新驱动发展、建设创新型国家的战略要求不相适应。新质生产力的核心在于创新，要求人才具备强烈的创新意识和实践能力。然而，一些辅导员在培养学生的过程中，过于注重理论知识的传授，而忽视了对学生创新思维和实践能力的培养。他们可能未能为学生提供足够的实践机会和创新平台，导致学生缺乏实际操作经验和解决问题的能力。同时，辅导员在培养学生的社会责任感方面也存在不足，未能引导学生将个人成长与国家发展、社会进步紧密结合，导致学生缺乏为国家和社会服务的意识和能力。

最后，在自身能力建设上，辅导员也未能充分适应新时代的发展要求，提升自己的专业素养和综合能力。随着科技的飞速发展和社会的不断进步，辅导员需要具备更加广泛的知识储备和更加专业的技能水平，才能有效地应对学生工作中的各种挑战和问题。然而，一些辅导员在专业知识更新、技能提升等方面存在滞后，未能及时跟进新时代的发展步伐。他们可能缺乏对新科技、新产业、新业态的了解和研究，导致在指导学生进行职业规划、创新创业等方面存在困难。同时，辅导员在提升自己的思想政治教育能力、心理辅导能力、沟通协调能力等方面也存在不足，影响了学生工作的质量和效果。

第二节 人工智能技术赋能高校辅导员工作的价值意蕴

一、为高校辅导员工作转型升级提供机遇

2017年9月，教育部修订出台了《普通高等学校辅导员队伍建设规定》，规定高校应按总体上师生比不低于1∶200的比例设置专职辅导员岗位，然而绝大多数高校并未达到要求。在愈发复杂的大学生管理工作中，辅导员经常超负荷运转，存在"心有余而力不足"的窘境。在工作中，辅导员把主要精力放在了琐碎性事务上，总是处于被动地完成状态，而不是积极地应对状态。尤其是当众多任务"迫在眉睫"时，辅导员易产生紧张急躁的心理，本应该慢慢来的育人过程变得"急功近利"，这导致育人效

果达不到预期目标。在大学生日常工作管理中，重复性、机械化、流程化的事务性工作占据了大部分，而人工智能的兴起为这些事务性工作的智能化发展提供了良好机遇，在一定程度上可有效减轻辅导员的工作压力[1]。

人工智能技术的融入对辅导员角色的转型升级产生了深远的影响，这一过程不仅重塑了辅导员的工作内容、角色定位、技能素养和工作模式，还为其带来了前所未有的发展机遇和挑战[2]。随着人工智能技术的不断进步，辅导员的工作逐渐从传统的、以人工密集型为主的方式向智能化、数据驱动型转变。在这一转变中，辅导员开始利用大数据分析、自然语言处理、机器学习等先进技术，对学生的学业成绩、行为模式、心理状态等多维度数据进行深度挖掘和分析，从而更全面地了解每位学生的特点和需求。

在角色定位上，辅导员逐渐从执行者和信息传递者的角色转变为数据驱动的决策者和学生成长的引导者。他们不再仅仅遵循既定的规则和程序，而是根据分析结果，结合学生的实际情况和需求，制定科学合理的工作计划和方案。同时，辅导员也更加注重培养学生的自主学习能力和创新精神，引导他们积极探索、勇于实践，为未来的职业发展打下坚实的基础。

随着人工智能技术的融入，辅导员的技能素养也得到了显著提升。他们不仅需要掌握传统的教育理论和教学方法，还需要学习并掌握相关的人工智能技术和工具。通过不断学习和实践，辅导员逐渐提升了自身的人工智能素养和技术应用能力，能够更好地利用这些技术为学生服务。同时，他们也注重培养自身的创新思维和创新能力，不断探索新的教育方法和手段，以适应时代的发展和学生的需求变化。这种技能素养的提升不仅增强了辅导员的竞争力，还为其职业发展提供了更多的可能性。

---

[1] 张守兴.高职辅导员与班主任有效工作机制探索[J].高等职业教育（天津职业大学学报），2013，22（1）：35-38.

[2] 祁叶达，徐小强.人工智能赋能高校辅导员工作高质量发展探析[J].学校党建与思想教育，2024（1）：86-88.

在工作模式上，人工智能技术推动辅导员自主积极创新。他们充分利用人工智能技术提供的智能化辅助工具，如智能聊天机器人、情感分析系统等，与学生进行实时互动和交流。这些工具不仅提高了工作效率，还使得辅导员能够更及时、准确地了解学生的思想动态和心理状态，为他们提供及时的帮助和支持。同时，辅导员也注重线上线下融合的工作模式，通过线上平台为学生提供初步的帮助和指导，同时结合线下活动为学生提供更加深入和具体的支持。这种线上线下融合的工作模式不仅增强了辅导员与学生之间的互动和联系，还提高了教育的质量和效果。

然而，人工智能技术的融入也给辅导员带来了挑战。一方面，辅导员需要不断学习和掌握新技术、新工具，以适应时代的发展和技术的变革。这需要他们具备持续学习和自我提升的能力，不断拓宽自己的知识领域和技能范围。另一方面，辅导员也需要保持对学生的人文关怀和情感支持。尽管人工智能技术为辅导员提供了智能化辅助工具，但学生仍然需要辅导员的关心、理解和支持。因此，辅导员需要在利用技术的同时，注重与学生的情感交流和心理沟通，为他们提供情感上的支持和安慰。

二、提高高校辅导员工作针对性

人工智能技术以其强大的数据处理、模式识别与智能决策能力，为提高高校辅导员工作的针对性开辟了新路径，显著增强了其在学生管理、思想教育、心理健康辅导及学业指导等方面的精准度和实效性。

具体而言，人工智能技术在数据收集与分析、思想政治教育、心理健康、学业指导等方面，深刻影响高校辅导员的工作方式，使其能够更加精准地识别学生需求、预测潜在问题、定制个性化方案，从而有效提升辅导工作的针对性和有效性。

第一，在数据收集与分析层面，人工智能技术能够整合来自多个渠道的学生数据，包括但不限于学习成绩、出勤记录、课外活动参与情况、社交媒体互动、心理健康测评结果等，形成全面且细致的学生画像。这些多维度数据经过深度学习和机器学习算法的处理，能够揭示出学生行为背后的模式与趋势,帮助辅导员快速识别出学业困难、社交障碍、心理压力大等高风险群体,以及具有特殊才能或潜力的学生。这种基于大数据的精准分析,为辅导员提供了科学依据,使其能够有的放矢地制定干预措施,及时为学生提供必要的帮助和支持,有效预防潜在问题的发生。

第二,在思想政治教育方面,人工智能技术能够辅助辅导员进行个性化内容推送与反馈收集。通过分析学生的兴趣爱好、价值观倾向及思想动态,辅导员可以利用智能推荐系统,向学生推送符合其兴趣且富有教育意义的文章、视频或活动信息,以此激发学生的参与热情,提升思想教育的吸引力和感染力。同时,通过收集学生对这些内容的反馈,辅导员可以进一步了解学生的思想变化,及时调整教育策略,确保思想教育工作的针对性和实效性。这种双向互动的过程,不仅增强了辅导员与学生之间的沟通与理解,也促进了学生自我认知与成长。

第三,在心理健康辅导领域,人工智能技术更是发挥了不可替代的作用。通过情感分析、语音识别与自然语言处理等技术,辅导员可以实时监测学生的情绪状态,及时发现并干预可能的心理危机。例如,智能聊天机器人可以作为初步的心理筛查工具,通过与学生进行对话,评估其心理状态,识别出需要专业心理咨询的学生。此外,基于人工智能的心理干预系统还能根据学生的具体情况,提供个性化的心理调适建议或引导其进行在线心理咨询,有效缓解学生的心理压力,预防心理问题的恶化。这种即时、便捷且个性化的心理健康服务,极大地提高了辅导员在心理健康辅导方面的针对性和响应速度。

第四,在学业指导方面,人工智能技术同样展现出巨大的潜力。通过分析学生的学习习惯、成绩波动及课程偏好,辅导员可以为学生量身定制学习计划,推荐适合的学习资源和策略,帮助学生提高学习效率,克服学习障碍。同时,智能教学系统还能根据学生的学习进度和能力,动态调整教学内容和难度,实现个性化教学。这种基于数据的精准学业指导,不仅提升了学生的学习成绩,也增强了其自主学习及独立解决问题的能力,为学生未来的职业发展奠定了坚实的基础。

此外，人工智能技术还促进了辅导员工作效率的提升，使其有更多的时间和精力投入针对性地辅导工作中。通过自动化处理日常事务，如考勤统计、成绩录入、活动报名等，辅导员得以从烦琐的工作中解脱出来，专注于学生的个性化需求和发展规划。这种工作效率的提升，为辅导员提供了更多与学生深入交流的机会，有助于建立更加紧密和信任的师生关系，进一步增强了辅导员工作的针对性和有效性。

三、提升高校辅导员教育管理实效性

人工智能可在多领域实现深度融合、协同发展，有效推动多领域实现高质量发展。在高校大学生思想政治教育领域，人工智能可构建"智能+辅导员工作""智能+思想政治理论课""智能+学科专业课"等平台，实现多学科的综合交叉融合，这有利于引导大学生坚定理想信念和政治信仰[①]。一方面，人工智能基于个人数据库，可通过智能算法精准掌握大学生的思想动态，协助辅导员精细区分大学生的思想类别，精心设计大学生的思想引领内容，多方位、全角度地满足大学生多元化的需求。另一方面，人工智能可实现"智能+"模式，减轻辅导员日常重复化、机械化的工作压力，协助辅导员更好地将精力投入大学生的思想引领、意识形态工作上。这有助于重构辅导员和大学生之间的关系，促使两者之间形成一种伙伴关系，既保障了大学生的中心地位，又能持续发挥辅导员的主导性。

第一，人工智能技术在教育数据的深度挖掘与分析上展现出巨大价值。通过整合学生学业成绩、日常行为表现、心理健康状态、兴趣爱好、社交活动等多元化数据，利用机器学习、数据挖掘等先进技术，辅导员能够构建全面且精细的学生画像，准确捕捉学生的个体差异与潜在需求。这不仅能帮助辅导员快速识别出学业困难、心理压力大、社交障碍等高风险群体，为及时干预与精准帮扶提供了科学依据，还能够发现具有特殊才能或潜力的学生，为其量身定制成长计划，促进人才的个性化发展。在此基

---

① 祁叶达，徐小强. 人工智能赋能高校辅导员工作高质量发展探析［J］. 学校党建与思想教育，2024（1）：86-88.

础上，辅导员可以更有效地配置教育资源，如心理咨询、学业辅导、职业规划等服务，确保每位学生都能获得最适合自己的支持与帮助，从而提高教育管理的针对性和实效性。

第二，人工智能技术促进了教育管理的智能化与自动化，极大提升了辅导员的工作效率与质量。传统教育管理中，辅导员需要处理大量烦琐的日常事务，如考勤管理、成绩录入、活动组织、信息通知等，这些工作占据了大量时间与精力，影响了对学生个性化需求的关注与响应。而借助人工智能技术，如智能排班系统、自动化成绩管理系统、在线活动平台等，辅导员能够从这些重复性劳动中解放出来，将更多精力投入学生个体的深度辅导与个性化教育规划中。同时，智能助手、聊天机器人等工具的引入，不仅为学生提供了24小时不间断的咨询服务，还能够根据学生的提问自动推荐相关资源或引导至专业部门，有效缓解了辅导员的工作压力，提升了教育服务的响应速度与满意度。

第三，在个性化教育引导方面，人工智能技术同样发挥着关键作用。通过分析学生的学习习惯、兴趣偏好及能力水平，辅导员可以利用智能推荐系统为学生推送定制化的学习资源、课程推荐及成长建议，帮助学生找到最适合自己的学习路径，激发其内在学习动力。此外，人工智能还能根据学生的学习进度与反馈，动态调整教学内容与难度，实现"因材施教"，促进每位学生的最优发展。

第四，在职业规划方面，通过大数据分析行业趋势、岗位需求及学生个人特质，辅导员能够为学生提供更加精准的职业定位与发展建议，助力其未来职业生涯的顺利起航。

第五，家校合作是提升教育管理实效性的另一重要环节。人工智能技术在此领域的应用，进一步强化了家校之间的沟通与协作。通过智能家校平台，家长可以实时了解孩子在校的学习状态、行为表现及心理健康状况，而辅导员也能及时获取家庭背景、家庭教育理念等信息，为家校共育提供精准的信息支持。在此基础上，双方可以共同探讨孩子的成长问题，制定个性化的教育策略，形成家校教育的合力。同时，智能平台还能够提供定期的成长报告、教育建议及在线家长会等功能,有效提升了家校合作的效率与质量,为学生健康成长营造了更加和谐的外部环境。

第六,人工智能技术还促进了教育管理的创新与持续优化。通过不断收集与分析教育管理过程中的数据,辅导员可以及时发现存在的问题与不足,利用人工智能技术进行模型优化与策略调整,实现教育管理的持续改进。例如,通过分析学生参与度、满意度等数据,辅导员可以评估不同教育策略的效果,为制定更加科学、合理的教育管理方案提供依据。同时,人工智能技术还能够支持辅导员进行教育管理的案例研究与实践探索,通过数据挖掘与机器学习,发现教育管理的最佳实践,为其他辅导员提供可借鉴的经验与策略,推动整个辅导员队伍的专业成长与能力提升。

四、推动高校辅导员职业化、专业化发展

我国高校辅导员不仅要开展思想政治工作,引导大学生牢固树立坚定的理想信念,还要开展心理健康、职业规划等帮扶工作,帮助大学生解决人生发展中的困惑,这些过程必然需要辅导员与高校相关部门进行及时的沟通与有效的合作。人工智能技术可为高校搭建"数字平台",将高校所有事务性工作迁移到平台上,辅导员可在平台上与其他部门沟通协同处理学生事务。这将打通辅导员与高校各部门之间存在的壁垒和隔阂,破除辅导员队伍的"孤岛效应",达到全员育人、协同育人的目的。

在能力建设方面,人工智能技术为辅导员提供了丰富的学习资源和高效的培训手段。智能学习平台能够汇聚国内外先进的教育理念、案例分析及实践经验,为辅导员提供个性化的学习路径和资源推荐,帮助其不断更新专业知识,提升教育管理能力。同时,人工智能技术还能够通过模拟实训、虚拟场景演练等方式,为辅导员提供沉浸式的技能培训,增强其解决实际问题的能力。这种智能化的学习模式,不仅拓宽了辅导员的知识视野,还显著提升了其专业技能和综合素质,为辅导员向职业化、专业化方向发展奠定了坚实基础。

在职业发展方面,人工智能技术同样发挥着重要作用。通过智能职业规划系统，人工智能技术能够根据辅导员的个人特质、工作表现及职业发展目标，为其量身定制成长计划，提供个性化的职业发展建议。这不仅有助于辅导员明确职业定位，规划职业路径，还能够激发其内在动力，促进个人潜能的充分发挥。同时，人工智能技术还能够通过分析辅导员的工作绩效、学生评价等数据，客观评价其工作成效，为辅导员的职业晋升、表彰奖励等提供依据，进一步激发了辅导员的职业荣誉感和归属感。

此外，人工智能技术还促进了辅导员队伍管理的智能化与科学化。通过智能考核系统，人工智能技术能够全面、客观地评估辅导员的工作表现，为优化队伍结构、提升整体效能提供有力支持。同时，智能管理系统还能够实现辅导员信息的数字化、网络化存储与共享，便于学校管理层及时了解辅导员队伍的动态，为制定科学合理的队伍建设提供依据。这种智能化的管理方式，不仅提高了辅导员队伍的管理效率，还促进了队伍内部的沟通与协作，为构建一支高素质、专业化的辅导员队伍提供了有力保障。

第三节 人工智能技术赋能高校辅导员工作的可行性分析

一、国家政策支持

当前，国家对人工智能在高等教育领域的应用持积极支持态度，并出台了一系列政策文件引导和规范其发展。早在 2017 年，国务院发布的《新一代人工智能发展规划》明确提出将人工智能发展上升为国家战略，并强调在中小学阶段设置人工智能相关课程，为培养人工智能时代的创新型人才奠定基础，这一规划同样对高等教育领域的人工智能教育应用具有深远影响。2023 年 5 月，教育部等十八部门联合印发了《关于加强新时代中小学科学教育工作的意见》，进一步强调探索利用人工智能、虚拟现实等技术手段改进实验教学，以提升基础教育及高等教育中的科学教育质量①。同年5月，教育部印发《基础教育课程教学改革深化行动方案》，积极推进人工智能等新技术与教师队伍建设融合，为高等教育领域的人工智能技术应用提供了更加明确的指导。2024年，教育部办公厅印发《关于加强中小学人工智能教育的通知》，明确了加强中小学人工智能教育的总体要求，并提出了构建系统化课程体系、实施常态化教学与评价等六大主要任务和举措，明确提出到2030年前在中小学基本普及人工智能教育的目标，虽然该通知主要针对中小学教育，但也为高等教育的人工智能教育普及奠定了坚实的基础并指明了方向。此外，为深入贯彻落实习近平总书记在全国教育大会上关于"注重运用人工智能助力教育变革"的重要指示精神，推动人工智能在高等教育中的广泛应用，2024年11月，教育部高等教育司发布了《关于公布第二批"人工智能+高等教育"应用场景典型案例的通知》。

不仅如此，为了促进生成式人工智能的健康发展并规范其应用，2023年7月，国家互联网信息办公室联合国家发展和改革委员会、教育部等七部门共同发布了《生成式人工智能服务管理暂行办法》，明确了生成式人工智能服务的定义、监管原则及具体要求，在鼓励技术创新的同时，也强调了保护个人信息和数据安全的重要性，这对高等教育领域的人工智能技术应用同样具有指导意义。同时，为了规范人工智能技术的发展和应用，保障人类福祉和社会公平，2021年9月，国家新一代人工智能治理专业委员会发布了《新一代人工智能伦理规范》，提出了增进人类福祉、促进公平公正、保护隐私安全等六项基本伦理要求，为人工智能在教育领域，包括高等教育中的应用提供了伦理指导。

在具体的高等教育政策层面，国家也出台了一系列支持措施。例如，支持建立人工智能领域"新工科"建设产学研联盟（见图2-1），建设集教育、培训及研究于一体的区域共享型人才培养实践平台，并鼓励高校建

---

① 黄文龙，周龙军.人工智能技术对中国教育的影响：积极效果与挑战应对［J］.生活教育，2025（3）：8-12.

立人工智能学院、研究院或交叉研究中心，以推动科教结合、产教融合协同育人的模式创新。这些措施不仅为高等教育领域的人工智能教育提供了平台和支持，也促进了学术界与产业界的深度融合，有助于培养既具备理论知识又熟悉实践应用的人工智能专业人才。

图 2-1　中国科学院人工智能产学研创新联盟

地方层面同样积极响应国家号召，出台了一系列推动人工智能与高等教育融合发展的政策措施。以北京市为例，《北京市推动"人工智能+"行动计划（2024—2025 年）》明确提出"人工智能+教育"标杆应用工程，旨在加强大模型企业、教育机构和管理部门协同联动，培育跨学科、跨学段的教育大模型平台，这为北京市乃至全国的高等教育机构在人工智能领域的教育创新提供了有力支持。此外，北京市海淀区也发布了《海淀区"人工智能+教育"三年行动计划（2024—2026 年）》，提出深化人工智能教育基础支撑环境、打造海淀特色化教育人工智能体系等九项主要任务，进一步优化区域教育资源配置，为高等教育领域的人工智能教育应用提供了良好的基础设施和环境。

在推动高等教育领域人工智能应用的过程中，国家还注重加强国际合作与交流。见图 2-2。通过借鉴国际先进经验和技术成果，不断提升我国高等教育在人工智能领域的竞争力和影响力。同时，国家也鼓励高校和科研机构积极参与国际人工智能合作项目和研究计划，推动人工智能技术的跨国界、跨学科交流与合作。

图 2-2　全球高校人工智能学术联盟

此外，教育部还积极推动中小学人工智能教育的普及和发展，并组织各省级教育行政部门推荐并公示了多个中小学人工智能教育基地。这一举措不仅有助于在基础教育阶段培养学生的创新意识和实践能力，也为高等教育领域的人工智能教育提供了丰富的生源和人才储备。通过构建从小学到大学的完整人工智能教育体系，国家旨在培养一批具备创新精神和实践能力的人工智能专业人才，为我国的人工智能事业发展提供有力的人才保障和智力支持。

在具体实施层面，国家鼓励高等教育机构根据自身的学科优势和特色，开展多样化的人工智能教育模式和教学方法创新。例如，通过建设人工智能实验室和虚拟实验室，为学生提供实践操作的场所和机会；通过开设人工智能专业课程和交叉学科课程，培养学生的专业知识和跨学科素养[①]；通过组织科研项目和实习实践活动，提升学生的实践能力和创新能力。同时，国家还注重加强教师队伍的建设和培训，提升教师的数字化素

---

① 耿挺，姜晓凌，陶婷婷. 让人工智能"点亮"教育改革之路［N］. 上海科技报，2025-01-17（006）.

养和人工智能技术应用能力,为高等教育领域的人工智能教育提供有力的人才支撑。见图2-3。

图2-3 多所高校开设人工智能通识课程

二、人工智能技术发展成熟

当前,人工智能技术的发展正处于一个高速演进且日益成熟的阶段,从技术角度看,人工智能在算法优化、算力提升以及数据积累方面取得了显著进展。深度学习、强化学习等先进算法的不断迭代,使得人工智能在处理复杂任务时的效率和准确性大幅提升。同时,云计算、边缘计算等技术的兴起,为人工智能提供了强大的算力支持,使得大规模模型的训练和推理成为可能。此外,随着互联网、物联网的普及,海量数据的产生和积累为人工智能模型的学习和优化提供了丰富的素材。

人工智能技术已经广泛渗透到各行各业,展现出极高的实用价值。在医疗健康领域,人工智能辅助诊断、个性化治疗方案设计等技术正在逐步改变医疗服务的模式和质量。在金融领域,智能风控、智能投顾等应用有效提升了金融服务的效率和安全性。在智能制造领域,人工智能与物联网、大数据等技术的结合,推动了生产过程的智能化升级,提高了生产效率和产品质量。此外,在交通、教育、娱乐等领域,人工智能也发挥着越来越重要的作用。在教育场景中，人工智能已经展现出强大的潜力和价值，成为提升教学效率、个性化学习体验和教学质量的重要工具。

人工智能在教育领域中的应用日渐成熟，成为推动教育高质量发展的重要力量。新媒体联盟《地平线报告：2019高等教育版》显示，人工智能已成为推动高等教育变革的六大技术之一，和混合现实技术一起是中兴技术的代表。该报告认为，人工智能具有提供个性化体验、减少工作量和协助分析大型复杂数据集的能力，这为教育应用程序提供了借鉴①。凯文·凯里在《大学的终结》一书中提出，人工智能将判断每位学习个体的优势和劣势，为其制定相应的教育策略，在不会让人感到沮丧和失败的前提下，不断挑战和刺激人们更努力、更好地工作②。人工智能与教育相结合不是一种简单的加法运算，而是会深刻影响教育理念、运行模式以及评价方式等，进而形成人工智能时代全新的教育生态体系。

人工智能在高校思想政治教育中的应用由边缘开始走进人们视野之中，并日益走近舞台的中央。相关研究开始聚焦人工智能在价值观培育、思想政治教育、思政课教学、辅导员工作等方面的应用。有学者认为，人工智能可应用于价值观教育方面，与人类教师相似，机器人教师能教知识，也能培育知识里的价值观。具有价值体系的智能体能培育价值观，德行AI教师更能有效地培育价值观。还有学者认为，目前的人工智能只能用于思想政治教育的教学过程，如学生自主在线学习平台、自动化测评系统等方面，用于了解受教育者对信息知识的接收、理解和掌握程度。在思想政治教育方面，人工智能不仅是提升思想政治教育精准化和智能化的一种技术依托，而且其现实应用与未来发展都隐含着鲜明的意识形态色彩。在思政课教学方面，人工智能的增强现实、全息技术、及时精准反馈等功能，突破了"教师中心"与"学生中心"的边界逻辑。教师在教学过程

---

① 兰国帅等．"智能+"时代智能技术构筑智能教育——《地平线报告（2019高等教育版）》要点与思考［J］．开放教育研究，2019；3．
② 凯文·凯里（Kevin Carey）．大学的终结：泛在大学与高等教育革命［M］．朱志勇，韩倩，等译．北京：人民邮电出版社，2017．

中可以充分利用信息技术与人工智能手段，挖掘其背后的信息资源（如声音、图像、文字资料、信息、技术等），通过视觉、触感、身临其境的刺激，达到预期的目标。在辅导员工作方面，将人工智能应用于辅导员工作中，依托"大数据"融合人工智能，重构辅导员工作范式，有效破除事务羁绊，在时间和精力上提供有效保障，借助"大数据"手段，重构资源组织策略、搭建交互共享数据库、组建协作互助团队。

三、经验积累丰富

早在多年前，随着人工智能技术的快速发展，部分高校便开始尝试将其应用于教育管理工作之中。这些早期尝试主要集中在数据处理、信息分析以及自动化流程等方面。例如，一些高校利用大数据技术对学生的学习行为、成绩数据等进行分析，以了解学生的学习状况和需求，从而优化教学策略和资源配置。同时，通过机器学习算法，高校能够更准确地预测学生的学习成果，为学业预警和协同帮扶提供科学依据。这些技术的应用，不仅提高了教育管理的效率，也使得决策更加科学、精准。

随着技术的不断进步，人工智能在高校教育管理中的应用场景也日益丰富。一些高校开始探索利用智能系统优化审批、报销等事务性工作流程。通过引入机器人流程自动化（RPA）技术，这些高校实现了审批流程的自动化处理，大幅缩短了工作时间，减少了人为错误。这不仅提高了行政管理的效率，也提升了工作的透明度和规范性。

此外，人工智能技术在教师管理、课程规划以及学生服务等方面也发挥了重要作用。在教师管理方面，一些高校利用人工智能技术建立了教师信息库，通过采集和分析教师的基本信息、教学成果、科研产出等数据，实现了教师信息的精确管理和实时更新。这不仅有助于高校更好地了解教师的职业发展状况，也为教师的选拔、培训和晋升提供了科学依据。在课程规划方面，人工智能技术能够根据学生的学习需求和兴趣，以及教师的教学特点和资源情况，智能推荐合适的课程和学习路径。这有助于学生更加高效地获取知识，同时也提高了课程的满意度和完成率。在学生服务方面,一些高校利用人工智能技术建立了智能客服系统,能够24小时不间断地为学生提供咨询、答疑等服务。这不仅提高了学生服务的效率和质量,也增强了学生对学校的归属感和满意度。

值得一提的是,教育部也高度重视人工智能在高校教育管理中的应用。近年来,教育部积极推动"人工智能+高等教育"的融合发展,并开展了多批次的典型应用场景案例征集与论证工作。这些案例涵盖了虚拟仿真智慧实验室、全过程交互式在线教学平台、知识图谱驱动的智慧教学系统等多个方面。例如,北京大学口腔虚拟仿真智慧实验室利用虚拟仿真技术、大数据等技术,构建了多维度智能一体化虚拟仿真训练实验室,为学生提供了更加真实、生动的实验环境。清华大学利用独立研发的大模型技术,开发了智能助教系统,实现了范例生成、自动出题、答疑解惑等功能,有效提升了教学效果和学习效率。这些典型案例的成功实践,不仅为高校教育管理的智能化转型提供了宝贵的经验借鉴,也为后续其更广泛的应用奠定了坚实的基础。

除了上述应用,人工智能还在推动高校教育管理的创新方面发挥了重要作用。一些高校利用人工智能技术构建了智慧教室,通过智能交互一体机、智慧黑板等智能化教学装备,实现了从传统板书到数字内容的无缝切换,以及从线下教学到线上线下混合式教学的灵活切换。这不仅丰富了教学方式和手段,也提高了学生的学习兴趣和参与度。同时,人工智能技术还能够对课堂教学进行实时分析和评估,为教师提供精准的教学反馈和改进建议。这有助于教师不断优化教学策略和方法,提高教学效果和质量。

此外,人工智能技术在推动教育公平方面也发挥了积极作用。通过在线教育平台和智能教学系统,偏远地区的学生也能够享受到优质的教育资源和服务①。这不仅有助于缩小教育差距,促进教育公平,也为构建终身学习型社会提供了有力支撑②。

---

① 狄雅宁,王小乾. 算力驱动下的教学模式创新与价值评估[J]. 信息通信技术与政策,2025,51(2):46-52.

② 李鑫,杨兆辉,李海英. 基于在线精品开放课程的智慧课堂的构建研究[J]. 公关世界,2025(1):130-132.

第二章 人工智能技术赋能高校辅导员工作的现实依据

当下,人工智能引发社会"爆炸"式变革,中国高校纷纷推出自家的本地版 DeepSeek,主要应用在个性化学习、智能化教学、科研赋能、智慧管理等方面。比如,浙江大学深度融合智能体——本地化部署 DeepSeekV3、R1 模型"浙大先生"正式发布,依托"西湖之光"算力联盟强大的算力资源,为科研教学的算力支持保驾护航,彻底打破校园 IP 的限制,不仅接入教务问答、心理咨询等,还连接校内公共数据库,让师生成为自主开发者。见图 2-4。

图 2-4 浙江大学全场景智能体

武汉大学成功完成 DeepSeek 全系大模型的部署调试,覆盖中型规模、大规模和云端满血模型。它有效保障科研数据隐私与信息安全,支持应用于更加复杂的推理任务场景。见图 2-5。

人工智能融入高校教育管理工作已经积累了丰富的前期实践经验。这些实践不仅推动了高校教育管理的现代化进程,也为其未来更广泛地应用奠定了坚实的基础。随着技术的不断进步和应用场景的不断拓展,人工智能将在高校教育管理中发挥更加重要的作用,也为人工智能技术赋能高校辅导员工作提供了充足的前期经验参考。

图 2-5　武汉大学校园智能体

四、人工智能技术与高校辅导员工作深度契合

2023年10月，习近平总书记在中共中央政治局第五次集体学习时强调："提高网络育人能力，扎实做好互联网时代的学校思想政治工作和意识形态工作"。党的二十大报告提出"推进教育数字化"，在国家大力推进教育技术现代化的时代背景下，以人工智能技术为代表的数字技术为高校思政教育创新发展提供了强有力的技术支撑，大力引入人工智能技术赋能思想政治教育创新，也成为高校构建新型思政教育工作体系的重要内容和举措。近年来，人工智能技术在高校思政教育中的应用态势呈现新的特点，从技术"介入"到"融入"，人工智能技术的优势正与高校思想政治教育工作改革创新目标深度耦合，为新时代高校辅导员工作提质增效提供了创新动能。

根据《普通高等学校辅导员队伍建设规定》对辅导员工作职责的划分，人工智能技术与九大职责的融合需要依托辅导员数智能力的培育，以知识为基础、以研学为主线、以数据为驱动，拓展育人场域空间、完善成效跟踪评价模式、建设数字智慧平台，目的是推动思想引领沉浸式、组织建设重成效、管理服务智慧化，其核心在于以技术迭代催生辅导员新质思政工作能力。这种能力重构推动辅导员从事务性执行者向技术应用的创新者转变，既实现思政教育效能的指数级提升，又契合国家新质生产力发展对高校育人体系数字化转型的战略要求，为思想政治教育高质量发展注入创新动能。

一是育人场域空间"线上"与"线下"配合。聚焦思想理论教育和价值引领、心理健康教育与咨询工作、网络思想政治教育三项工作职责。根据当代大学生"久居网络"的特点，借用人工智能技术镜像出线上虚拟教育空间，与线下教育场所协同配合，为思想价值引领、网络思政教育、思想动态和心理健康教育引导提供更广阔的空间，充分发挥学校、企业、社会三方协同力量，借助人工智能技术开发多种形式的教育资源，更高质量打造教育开放创新生态，用大学生的话语体系讲好党的创新理论、讲好中国式现代化故事、讲好健康积极的大学生活。见图 2-6。

图 2-6 山西太原高校大学数字孪生教学实验室

二是成效跟踪评价"过程"与"结果"结合。聚焦党团和班级建设、学风建设和理论实践研究三项工作职责。学生组织建设、良好学风养成和辅导员工作组织的建设都是系统工程，需要根据不同的建设目标，全过程跟踪监控建设成效。充分利用人工智能的支撑、驱动和引领作用，组织辅导员根据学习分析技术理论知识和丰富的工作经验，搭建组织建设评估模型、学风养成测评模型和辅导员工作室绩效评估模型，使得评价指标可量化、评估结果更科学。探索引入智能穿戴设备，使用人工智能技术整合多模态数据，建立全方位、全过程全员参与的系统评价体系，了解教学关键环节中的问题，做到及时、有针对性地调整。

三是数字智慧平台"供给"与"需求"匹配。聚焦学生日常事务管理、校园危机事件应对、职业规划与就业创业指导三项工作职责。秉持"围绕学生、关照学生、服务学生"的工作理念，坚持以学生为本的工作主线，运用人工智能技术打造校园智能管理平台，在尊重学生隐私和技术伦理的前提下，全流程记录、整合、分析和运用学生校园数据，对学生思想动态和行为动向实现精准画像，协助辅导员和有关部门及时了解学生情况，梳理学生多元化、个性化学习生活需求，采用分类、互动的方式解决学生思想问题和实际问题。结合学校工作实际和学生实际需求，尽快落地"高校版"的生成式人工智能产品，为学生提供 7×24 全天候问答服务，通过语音联想、未知问题聚类、常见问题推荐以及留言反馈等功能，提升学生智能问答体验，减少辅导员重复性工作的同时，沉淀和分析学生问答数据，应用学习分析技术和文本情感分析技术，建立校园危机事件预测模型，为高校精准施策和因材施教提供强大的数据支持和技术支撑，显著提高高校治理体系和治理能力现代化水平。见图 2-7。

第二章 人工智能技术赋能高校辅导员工作的现实依据

图2-7 北京邮电大学"邮谱"自适应学习场景

第四节 人工智能技术赋能高校辅导员工作遵循的原则

一、以人为本,教育为先

在人工智能技术赋能高校辅导员工作的过程中,以人为本、教育为先的原则是核心和基础。这一原则强调,无论技术如何发展,其最终的目的都是服务于人的成长和发展,特别是服务于学生的全面发展。

一方面,以人为本意味着辅导员在使用人工智能技术时,应始终关注学生的需求和感受。技术不应成为冷冰冰的工具,而应成为有温度、有情感的助手。例如,在利用智能系统进行学生行为分析时,辅导员应关注学生的心理状态和情绪变化,及时给予关怀和帮助。同时,辅导员还应利用人工智能技术提供的个性化学习建议,引导学生发现自己的兴趣和潜能,激发他们的学习动力。

另一方面,教育为先则要求辅导员在使用人工智能技术时,始终将教育目标放在首位。这意味着辅导员应利用技术来优化教育内容、方法和手段，提高教育的针对性和实效性。例如，通过智能教学系统，辅导员可以为学生提供更加丰富、多元的学习资源，帮助他们拓宽视野、增长知识。同时，辅导员还可以利用人工智能技术来评估学生的学习成果，为他们提供更加精准的学习反馈和指导。

在具体实践中，辅导员可以通过建立学生成长档案、开展个性化辅导等方式将以人为本、教育为先的原则落到实处。这不仅有助于关注学生的个体差异和成长需求，还能提高教育的针对性和实效性，为学生的全面发展提供有力支持。

二、研学相长，技能提升

在人工智能技术赋能高校辅导员工作的过程中，研学相长、技能提升原则是推动辅导员队伍建设和发展的重要动力。这一原则要求辅导员应不断提升自身的人工智能素养和数字技能，以适应技术发展的需求。

一方面，研学相长意味着辅导员应积极参与学术研究和专业实践，通过学习和实践相结合的方式不断提升自己的专业素养和技能水平。例如，辅导员可以参加相关的培训课程和研讨会，了解人工智能技术的最新进展和应用场景；同时，他们还应积极参与科研项目和实践活动，将所学知识应用于实际工作中。

另一方面，技能提升则要求辅导员应掌握一定的人工智能技术和数字技能。例如，辅导员应了解智能系统的基本原理和操作流程；能够利用智能系统进行数据分析和处理；能够利用人工智能技术为学生提供个性化的学习建议和辅导等。这些技能不仅有助于辅导员更好地适应技术发展的需求，还能提高他们的工作效率和质量。

在具体实践中，辅导员可以通过参加培训课程、参与科研项目、开展实践活动等方式不断提升自己的人工智能素养和数字技能。同时，高校也应加强对辅导员队伍的培训和支持力度，为他们提供更多的学习和发展机会。这不仅有助于提升辅导员的专业素养和技能水平，还能推动辅导员队伍的整体发展和进步。

三、伦理规范，隐私保护

在人工智能技术赋能高校辅导员工作的过程中，伦理规范和隐私保护原则至关重要。这一原则要求辅导员在采集、分析和利用学生数据时，必须严格遵守相关法律法规和伦理道德规范，确保学生隐私信息不被泄露或滥用。

一方面，伦理规范意味着辅导员在使用人工智能技术时，应始终秉持公正、公平、诚信的原则。例如，在利用智能系统进行学生行为分析时，辅导员应确保分析结果的客观性和准确性，避免主观臆断和偏见。同时，辅导员还应尊重学生的知情权和选择权，确保他们在充分了解技术原理和应用场景的前提下，自愿参与相关活动。

另一方面，隐私保护则要求辅导员在采集、存储和使用学生数据时，必须采取严格的安全措施和技术手段。例如，在采集学生数据时，辅导员应明确告知学生数据的用途和范围，并征得他们的同意。在存储和使用数据时，辅导员应采用加密技术、访问控制等手段，确保数据的安全性和保密性。同时，辅导员还应定期对数据进行备份和恢复测试，以防止数据丢失或损坏。

在具体实践中，辅导员可以通过建立数据安全管理制度、加强对学生数据的监管和审计等方式将伦理规范和隐私保护原则落到实处。这不仅有助于保护学生的隐私权益，还能提高辅导员工作的合法性和合规性，为人工智能技术在教育领域的健康发展提供有力保障。

四、精准育人，个性管理

在人工智能技术赋能高校辅导员工作的过程中，精准育人、个性管理原则是实现教育目标的重要手段。这一原则要求辅导员应关注学生的多元化、个性化需求，利用人工智能技术为学生提供更加精准、个性化的服务。

一方面，精准育人意味着辅导员应利用人工智能技术对学生的行为、兴趣、能力等方面进行深入分析，以了解他们的个体差异和成长需求。例如，通过智能教学系统，辅导员可以分析学生的学习行为和成绩数据，发现他们的学习特点和问题所在；同时，还可以利用智能推荐系统为学生提供个性化的学习资源和学习路径。

另一方面，个性管理则要求辅导员应根据学生的个体差异和成长需求，为他们提供更加精准、个性化的辅导和帮助。例如，对于学习困难的学生，辅导员可以利用智能教学系统为他们提供针对性的学习建议和辅导；对于职业规划不明确的学生，辅导员可以利用人工智能技术为他们提供职业测评和规划服务。这些服务不仅有助于满足学生的个性化需求，还能提高他们的学习效率和就业竞争力。

在具体实践中，辅导员可以通过建立学生学习档案、开展个性化服务等方式将精准育人、个性管理原则落到实处。

五、坚守初心，创新发展

在人工智能技术赋能高校辅导员工作的过程中，坚守初心、创新发展原则是推动辅导员工作持续健康发展的根本保障。这一原则要求辅导员在利用人工智能技术赋能工作的同时，必须坚守教育初心与使命，确保人工智能技术在教育领域的健康有序发展。

一方面，坚守初心意味着辅导员应始终关注学生的成长和发展需求，将学生的全面发展作为工作的出发点和落脚点。例如，在利用人工智能技术为学生提供个性化学习建议和辅导时，辅导员应始终关注学生的心理状态和学习动力；同时，还应积极引导学生树立正确的价值观和人生观。

另一方面，创新发展则要求辅导员应积极探索人工智能技术与辅导员工作的深度融合和创新发展路径。例如，辅导员可以利用人工智能技术开展在线教育、远程辅导等新型服务模式；同时，还可以利用人工智能技术推动辅导员工作的数字化转型和智能化升级。这些创新不仅有助于提升辅导员工作的效率和质量，还能推动高校教育工作的整体发展和进步。

在具体实践中，辅导员可以通过加强理论学习、开展实践探索等方式将坚守初心、创新发展原则落到实处。

第三章
思想理论教育和价值引领工作中的数智能力和应用方法

新时代背景下,高校思想政治工作正经历着历史性变革。2025年1月,中共中央、国务院印发的《教育强国建设规划纲要(2024—2035年)》明确提出"加强和改进新时代学校思想政治教育"的战略要求,教育部制定的《教育信息化2.0行动计划》则强调构建智能化教育生态。人工智能技术的深度应用已成为提升思想政治教育时代性、实效性的关键突破口。辅导员数智能力与新质思政工作能力的协同发展,通过大数据分析精准识别学生思想动态中的认知偏差与价值困惑,为理论教育提供靶向性干预依据;借助虚拟现实、人工智能等技术构建沉浸式教育场景,将抽象的知识转化为可感知的交互实践,增强思政引领力实效。

面对"Z世代"大学生数字化生存的新常态,传统思政教育在动态感知、资源供给、场景构建等方面面临多维挑战。如何突破时空限制实现精准育人?如何将海量数据转化为育人智慧?如何构建适配青年认知特点的教育场景?这些现实问题亟待通过技术创新破解。

本章通过系统阐述人工智能在思想动态感知、教育资源供给、育人环境构建等维度的创新应用，为新时代思政教育转型升级提供可复制、可推广的实践路径，推动形成具有中国特色、彰显技术伦理的智慧思政新格局[①]。

[①] 章雁峰."教育魔方"工程建设背景下高职院校课程思政研究与实践——基于"四个课堂"视角[J].黑龙江教育（理论与实践），2023（1）：1-4.

第一节　动态感知学生思想动态

2017年2月，中共中央、国务院印发的《关于加强和改进新形势下高校思想政治工作的意见》指出，要健全高校思想政治工作评价体系，研究制定内容全面、指标合理、方法科学的评价体系。思想理论教育效果如何，需要对教育过程的内容方式是否合适，既定目标是否达成进行整体判断。这也是掌握和反馈高校思政育人成效的重要体现。传统思政教育效果评价主要是通过问卷调查、座谈访谈等形式开展，评价指标体系和评价过程主观性较强，且无法做到实时评价。人工智能技术依赖数据而生，具有体量大、时效高等特点，利用人工智能技术对学生思想教育进行动态观察，可以促进高校学生教育中思想理论教育和价值引领效果评价科学化、高效化。

一、多源数据融合，拓宽思想动态感知渠道

人工智能技术可以实现动态分析预警。通过前期对学生入学适应期、大学生涯发展定位期、求职就业期等不同阶段数据的积累，人工智能技术可以拓展动态分析预警的应用，实时分析学生学习成果数据、学生行为表现数据、学生态度与认知数据、教师教学与教育工作数据、校园文化与环境数据，细致到学生思想理论教育相关课程及教学任务的学习成绩、出勤率、作业完成情况、线上学习时间等数据，及时发现思想理论学习成效上升下降的趋势。

学生行为表现数据来源广泛，包括课堂出勤情况、参与讨论的积极性、校园活动的参与度等[①]。课堂上积极发言、参与小组讨论，展示出学

---

① 米锐，李超. 体验式教学在高校市场营销教学中的实践与探索［J］. 新课程研究，2022（36）：47-49.

生对知识的主动探索和交流意愿；而在各类社团活动、志愿服务中的表现，则反映出学生的团队协作精神、社会责任感和价值追求。这些行为细节是学生思想动态的外在体现，为构建模型提供了丰富的现实依据。学生态度与认知数据主要通过问卷调查、访谈以及在线学习平台的互动记录获取。了解学生对社会热点问题的看法、对学校教育管理的意见，以及在学习过程中的自我认知和期望，有助于把握其思想脉络和价值取向。比如，在关于网络热点事件的讨论中，学生的观点和立场能反映出他们的价值观和道德判断标准。教师教学与教育工作数据同样不可忽视。教师的教学方法、课程设计、与学生的沟通交流情况，都会对学生思想产生影响[①]。通过收集教师的教学反思、学生对教学的评价，以及师生互动过程中的具体案例，可以分析教学活动在思想引领方面的成效与不足，为优化教育策略提供参考。校园文化与环境数据涉及学校的历史传统、文化氛围、规章制度等。校园文化活动的主题和参与度、校园环境的营造、学校的学风和校风建设等，都在潜移默化中塑造着学生的思想观念。例如，浓厚的学术氛围、积极向上的校园文化活动，能激发学生的学习热情和创新精神，引导其树立正确的价值观。利用自然语言处理技术，人工智能技术可以分析学生在社交媒体、论坛等平台上的言论，识别潜在的情绪问题或心理压力[②]。高校管理者、教师、辅导员可以通过实时数据反馈，实时了解学生各阶段的思想理论教育成果，推动高校教育管理工作的经验化决策向数据化决策转型[③]。见图3-1。

结合高校学生的教育任务电子化、智能化的趋势，借助多种数字化平台收集学生行为数据、言论数据等。目前市面上多种学习管理系统及课程

---

① 侯晓东，万春芳，张国政. 新时代高校特色化课程思政建设的价值意蕴及实现路径[J]. 黑龙江教育（高教研究与评估），2025（1）：84-88.
② 赵作为. 机遇与风险：人工智能技术对网络舆论治理影响初探[J]. 传媒，2024（15）：94-96.
③ 张蓝月. 高校辅导员工作育人体系构建研究[D]. 西南大学，2020. DOI：10.27684/d.cnki.gxndx.2020.005477.

第三章　思想理论教育和价值引领工作中的数智能力和应用方法

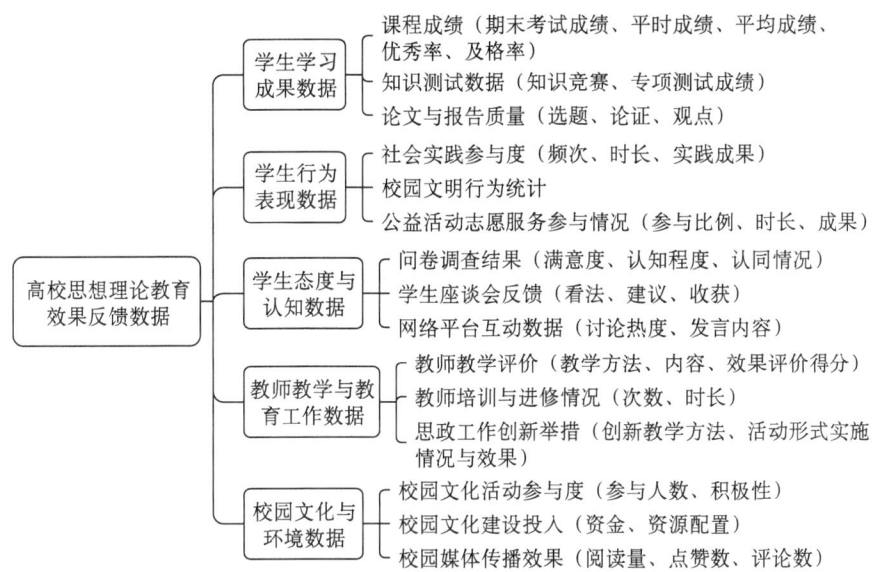

图 3-1　高校思想理论教育效果反馈数据

平台，如超星学习通、雨课堂等可记录学生课程学习、作业完成等行为信息[1]；社交网络平台能获取学生日常交流、观点表达内容。利用文本分析、情感分析技术剖析学生在社交平台发布内容、学习讨论区发言。以学生在校园论坛对热点事件讨论为例，通过情感分析算法判断学生对事件的态度倾向，是积极支持、消极反对还是中立观望，洞察其思想倾向、情绪状态。高校在借助超星学习通、社交网络平台等收集学生行为数据、言论数据时，需严格遵守数据隐私保护法规，明确数据收集目的、范围和使用期限。对学生敏感信息进行加密处理，确保数据在传输、存储过程中的安全性，防止数据泄露风险，为后续精准分析学生思想动态筑牢数据安全基石[2]。见图 3-2。

---

[1] 李春霞. 微时代高职院校提升思想政治教育实效性工作路径探究 [J]. 西部学刊, 2024 (12)：108-111. DOI：10.16721/j.cnki.cn61-1487/c.2024.12.018.

[2] 张亮, 陈方辉. 机器视觉 AI 赋能智能校园建设的应用研究 [J]. 江苏经贸职业技术学院学报, 2024 (4)：38-40+68. DOI：10.16335/j.cnki.issn1672-2604.2024.04.010.

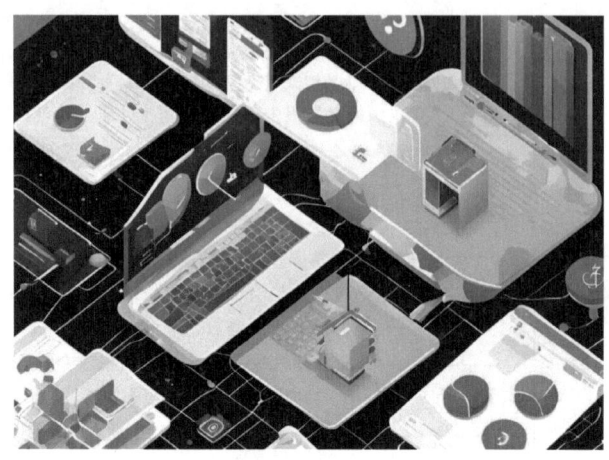

图3-2 数字化平台数据收集示意图

人工智能技术可以提供数据建模和数据计算能力,高校可以根据自身情况构建特色评价体系,将学生思想理论教育和价值引领目标以阶段相应数据描述的形式输入到人工智能大模型中,借助人工智能大模型算法设计评价标准和方法,使评价过程更加透明客观,评价标准也将随所观察数据体量的增大而进一步优化,形成有针对性的特色评价体系。例如,《北京市教育领域人工智能应用工作方案》着重强调了构建科学教育评价体系的重要性。高校在构建特色评价体系时,应充分借鉴相关理念,不仅要将学生学习成果、行为表现等数据纳入评价范畴,还需结合学生在社会实践、心理健康等方面的数据。利用人工智能大模型算法,综合考量各维度数据权重,设计出更具科学性、客观性的评价标准。同时,定期依据教育政策调整和学生发展变化,优化评价体系,确保对学生思想理论教育效果的评价精准且与时俱进。与此同时,在运用人工智能技术进行评价设计时,要强化价值引导,不可磨灭高校管理者和教师过往工作经验和对价值目标的方向把控。

二、模型驱动分析,精准刻画学生思想演变轨迹

构建学生思想动态模型是实现精准思想理论教育和价值引领的核心环节,它依托多源数据,借助先进算法,为辅导员深入了解学生思想状况、提前干预潜在问题提供有力支持。在高校环境中,学生学习成果数据、行

为表现数据、态度与认知数据、教师教学与教育工作数据、校园文化与环境数据,共同构成了思想理论教育效果反馈的关键数据体系[①]。

以学生学习成果数据、学生行为表现数据、学生态度与认知数据、教师教学与教育工作数据、校园文化与环境数据五大高校思想理论教育效果反馈数据为基础,整合学习管理系统、社交平台、第二/三课堂反馈系统等多源数据,是构建精准思想动态模型的关键步骤。学习管理系统记录了学生的学习轨迹、成绩变化等信息;社交平台则反映出学生在日常生活中的情感表达、社交圈子和思想交流;第二/三课堂反馈系统涵盖了学生在实践活动、社团组织中的表现和收获。通过建立统一的数据标准和关联机制,将这些数据深度融合,形成全面、立体的学生数据画像。

运用聚类分析算法对庞大而复杂的学生数据进行分类处理,是一种基于数据驱动的精准教育管理方法。通过设定一系列与思想观念、价值取向相关的特征指标,如对公平正义的理解、对个人与集体关系的认知、对未来职业的价值追求、对社会责任的认同感、对多元文化的包容度等,可以将具有相似心理特征和行为模式的学生归为一类。这种分类方式不仅能够帮助辅导员更好地理解学生的思想动态,还能为制定差异化的教育方案提供科学依据。

在实际操作中,首先,收集学生的多维度数据,包括问卷调查结果、课堂表现、社会实践参与情况、学术成果、心理健康测评等。然后,利用聚类分析算法(如 K-means、层次聚类或 DBSCAN)对这些数据进行处理,将学生划分为若干类别。例如,可以识别出以下几类典型学生群体:一是关注社会公益、具有强烈社会责任感的学生群体;二是注重个人学术发展、追求专业成就的学生群体;三是思想较为迷茫、价值观尚未完全定型的学生群体;四是对多元文化感兴趣、具有国际视野的学生群体。针对不同类别的学生群体,辅导员可以制定差异化的教育方案。见图 3-3。

---

① 张涛. 新时代大学生思想政治教育体系的构建——评《大学生思政教育教学实践与改革研究》[J]. 中国教育学刊,2024(5):118.

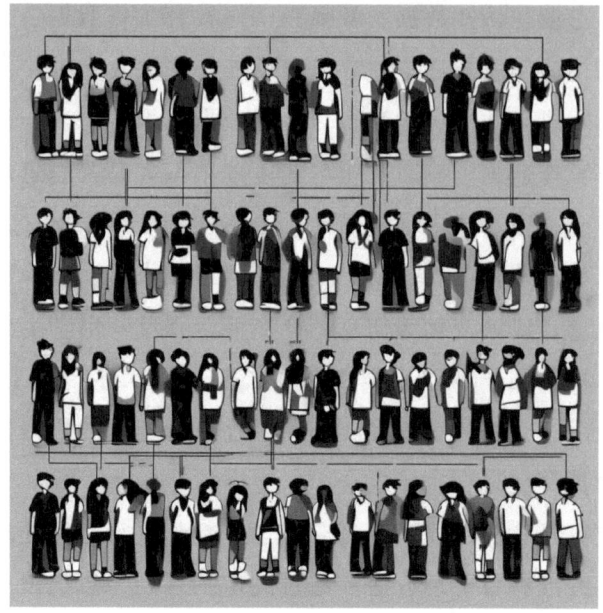

图 3-3 学生类别聚类分析模型图

对于关注社会公益、具有强烈社会责任感的学生群体，可以多组织一些与公益活动相关的实践项目和讨论活动，如社区志愿服务、环保行动、扶贫支教等，进一步强化他们的社会担当意识。同时，可以邀请社会公益领域的专家学者进行专题讲座，帮助学生深化对社会问题的理解，提升他们的实践能力和领导力。

对于注重个人学术发展的学生群体，则可以多提供一些学术交流、科研指导的机会。例如，组织学术沙龙、科研竞赛、论文写作工作坊等活动，帮助学生在学术领域取得更大的进步。同时，辅导员应注重引导这类学生树立正确的学术道德和价值观，避免过度追求个人成就而忽视团队合作和社会责任。

对于思想较为迷茫、价值观尚未完全定型的学生群体，辅导员可以通过个别谈心、小组讨论、心理辅导等方式，帮助他们明确人生目标，树立正确的价值观。可以设计一些体验式教育活动，如职业规划工作坊、价值观澄清游戏等，让学生在参与活动过程中逐步形成稳定的价值取向。

对于对多元文化感兴趣、具有国际视野的学生群体，可以组织跨文化交流活动、国际学术会议、海外实习项目等，帮助他们拓宽视野，增强文化包容性。同时，辅导员应引导这类学生在全球化背景下思考个人与国家、民族的关系，培养他们的家国情怀和全球责任感。

通过应用聚类分析算法，辅导员不仅能够更精准地识别学生的思想特征和行为模式，还能根据不同群体的需求，设计更具针对性的教育活动。这种数据驱动的教育管理方式，提高了思想理论教育的针对性和实效性，为学生的全面发展提供了有力支持。对于辅导员工作来说，可以更好地帮助其实现主渠道与主阵地的协同，将课堂教学与课外实践有机结合，形成全方位、多层次的教育体系。

利用时间序列分析，能够对学生思想变化进行动态跟踪。通过定期收集和分析学生的各类数据，绘制出思想动态变化曲线。当发现某学生在一段时间内社交媒体发言中负面情绪词汇增多，同时学习表现出现波动，如成绩下滑、作业完成质量下降等，结合时间序列分析结果，可以预测其可能面临学习或生活困扰。例如，这可能是由于学业压力过大、人际关系紧张、家庭变故等原因导致的。此时，辅导员应及时介入，通过谈心谈话、心理辅导、学习指导等方式，帮助学生解决问题，调整心态，避免思想问题进一步恶化。

在实际操作中，为确保模型的准确性和有效性，还需不断优化算法和数据处理流程。定期对模型进行评估和验证，根据实际教育效果对模型参数进行调整。同时，要加强数据安全和隐私保护，确保学生数据的合法使用和安全存储。通过建立动态思想模型，辅导员能够更加敏锐地捕捉学生思想变化，及时、精准地开展思想理论教育和价值引领工作，助力学生健康成长和全面发展。

三、基于数据洞察的辅导员精准思政实践应用

辅导员可结合其工作的特点，采用自己所需的数据，通过专门的数据可视化界面建立专属辅导员个性化的学生思想动态智能分析的实时数据面板，直观获取学生思想动态信息，如学生群体关注热点话题分布、不同学

生情绪波动情况等。利用学生思想动态模型分析结果，对思想有困惑的学生进行一对一谈心谈话，提供个性化引导；针对普遍关注的热点话题，组织主题班会或讨论活动，引导学生树立正确价值观，将以往辅导员工作中只能通过经验解决问题的困境扩展到有数据可依、有类似案例可参考的解决方式，以此增强思想理论教育的针对性和及时性。

第二节 精准供给思想理论教育资源

在高校思想理论教育中，实现资源的精准供给是提升教育效果的关键。借助大数据和人工智能技术，深入分析学生需求，进行资源的智能匹配与推荐，并持续更新优化资源，能够更好地满足学生多样化的学习需求，提高思想理论教育的针对性和实效性。

一、深度挖掘需求，定位学生差异化学习诉求

在当今数字化时代，大数据技术为深入洞察学生对思想理论教育资源的需求提供了有力支撑。借助大数据对学生认知偏好、思想动态和行为倾向进行分析，能够精准定位不同学生群体的差异化需求，为后续精准的资源推荐提供支持。

思想动态是学生内心想法和价值取向的外在体现，利用大数据分析学生在社交媒体、校园论坛等平台上的言论，借助自然语言处理技术对文本进行情感分析和主题提取，能够及时了解学生的思想动态。例如，在某一时期，校园论坛上关于社会公平正义话题的讨论热度上升，学生发表了大量带有不同情感倾向的言论。高校在分析学生对思想理论教育资源需求时，除关注认知偏好、思想动态和行为倾向外，还应结合学生的家庭背景、地域文化差异等因素。例如，来自不同文化背景的学生对思政案例的接受度和理解深度存在差异，通过大数据分析这些因素，能够更精准地定位学生需求，为资源推荐提供更全面、精准的依据，切实提高教育资源供

给与学生需求的匹配度。通过分析发现，部分学生对社会公平问题存在困惑和焦虑情绪。针对这一情况，就可以精准定位这部分学生群体，为他们推荐关于社会公平理论解读、解决公平问题的案例等教育资源，帮助他们正确认识和理解这些社会现象，引导其树立正确的价值观。

行为倾向则从学生的实际行动层面反映其对教育资源的需求。分析学生参与思政实践活动的情况、课程作业完成方式以及对不同类型学习任务的选择等行为数据，可以发现他们的行为倾向。例如，一些学生积极参与红色文化主题的实践活动，但在理论学习方面表现相对薄弱；而一些学生擅长书面作业，对实践活动参与度较低。对于前者，可推荐将理论知识融入实践案例的教育资源，如红色实践活动纪录片、实践经验分享文章等，帮助他们在已有实践基础上深化理论认知；对于后者，则提供侧重于理论讲解和书面练习的资源，如专题理论课程、案例分析练习题等，帮助他们巩固知识、提升书面表达能力。

不同学生群体对思想理论教育资源的理论深度需求和案例类型偏好也存在显著差异。从理论深度需求来看，不同专业、不同年级的学生呈现出不同特点。低年级学生往往更倾向于通俗易懂、基础入门的理论知识，以帮助他们建立对思政课程的初步认识和理解。例如，大一新生在接触马克思主义基本原理时，更适合学习以简单事例阐释基本概念的资源，像通过日常生活中的买卖交易讲解价值规律。而高年级学生，尤其是具有一定专业知识基础与社会认知的学生，可能对理论深度和广度有更高要求，期望学习能够与专业知识相互融合、具有学术探讨价值的内容。例如，对于经济学专业的高年级学生，可以推荐将马克思主义政治经济学与当代经济热点问题相结合的深度分析文章或学术讲座，满足他们深入探究的需求。

在案例类型偏好方面，部分学生喜欢真实发生且具有时代感的案例，这类案例能够让他们切实感受到思想理论在现实生活中的应用。例如，在讲解社会主义核心价值观时，以疫情防控期间医护人员的英勇事迹为案例，更能引发学生的情感共鸣，使他们深刻理解敬业、奉献等价值观的内涵①。而另一部分学生可能对经典历史案例更感兴趣，这些案例经过时间沉淀，蕴含着丰富的智慧和深刻的哲理。在讲述爱国主义精神时，以岳飞精忠报国、林则徐虎门销烟等历史故事为案例，能够帮助学生从历史的角度理解爱国主义的传承和发展。

通过大数据对学生认知偏好、思想动态和行为倾向进行全面、深入的分析，精准定位不同学生群体在理论深度、案例类型等方面的差异化需求，能够为后续思想理论教育资源的推荐提供科学、精准的依据，提高教育资源供给与学生需求的匹配度，从而提升思想理论教育的效果。

二、智能匹配推荐，构建高效资源推送体系

在精准把握学生需求后，构建高效的思想理论教育资源智能匹配与推荐体系至关重要。这不仅要依赖丰富多元的资源库，更需要借助先进的算法技术，实现资源与学生需求的精准对接，切实提升教育资源的利用效率与教育效果。

建立一个涵盖理论文章、案例分析、视频课程、音频资料等多种形式的思想理论教育资源库，是智能推荐的基础。理论文章应包含从基础概念解读到前沿学术探讨的各类内容，满足不同层次学生对知识深度的需求；案例分析需广泛收集古今中外的真实事例以及紧扣时代热点的案例，为学生理解抽象理论提供生动素材；视频课程可采用动画演示、专家讲授、实地拍摄等多样形式，增强学习的趣味性与直观性；音频资料则适用于学生在碎片化时间学习，如思政知识讲解的有声读物、红色歌曲赏析等。例如，在某高校的资源库中，关于"中国特色社会主义制度优势"这一主题，既有深入浅出介绍制度基本内容的理论文章，也有以抗击疫情、脱贫攻坚为背景的案例分析，还有专家学者详细解读的视频课程以及相关主题的广播节目音频资料，丰富的资源类型为满足学生多样化学习需求提供了可能。

---

① 龚思. 浅谈抗疫事迹与思政课的深度融合——以"思想道德修养与法律基础"课程为例[J]. 文教资料, 2020 (25): 113-114+207.

协同过滤算法是实现智能推荐的核心技术之一。它通过分析大量学生的学习行为数据，找出具有相似兴趣和行为模式的学生群体。当其中一名学生对某一思想理论教育资源表现出积极反馈（如收藏、反复学习、给予高分评价等）时，系统会将该资源推荐给与之相似的其他学生。例如，系统发现学生 A 和学生 B 在思政课程选择、学习时长、对不同资源的互动行为等方面相似度较高，且学生 A 近期对"长征精神内涵解读"的视频课程给予了高度评价并多次观看，那么系统会自动将该视频课程推荐给学生 B。这种基于群体行为的推荐方式，能够有效挖掘学生潜在的兴趣点，拓宽他们的学习视野。

基于内容的推荐算法则聚焦于学生的个体需求。根据之前对学生认知偏好、思想动态、行为倾向等方面的分析结果，从资源库中筛选出与学生需求高度匹配的资源进行推送。例如，若学生对科技创新与社会责任的话题表现出浓厚的兴趣，且在相关知识测试中暴露出对科技伦理方面的理解不足，系统会从资源库中挑选关于科技伦理前沿研究的理论文章、科技企业践行社会责任的案例分析视频以及专家关于科技与社会关系的讲座音频等资源推荐给该学生。通过精准匹配内容，能够帮助学生有针对性地学习，弥补知识短板，深化对感兴趣领域的理解。

三、创新备课模式，人工智能助力思政教学准备

在思想理论教育与价值引领的教学过程中，教师备课是关键环节。借助人工智能技术，教师能够实现更高效、更具针对性地备课，从而提升教学质量，更好地达成教育目标。

人工智能备课平台整合了海量的教学资源，涵盖各类学术论文、案例库、多媒体素材等。教师在备课时，通过输入课程主题、教学目标等关键信息，人工智能系统能够利用自然语言处理技术理解教师需求，从庞大的资源库中筛选出相关度高、质量优的教学素材。例如，在准备关于"社会主义核心价值观"的课程时，教师输入关键词后，系统不仅能提供理论阐释的学术文章，还能精准推送近年来体现社会主义核心价值观的热点事件案例、

相关的视频资料以及互动式教学课件等，节省了教师查找资料的时间，且这些资源的丰富性和多样性远超传统备课渠道。见图3-4和图3-5。

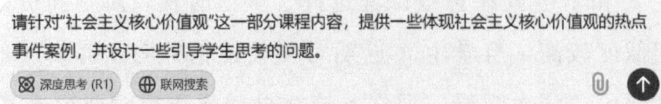

图3-4 利用"DeepSeek"备课案例

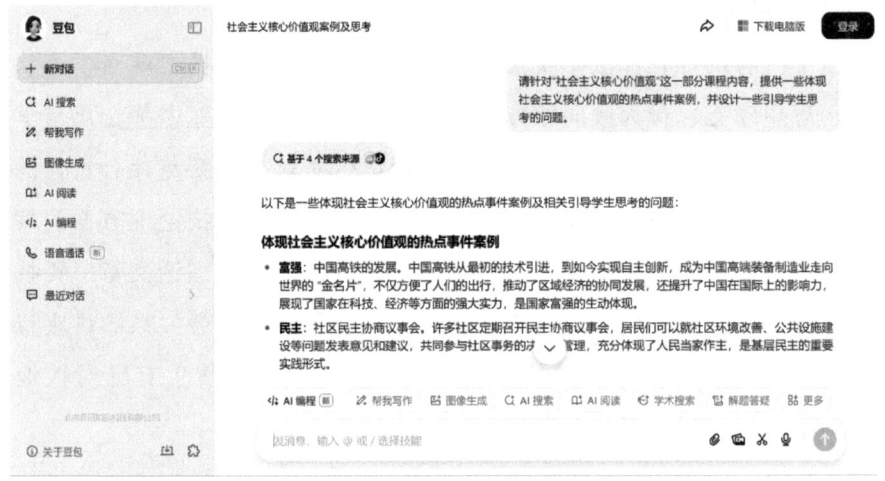

图3-5 利用"豆包"备课案例

教师可以利用人工智能工具进行教学内容的深度挖掘。以"马克思主义理论"课程为例，人工智能的搜索引擎和知识图谱技术，能快速从海量的学术文献、研究报告中筛选出与课程知识点紧密相关的前沿理论、案例解析。比如，在讲解"社会发展规律"时，教师通过人工智能搜索，可获取到最新的社会经济现象分析，这些基于真实数据的案例能让抽象理论变得更加生动具体，帮助学生更好地理解和掌握。智能备课平台还能根据教师设定的教学目标和学生的实际情况，生成个性化的教学方案[1]。平台通

---

[1] 贺良宝. 大数据驱动下的高职数学课程教学改革研究 [J]. 科教导刊, 2024 (30)：131-133. DOI：10.16400/j.cnki.kjdk.2024.30.040.

过分析过往学生的学习数据，包括学习成绩、知识掌握薄弱点、学习风格偏好等信息，为教师提供针对性的教学建议。例如，对于理解能力较强的学生群体，平台会推荐一些具有深度和挑战性的拓展阅读材料；而对于基础相对薄弱的学生，平台则建议教师采用更多实例演示、简化理论讲解的方式。这种个性化教学方案有助于教师因材施教，提高教学效果。

借助机器学习算法，人工智能备课平台可以分析教师过往的备课习惯、教学风格以及学生的学习数据，为教师生成个性化的备课建议。系统通过对学生学习成绩、课堂表现、作业反馈等数据的分析，了解学生的知识薄弱点和兴趣点，进而为教师提供有针对性的教学内容设计建议。如果系统发现学生在理解抽象的哲学概念时存在困难，会建议教师在备课中多引入生活实例或采用可视化的教学方式，如制作概念图、动画等，以帮助学生更好地理解。系统还能根据教学大纲和课程进度，为教师规划合理的教学进度安排，确保教学内容既全面又符合学生的学习节奏。

人工智能备课平台还能辅助教师进行教学活动设计。教师在准备课堂讨论、小组项目等活动时，人工智能备课平台可以根据教学内容和学生特点，提供创新的活动形式和组织方式建议。如在组织关于"社会主义核心价值观"的讨论活动时，平台会根据学生的兴趣倾向和社交行为数据，推荐采用角色扮演、线上辩论等形式，激发学生的参与热情，促进学生在互动中深化对价值观的理解。在设计课后作业时，平台能生成多样化的作业题目，涵盖不同难度层次和题型，满足不同学生的学习需求，帮助教师全面评估学生的学习成果。例如，对于基础知识掌握不牢固的学生，平台会推荐一些侧重于巩固知识点的基础练习题；对于学有余力的学生，则提供拓展性的探究题目，鼓励他们深入思考和研究。

为了让备课成果更好地适应不同学生的学习需求，人工智能备课平台支持教学内容的个性化定制。教师可以根据班级学生的整体水平、个体差异，对推荐的教学内容进行灵活调整。对于基础较好的班级，教师可以选择深度拓展的学术资料进行补充；对于学习困难的学生，教师可以选择更通俗易懂的案例和练习。教师还能利用人工智能工具将教学内容转化为多种形式，如制作互动式电子教材、开发在线测试题等，满足学生多样化的学习方式。

通过人工智能备课平台，教师能够充分利用丰富的教育资源，结合学生实际情况进行个性化的教学设计，为学生提供更优质的思想理论教育和价值引领课程，提升教学效果和教育质量。

四、动态优化更新，保障教育资源的时效性与适应性

思想理论教育资源的时效性和适应性是确保教育质量的关键因素。随着时代发展、学生需求变化以及教育环境的动态调整，借助人工智能技术对资源进行及时更新与持续优化至关重要，这有助于保持资源的吸引力和教育价值，更好地服务于学生的学习与成长。

学生反馈是资源更新的重要依据之一。通过学习平台上的评价功能、问卷调查以及在线讨论区等渠道，学生可以表达对教育资源的看法和建议。利用自然语言处理技术对这些反馈文本进行深入分析，能够提取关键信息，发现资源存在的问题和学生的新需求。例如，当大量学生在评价中提到某一理论课程的讲解过于晦涩难懂，案例陈旧缺乏吸引力时，系统会识别出"讲解难懂""案例陈旧"等关键问题。兼任思想政治教学任务的辅导员可据此对课程内容进行调整，简化理论表述，引入当下热点案例，使课程更符合学生的认知水平和兴趣点。同时，根据学生对不同资源的使用频率，也能判断资源的受欢迎程度。对于使用频率较低的资源，进一步分析原因，若属于内容质量问题，则进行优化或淘汰；若因宣传推广不足导致，则调整推荐策略，增加曝光度。

教育政策的变化对思想理论教育资源提出了新的要求和方向。国家出台的新思政教育指导方针、课程标准的修订等，都需要教育资源及时作出响应。例如，当国家强调加强中华优秀传统文化在思政教育中的融入时，高校应迅速利用网络爬虫技术收集相关的文献资料、学术研究成果、文化活动报道等，将其转化为适合学生学习的教育资源，如开展传统文化专题讲座、开设经典文化作品赏析课程等，并及时更新到资源库中。同时，根

据政策变化，调整资源推荐的权重，确保符合新政策要求的资源能够更优先地推荐给学生，使学生的学习内容与国家教育导向保持一致。

社会热点动态是思想理论教育资源更新的重要源泉。重大社会事件、先进人物事迹等往往蕴含着丰富的思政教育价值。当诸如航天成就、科技创新突破、社会公益活动等热点事件发生时，高校可借助网络爬虫技术迅速收集相关素材，将其制作成生动的案例分析、短视频报道、主题讨论资料等资源。为了持续提升资源推荐的质量，还需要依据资源更新和学生新需求，不断优化推荐策略。随着学生学习进程的推进和知识水平的提升，其需求也在不断变化。系统应实时跟踪学生的学习轨迹，分析其学习成果和新出现的需求特征，动态调整推荐算法参数，确保推荐的资源始终与学生的实际需求相匹配。通过这种持续的资源更新与优化机制，能够不断提升思想理论教育资源的质量和推荐效果，为学生提供更加优质、高效的学习资源，推动思想理论教育工作不断向前发展。

高校应建立敏捷的思想理论教育资源更新机制。除依据学生反馈、教育政策变化和社会热点动态更新资源外，还需借助人工智能技术预测学生未来需求[①]。通过对学生学习轨迹和行为数据的深度分析，提前储备和开发符合学生发展需求的教育资源。同时，利用智能推荐算法的自我学习能力，根据资源更新实时调整推荐策略，确保学生始终能获取最优质、最契合自身需求的学习资源。

第三节 创新打造虚实结合的思政育人环境

在新时代背景下，高校思政教育面临着新的挑战与机遇。随着信息技术的飞速发展，打造虚实结合的思政育人环境成为提升思政教育实效性的

---

① 冯刚，彭庆红，白显良. 思想政治教育学科40年发展研究报告［M］. 北京：中国人民大学出版社，2024.

重要途径①。借助 VR/AR/MR 等前沿技术构建虚拟思政空间，实现线上线下教育资源的有机融合，并对育人环境进行动态管理与评估，能够为学生创造更加丰富、多元且高效的学习体验，增强思政教育的吸引力、感染力和针对性，助力学生树立正确的世界观、人生观和价值观。

一、沉浸式体验的思政教育场景构建

虚拟现实（VR）、增强现实（AR）、混合现实（MR）等技术的兴起，为构建沉浸式虚拟思政教育场景提供了强大支持。这些技术打破了传统思政教育在时间和空间上的限制，让学生能够身临其境地感受思政教育内容，增强学习体验和情感共鸣。

虚拟现实（VirtualReality，VR）技术，是一种可以创建和体验虚拟世界的计算机仿真系统②。它利用计算机生成一种模拟环境，通过多源信息融合的、交互式的三维动态视景和实体行为的系统仿真，使用户沉浸到该环境中。在思政教育场景里，学生借助 VR 设备，如头戴式显示器、手柄等，能完全置身于虚拟构建的场景中，如虚拟的历史遗迹、革命战争场景等，360 度全方位观察场景内的事物，与虚拟环境中的元素进行自然交互，获得如同真实环境般的感受。

增强现实（AugmentedReality，AR）技术，则是将虚拟信息与真实世界巧妙融合的技术。它通过计算机技术将虚拟的信息应用到真实世界，真实的环境和虚拟的物体实时地叠加到了同一个画面或空间同时存在。在思政教育中，AR 技术可以在学生所处的现实场景基础上，通过手机、平板电脑等设备的摄像头，在现实画面上叠加虚拟的思政教育元素，像在参观博物馆时，利用 AR 技术可以让文物"活"起来，显示出相关的历史故事、背景介绍等虚拟信息，让学生在真实场景中获取更丰富的思政知识。

---

① 桑慧. 高职院校网络思政育人有效性提升路径分析［J］. 国家通用语言文字教学与研究，2023（11）：109 – 111.

② 谢良魁. VR/AR 技术在企业培训中应用的可行性分析［J］. 企业技术开发，2019，38（5）：74 – 76. DOI：10.14165/j.cnki.hunansci.2019.05.020.

混合现实（MixedReality，MR）技术，是虚拟现实（VR）与增强现实（AR）的进一步发展，它包括增强现实和增强虚拟，指的是合并现实和虚拟世界而产生的新的可视化环境。在这个环境中，物理和数字对象共存，并实时互动。在思政教学实践中，MR技术能够让学生以第一人称视角参与到历史事件模拟场景中，与虚拟角色、真实场景中的元素进行互动，模糊虚拟与现实的界限，提供更为沉浸式和交互性的学习体验，使学生更加深入地理解思政教育的内涵。

教育部制定的《教育信息化2.0行动计划》明确提出，要充分利用云计算、大数据、人工智能、VR/AR等新技术，助力教育教学改革发展。例如，《北京市教育领域人工智能应用工作方案》明确提出，积极倡导运用新兴技术创新教育教学场景[1]。在构建虚拟思政空间时，高校可进一步拓展VR/AR/MR技术的应用边界[2]。结合人工智能的智能交互技术，实现学生与虚拟场景中历史人物的深度对话，对话内容可根据学生提问实时生成，增强互动的真实性和趣味性。利用人工智能对虚拟场景进行动态优化，根据学生的情感反馈和学习行为调整场景氛围和任务难度，为学生提供更具沉浸感和个性化的学习体验，深度激发学生学习思政知识的兴趣和热情。在构建虚拟思政空间时，需要注重场景的真实性和互动性[3]。场景的真实性能够让学生更好地沉浸其中，产生身临其境的感觉；而互动性则可以激发学生的参与热情，提高学习效果。可以设置多种互动环节，如学生在虚拟场景中与历史人物对话、完成特定任务等，让学生在互动中深化对思政教育内容的理解。还需要考虑技术的兼容性和可操作性，确保不同设备和平台之间的顺畅运行，为学生提供便捷的学习体验。

---

[1] 孙典,王莉,商立媛.人工智能赋能我国高等教育高质量发展的内涵、困境及路径[J].现代教育管理,2024（6）：34-42.

[2] 李翔,李彦甫.高校红旗渠精神的虚拟仿真实践教学[J].安阳工学院学报,2022,21（5）：12-14.

[3] 金培莉,王晓震,孙保中,等.高校教育大数据创新应用实践——以北京联合大学数据服务平台为例[J].北京联合大学学报,2024,38（4）：61-66.

二、虚实融合的思政教学模式创新

虚实融合教学模式旨在将线上虚拟教育资源与线下课堂教学、实践活动有机结合,形成优势互补的教学体系。这种教学模式充分发挥了线上和线下教学的特点,为学生提供了更加丰富多样的学习方式,有助于提升思政教育的效果。

2019年8月,中共中央办公厅、国务院办公厅印发了《关于深化新时代学校思想政治理论课改革创新的若干意见》,强调要创新教学方法,推动思政课教学与信息技术深度融合。许多高校积极探索虚实融合教学模式。以虚拟红色文化展馆为例,北京师范大学打造了虚拟的"红色记忆"展馆,利用VR技术高度还原了从中国共产党成立到新中国建设各个历史时期的珍贵场景和文物。学生戴上VR设备后,仿佛置身于历史长河之中,不仅能近距离观赏中共一大会址内的珍贵文献、革命文物,还能聆听生动的语音讲解,了解背后的革命故事。通过与虚拟角色互动,学生能深入感受革命先辈们为了理想和信念不懈奋斗的精神,极大地激发了学生的爱国热情和对党史学习的兴趣。见图3-6。

图3-6 北京师范大学"红色记忆"展馆系统部分场景展示

除了虚拟展馆,打造历史事件模拟场景也是虚拟思政空间的重要应用。西南财经大学在思政课虚拟仿真体验教学中心,借助3D场景建模、VR/AR/MR等虚拟仿真技术,精心打造了"红军长征"等沉浸式思政教学场景。以"飞夺泸定桥"模拟场景为例,学生戴上 VR 设备后,瞬间置身于硝烟弥漫的战场,耳边是枪炮的轰鸣声和战士们的呐喊声。他们需要在模拟场景中完成长途奔袭、挑选冲锋夺桥勇士等一系列交互任务,真切地感受红军战士们在枪林弹雨中浴血奋战、不畏艰险的英勇精神。通过"穿越到战场,演员式融入,情境中沉浸,故事里共鸣"的数字化教学理念,西南财经大学探索出"三个代入"教学模式,即让学生代入角色、代入情节、代入情感。这种创新的教学模式取得了显著成效,思政课的吸引力大幅提升,学生的到课率、抬头率、点头率以及课堂活跃度都有了明显提高。不仅如此,该校的优质思政课程资源还通过线上平台等方式辐射到其他高校及社会群体,受益人次超过 1000 万人,在更大范围内传播了红色文化和思政教育理念。见图 3-7。

图 3-7　西南财经大学"红军长征之四渡赤水"虚拟仿真实验

北京理工大学在思政教育中大力推行数字建模、虚拟仿真等技术的应用。在 2024 年秋季学期的"思想道德与法治"课程里,学生充分发挥创造力,借助这些技术完成了 300 多件作品,用以展示文化数字化成果。该校还自主研发了智慧思政大语言模型,学生通过这一模型,能够与精心打造的历史人物"数字人"展开对话,仿佛穿越时空,回到延安自然科学院,深入了解学校的发展历程。见图 3-8。此外,戴上 VR 眼镜后,学生便能开启重走长征路的沉浸式体验,在逼真的虚拟场景中,感受长征途中的艰难险阻与革命先辈的坚定信念。北京理工大学凭借这些丰富多元的教学手段,成功营造出沉浸式的学习环境,让思政教育摆脱了传统的枯燥与刻板,变得生动有趣。该校还充分发挥自身学科优势,将思政教育与大数据、云计算、人工智能等技术深度融合,构建起一套以学生成长为核心的思政教育体系,全方位助力学生的思想成长与价值观塑造。见图3-9。

图3-8 北京理工大学所制作的"徐特立数字人"讲思政课

图3-9 北京理工大学虚拟仿真体验教学中心获央视报道

中国石油大学(北京)利用VR技术开展石油史思政教学,取得了显著成效。在教学过程中,学生通过VR设备可以直观地了解石油勘探、开采的历史变迁,感受石油先辈们艰苦创业、无私奉献的精神。见图3-10、

图 3-11。据调查,参与该教学实践的学生对思政课程的满意度大幅提高,他们表示这种教学方式使他们对石油行业的认识更加深刻,同时也增强了他们的专业认同感和社会责任感。这一案例充分说明虚拟空间在思政教育中的巨大潜力,它能够有效提升学生的学习积极性和对知识的理解深度。

图 3-10 中国石油大学(北京)线上石油英模展

图 3-11 从"一大看到二十大"不忘初心 VR 浸入式视频库

在线上,学生可以通过虚拟场景进行知识预习。浙江工业大学利用虚拟工厂场景,让学生详细了解工业生产流程,同时感受其中蕴含的工匠精神、创新精神等思政元素。在虚拟工厂里,学生可以观察工人的操作流程,了解先进的生产技术,体会到工人阶级的辛勤付出和创新创造对社会发展的重要意义。这种预习方式不仅能够帮助学生提前熟悉知识内容,还能激发他们的学习兴趣,为线下课堂学习奠定基础。

线下课堂则是深入讨论和思想碰撞的重要场所。各高校思政教师在思政课堂上经常引导学生分析虚拟场景中的思政元素，组织小组辩论，促进学生的思维发展和思想交流。例如，清华大学在学习"创新驱动发展战略"相关内容时，教师让学生结合虚拟工厂中看到的创新技术应用案例，讨论创新对企业发展和国家竞争力提升的重要性。学生们在小组辩论中各抒己见，通过分析、论证，加深对思政理论的理解，培养批判性思维和团队协作能力。

课后实践活动是虚实融合教学模式的重要环节。上海交通大学通过组织学生参观真实工厂，让学生将线上所学与实际结合，进一步深化对知识的理解和应用。在参观过程中，学生与工厂工人交流，了解他们的工作日常和创新实践，亲身感受工匠精神在现实中的体现。这种实践活动不仅能够让学生将理论知识与实际生产相结合，还能增强他们的社会责任感和使命感，使思政教育真正落地生根。

虚实融合教学模式具有多方面的优势。它能够增强学生对知识的理解。通过线上虚拟场景的直观展示和线下实践活动的亲身感受，学生可以从不同角度理解思政理论，将抽象的概念转化为具体的认知。这种教学模式有助于提高学生的实践能力。线下实践活动为学生提供了实际操作和体验的机会，让他们在实践中锻炼解决问题的能力。团队协作精神也能在虚实融合教学中得到培养。小组辩论、实践活动中的合作交流，都需要学生相互配合、共同完成任务，从而提升他们的团队协作能力和沟通能力。

为了确保虚实融合教学模式的有效实施，教师需要精心设计教学环节，合理安排线上线下教学内容。要加强对学生的引导和指导，帮助学生更好地参与到教学活动中。学校也应加强与企业、社会机构的合作，拓展实践教学资源，为学生提供更多的实践机会①。

---

① 张丰，袁安萍，刘秋. 应用型本科"校企一体、产教融合"育人体系的思考 [J]. 大学，2024（13）：34-37.

三、基于数据驱动的育人环境优化与评估

利用人工智能技术对虚实结合的思政育人环境进行动态监测和评估，是优化育人环境、提高思政教育质量的关键。通过收集和分析学生在虚拟空间和线下学习过程中的多维度数据，可以全面了解育人环境的运行效果，为持续改进提供有力的数据支持。

在数据收集方面，主要包括学生在虚拟空间的学习时长、参与互动次数、情感反馈（通过表情识别技术获取），以及线下课堂的表现、实践活动参与度等数据。学生在虚拟思政场景中的学习时长反映了他们对学习内容的投入程度；参与互动次数则体现了学生的积极性和主动性；通过表情识别技术获取的情感反馈，能够了解学生在学习过程中的情绪变化，判断教学内容是否引起了他们的情感共鸣。线下课堂表现包括学生的出勤情况、课堂参与度、发言质量等；实践活动参与度则涉及学生参与实践活动的频率、完成任务的质量等方面。

通过对这些数据的分析，可以评估育人环境的有效性，可以分析虚拟场景是否吸引学生，若学生在虚拟场景中的学习时长较短、互动次数较少，可能说明场景设计存在问题，需要进行优化。对于教学活动是否达到预期目标的评估，可以通过对比学生在教学前后的知识掌握程度、思想认识水平等方面的变化来判断。如果学生在学习相关思政内容后，对知识的理解和运用能力没有明显提升，或者在价值观方面没有发生积极变化，就需要反思教学活动的设计和实施过程。

高校在利用人工智能技术评估虚实结合的思政育人环境时，应构建多维度、多层次的评估指标体系。除关注上述所提到的学生学习时长、互动次数等常规指标外，还需纳入学生在虚拟场景中的思维活跃度、价值观变化程度等深层次指标。通过自然语言处理技术分析学生在互动中的言论，评估其思维深度和价值取向；借助情感识别技术监测学生在学习过程中的情感变化，综合判断育人环境对学生思想成长的影响。同时，利用人工智能的预测功能，根据现有数据预测育人环境的发展趋势，提前发现潜在问

题并及时优化调整,确保思政育人环境持续高效。

为了实现对育人环境的动态管理,许多高校建立了专门的数据分析平台。以西华大学为例,其打造的"西华易班2.0"是集党群服务、学生工作、教学管理、思政教育、AI伴学等多种功能于一体的一站式数字育人平台,建立起覆盖全校师生的全时全量教育数据库,实现全域数据治理与分析应用。见图3-12。平台借助先进的数据采集技术,全方位收集学生在思政课程学习中的各类数据,从课堂出勤、作业完成情况,到在虚拟思政场景中的学习行为数据,如在"中国近现代史纲要"虚拟教学场景里的停留时长、互动频率等都被详细记录。通过对这些数据的整理,运用大数据分析算法和人工智能技术深度挖掘,判断学生在讨论思政话题时的情绪倾向,梳理学生对思政知识的掌握程度和知识体系构建情况,生成多维度呈现学生学习状态和思政素养发展的详细分析报告。

图3-12 西华大学"西华易班数字平台"

基于平台的分析报告,西华大学及时调整教学策略。在虚拟场景设计上,若发现学生对"中国近现代史纲要"中某一历史事件理解困难,教学团队联合技术人员会优化场景内容,简化复杂背景介绍,采用动画演示、故事叙述等方式展现关键节点，还会增加互动环节，引导学生参与模拟决策。在教学方法改进方面，依据学生课堂和线上交流表现，调整教学节奏与引导方式，针对参与度低的学生群体，采用小组竞赛、项目式学习激发兴趣。在实践活动安排方面，若学生参与度不高，会重新设计活动形式与内容，将理论性实践转化为实地调研、志愿服务，让学生在实践中深化对思政知识的理解，提升参与积极性。

在评估过程中，还需要注重多元评价主体的参与。除了教师和学校管理人员，学生自身和家长也可以参与到评价中来。学生可以对虚拟场景的趣味性、教学活动的有效性等方面提出自己的看法和建议；家长则可以从学生在家中的表现、思想变化等方面提供反馈。多元评价主体的参与能够使评估结果更加全面、客观，为育人环境的优化提供更丰富的参考依据。

打造虚实结合的思政育人环境是高校思政教育创新发展的重要方向。通过构建虚拟思政空间，探索虚实融合教学模式，以及对育人环境进行动态管理与评估，可以为学生创造更加优质的思政学习环境，提高思政教育的实效性。在未来的发展中，随着技术的不断进步和教育理念的更新，虚实结合的思政育人环境将不断完善，为培养德智体美劳全面发展的社会主义建设者和接班人发挥更大的作用。学校和教育工作者应积极拥抱新技术，不断探索创新，推动思政教育在新时代背景下取得新的突破。

第四节 应用案例——人工智能技术在新生入学教育中的应用

一、个性化学习指导方案

在高校新生入学教育中，利用人工智能对学生的学习数据进行统计分析，包括入学测试成绩、资源学习时长、资源学习时间分布、活动参与情况以及学习习惯等，计算均值、方差等，可确定学生的整体水平和个体差异。对于资源学习时长和时间分布，通过时间序列分析，找出学生的学习规律和偏好时间段,形成学生本人独一无二的动态画像。见图 3-13、图 3-14。

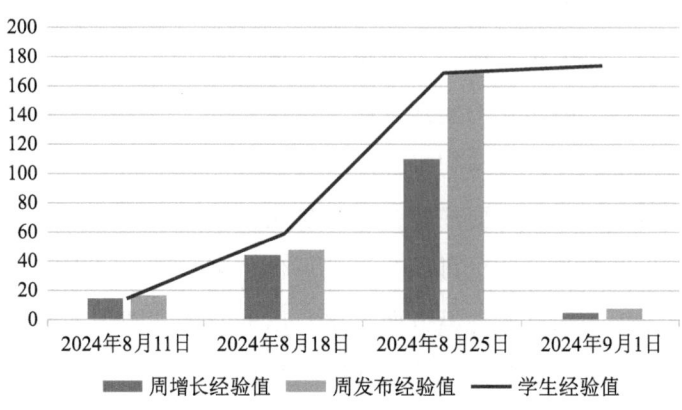

图 3-13　学习经验值报表(一)

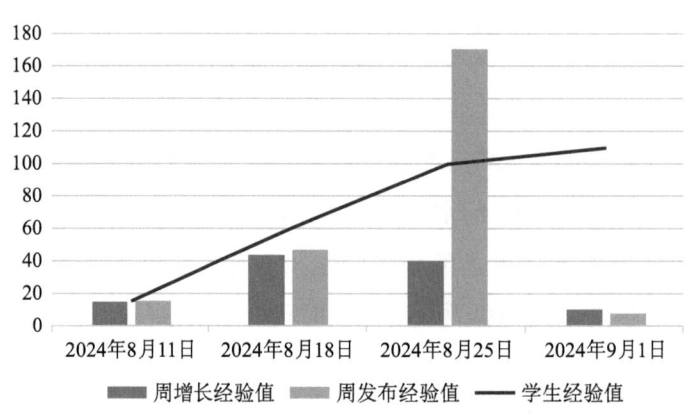

图 3-14　学习经验值报表(二)

运用大数据技术形成具有个性化针对性的学习库。采用数据挖掘算法,如协同过滤算法,从海量学习资源中为学生精准推荐课程视频、练习题以及拓展知识网络等。这样能够满足不同学生的学习需求,让每个新生在入学初期就能找到适合自己的学习节奏和方法,为后续的学习生涯奠定坚实基础。通过个性化学习指引,学生可以依据自身特点有针对性地进行学习,提高学习效率和效果,更快地适应新的学习环境。见图 3-15、图 3-16。

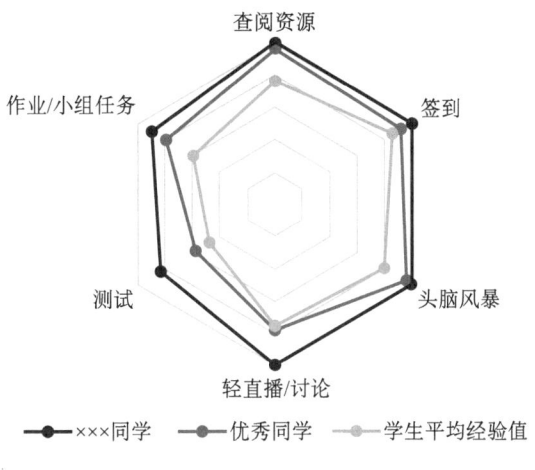

图 3-15 学生学习经验值雷达图对比（一）

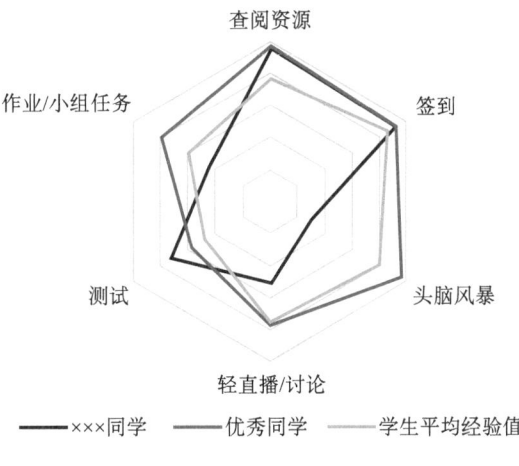

图 3-16 学生学习经验值雷达图对比（二）

二、学情预警系统

（一）学情预警系统概述

借助人工智能与大数据技术，以云班课平台为载体，对学生的学习状态和进度进行实时监测。平台能够全面收集和记录学生的学习数据，包括但不限于课堂互动情况、作业完成进度、资源浏览时长等多维度数据信息。

通过大数据分析算法，持续挖掘分析学生个人与课程总体数据。当检测到学生出现学习困难，如作业完成质量下降、课堂互动频率降低、资源学习时长明显减少等情况，或者进度滞后，如课程学习进度低于平均水平20%时，系统会及时发出预警。这种预警机制如同一个精准的探测器，能够在问题初现端倪时就敏锐地捕捉到信号，以便教师、辅导员、学生迅速采取相应措施进行调整和改进，防止问题进一步恶化。见图3-17、图3-18。

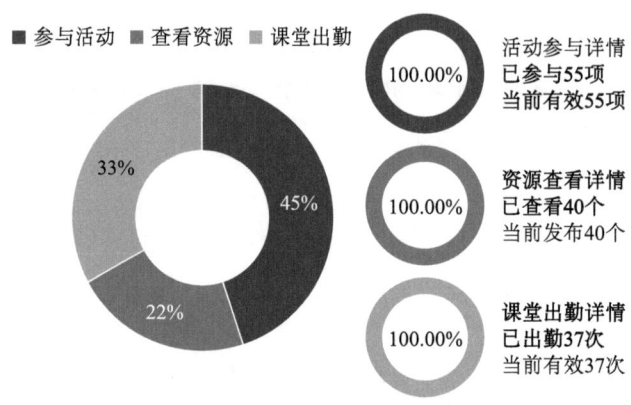

图3-17 学习进度一览图（一）

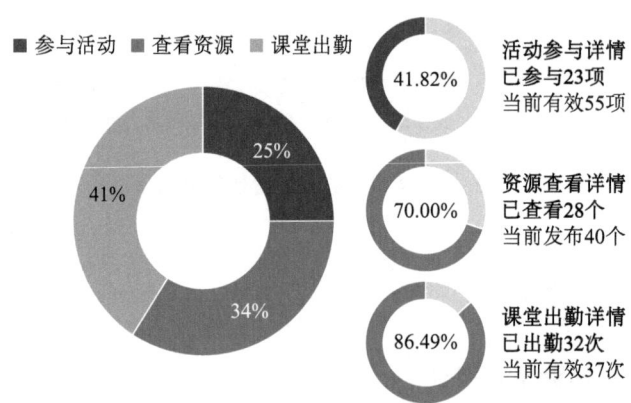

图3-18 学习进度一览图（二）

学情预警系统的存在，使得教师及辅导员能够更好地关注学生的学习状态[①]。可以依据大数据提供的详细学情信息,给予学生必要的帮助和指导[②]。例如,针对学习困难的学生,教师可以提供个性化的辅导方案,辅导员可以采取心理疏导等多维度多方式的解决办法,共同确保学生顺利完成入学教育阶段的学习任务。同时,学生也能通过预警信息及时认识到自己的问题,主动调整学习策略,提高学习效率。

(二)学情预警系统模型

学情预警系统包括四层:数据采集层、数据处理分析层、预警规则制定层、预警发布与反馈层,通过以上四层构建一个全过程闭环反馈系统。该模型能够实时监测学生的学习情况,及时发现潜在的学习问题并发出预警。见图3-19。

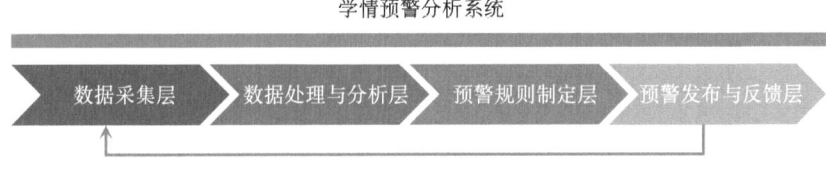

图3-19 学情预警系统结构示意图

1. 数据采集层

采集数据类别分为行为数据和状态数据。学习行为数据包括:

(1)课堂表现数据:通过教室中的智能摄像头和麦克风采集学生的课堂出勤情况、课堂参与度(如发言次数、提问次数、与教师和同学的互动频率等)。利用图像识别技术判断学生的出勤状态,语音识别技术将学生的发言内容转换为文本进行分析,以评估其参与度和学习积极性。

(2)作业完成数据:从教学管理系统或任课教师所采用的多媒体平台中获取学生作业的提交时间、完成质量(通过自然语言处理技术对作业文本进行分析,评估其正确性、完整性和创新性等)、作业得分等信息。

[①] 芦思聪. 民办高校学困生学业预警的现状及对策研究[D]. 山东师范大学,2021.
[②] 陈必松. 大数据学情诊断在初中道德与法治教学中的运用[J]. 天津教育,2023(14):43-45.

（3）考试成绩数据：收集学生在各类考试中的成绩，包括学前、期中、期末考试、单元测试等。对考试试卷进行分析，提取每道题目的知识点、难度系数等信息，以便更深入地了解学生在不同知识点上的掌握情况。

学习状态数据包括：

（1）学习时间数据：通过学生使用的学习设备（电脑、平板、手机等）上的学习管理软件或应用程序，记录学生每天的学习时长、学习时间段分布以及学习频率等数据。分析学生的学习时间规律，判断其学习时间是否合理，是否存在过度学习或学习时间不足的情况。

（2）学习注意力数据：利用眼动追踪技术或设备内置的传感器，监测学生在学习过程中的注意力集中程度和注意力转移情况[①]。例如，通过分析学生在阅读电子教材或观看教学视频时的眼动轨迹，判断其对学习内容的关注重点和注意力分散情况。

（3）学习情绪数据：借助可穿戴设备（智能手环、智能手表等）采集学生的生理数据（心率、皮肤电导率等），结合面部表情识别技术，通过分析学生的生理指标变化和面部表情特征，推断学生的学习情绪状态，如是否焦虑、紧张、兴奋或沮丧等[②]。

2. 数据处理与分析层

首先进行数据清洗与整合，对采集到的原始数据进行清洗，去除噪声数据、重复数据和错误数据，确保数据的准确性和完整性。将来自不同数据源的数据进行整合，建立统一的数据格式和数据结构，以便进行后续的分析处理。例如，将学生的课堂表现数据、作业完成数据、考试成绩数据以及学习状态数据等关联起来，形成每个学生的综合学习数据档案。

结合实际情况采用不同的数据分析方法。较为常见的有统计分析，运用描述性统计分析方法，计算学生各项学习数据的均值、中位数、标准

[①] 杨娟，旷小芳. 认知计算模型在教育领域的构建及应用综述［J］. 当代职业教育，2020（3）：51-59.

[②] 黄小涵. 基于深度学习的人脸表情识别算法研究［D］. 电子科技大学，2024.

差、百分位数等统计指标，以了解学生的整体学习情况和数据分布特征。通过相关性分析，研究学生不同学习行为和学习状态之间的相关性，例如，学习时间与学习成绩之间的关系、课堂参与度与作业完成质量之间的关系等；运用机器学习算法——分类算法，如决策树、支持向量机、朴素贝叶斯等，对学生进行分类预测。例如，根据学生的历史学习数据，预测学生某门课程考试中的成绩是否可能不及格，或者预测学生是否属于学习困难群体。通过对大量已标注数据（即已知学习结果的学生数据）的训练，建立分类模型，模型可以根据新学生的学习数据特征进行分类判断；运用机器学习算法——聚类算法，如 K – Means 聚类算法等对学生进行聚类分析，将具有相似学习特征和行为模式的学生聚为一类[1]。如将学习成绩相近、学习时间分配相似、课堂参与度相同的学生分为一组，以便针对不同聚类群体制定个性化的教学策略和预警方案；运用机器学习算法——预测分析，使用时间序列分析、回归分析等预测算法，对学生的学习趋势进行预测。通过分析学生过去一段时间的学习成绩变化趋势，预测学生未来的学习成绩走向；或者根据学生当前的学习状态和进度，预测学生完成某一学习任务所需的时间。

3. 预警规则制定层

首先需要设定预警指标，根据数据分析结果和教育教学经验，确定一系列与学生学习情况相关的预警指标。例如，设定学生的课堂缺勤次数阈值、作业完成质量得分下限、考试成绩不及格分数线、学习时间异常波动范围、学习注意力持续分散时长等预警指标。对于每个预警指标，根据其重要性和影响程度，赋予相应的权重。权重的确定可以通过专家评估、层次分析法等方法进行，以确保预警指标体系的科学性和合理性。预警规则可以采用逻辑表达式的形式进行定义，例如，当学生的课堂缺勤次数超过一定阈值且作业完成质量得分低于下限，同时考试成绩在最近一次考试中不及格，则触发学习困难预警。预警规则可以分为不同的级别，如轻度预

---

[1] 雷天奇. 高校学生行为挖掘分析与成绩预测方法研究[D]. 西北农林科技大学，2021.

警、中度预警和重度预警。不同级别的预警对应不同程度的学习问题,采取的干预措施也有所不同。例如,轻度预警可能只需教师对学生进行个别提醒和关注;中度预警则需要教师与学生进行深入沟通,了解学生的学习困难并提供一定的辅导帮助;重度预警可能需要学校组织专门的学习帮扶小组,为学生制定个性化的学习改进计划,并联合家长共同关注学生的学习情况。

4. 预警发布与反馈层

当系统根据预警规则检测到学生的学习情况达到预警条件时,将通过多种渠道及时向相关人员发布预警信息。预警信息可以发送给学生本人,以提醒其关注自己的学习状态并采取相应的改进措施;同时,也可以发送给教师、辅导员、家长等相关人员,以便他们及时介入,为学生提供帮助和支持,形成良好的家校协同。预警信息发布的渠道包括但不限于学校的教学管理系统、电子邮件、手机短信、即时通信工具等。例如,系统可以自动向学生的手机发送短信提醒,向教师和辅导员的电子邮箱发送详细的预警报告,同时在教学管理系统中为相关人员生成预警通知弹窗,确保预警信息能够及时、准确地传达给目标人员。相关人员在收到预警信息后,需要在规定的时间内进行反馈,确认已收到预警并说明将采取的措施。例如,教师在收到学生的学习困难预警后,需要在一定时间内制定针对该学生的具体辅导计划和跟进措施。

系统会对预警反馈信息进行记录和跟踪,定期对预警处理效果进行评估。通过分析学生在收到预警后的学习情况变化,评估预警措施的有效性,以便及时调整和优化预警规则和干预策略。例如,如果发现某种类型的预警措施对学生的学习改进效果不明显,系统可以通过数据分析找出原因,调整预警规则或改进干预方法,提高学情预警系统的准确性和实效性。

三、智能辅导与答疑

依托新媒体、新技术打造智慧答疑系统,例如,中国石油大学(北京）理学院开发的"AI领导"系统，通过切实解决师生"急难愁盼"，营造浓厚的尊敬教师、关爱学生的良好校园文化氛围，帮助新生平稳完成从高中到大学的过渡转变，尽快适应大学学习生活。

（一）提供智慧服务，解决新生"生活问"

在日常生活中，师生往往会遇到许多问题，例如，校园卡丢失如何补办？成绩单如何打印？火车票优惠如何领取？学校相关部门所在地等问题。在广泛收集师生日常生活中遇到的困难基础上，结合新生特征，依托智慧答疑系统，将新生可能遇到的实际问题上传到系统，形成新生日常生活问答库，让新生在初次步入大学生活中"需有所寻""寻有所解"。

在解决新生入学"生活问"的同时，借助大数据技术对新生提问的频率与类型展开深度挖掘。通过实时捕捉提问关键字，能够更为精准地完善问答库。例如，运用数据挖掘算法对大量提问文本予以处理，提取关键信息与主题，进而有针对性地扩充问答库内容。基于捕捉到的数据可构建新生关注点云图。此云图恰似一个动态的指南罗盘，能明晰地呈现新生关注点的转变与发展态势。通过对云图的持续观测与分析，能够深入探究学生在不同阶段的需求变化。以跟踪式的方式了解学生关注点的演变，为学生提供从"入学初"至"进行时"的全程跟踪式高效服务。

（二）打破时空限制，助力新生"专业问"

依托智慧答疑系统打造各类专业的学业问答库，涵盖"专业课重点知识架构""数理化通识基础课习题讲解"等学习版块。将优选教师和保研学霸的难题解答和板书视频上传到资源库，学生可以随时随地通过提问直接获取所需信息，极大提高了学生自主学习效率，真正做到了帮助新生增强专业认同感、加强学风建设，解决了新生"无处问"的难题。教师将往届同学常见的学业难题进行汇总讲解并上传至智慧答疑系统，极大提高了老师解答学生问题的效率。利用大数据的智能推荐功能，可以根据学生的专业和学习进度，为其推送更有针对性的学习资源和问题解答。

（三）打造心理树洞，解决新生"情绪问题"

为缓解新生在初入大学时在学业、生活、人际等方面产生的情绪压力,智慧答疑系统打造了情绪宣泄平台。当新生存在迷茫、焦躁、不安等情绪时,可以从中获取相关的心理疏导知识。在保护隐私的前提下,由学院领导、辅导员及各班心理委员组成的团队对新生的情绪问题作出回应,为新生心理健康保驾护航。借助大数据分析学生的情绪问题类型和频率,以便提供个性化及更具有针对性的心理疏导服务。同时对心理健康可能存在问题的学生提前预警。助力学校心理健康教育机构开展心理健康教育,对学生心理问题进行初步排查和疏导,有效培育学生理性平和、乐观向上的健康心态[①]。

四、学习进度追踪与评估

人工智能技术能实时跟踪学生在入学教育中的学习进度和表现,生成详细的评估报告。教师可依据报告了解学生学习情况,调整教学策略;学生也能清晰地看到自身进步与不足,合理规划学习。通过学习进度跟踪与评估,学生可以清楚地看到自己的学习成果和不足之处,有针对性地进行改进和提高;教师也可以根据学生的学习情况,优化教学内容和方法,提高教学质量。

五、智能社交与交流平台

智能社交与交流平台借助先进的人工智能技术在入学教育阶段同样发挥着关键作用。运用大数据挖掘算法,深入分析学生的兴趣爱好、专业背景等多维度信息。通过对海量学生数据的收集与整理,运用聚类分析等数学方法,将具有相似特征的学生进行分类,以便更精准地为学生推荐可能感兴趣的同学。基于关联规则挖掘技术,分析学生专业与社团活动之间的潜在联系,从而为学生筛选出与之专业背景相关或可能激发其兴趣的社团组织。

利用数据可视化技术,将分析结果以直观、易懂的方式呈现给学生,

---

① 马喜亭,冯蓉. 建强高校心理育人队伍 扎实推进"三全育人"[J]. 中国高等教育,2022(10):19-21.

搭建起高效的智能社交与交流平台。通过这种方式，帮助学生快速建立起丰富多样的社交网络[①]。借助社交网络分析（SNA）方法，评估学生社交关系的紧密程度和多样性，并不断优化推荐策略，进一步增强学生在新环境中的归属感。平台还运用情感分析技术，监测学生在社交互动中的情感倾向，及时发现并解决可能出现的问题，为学生营造积极健康的社交氛围，促进学生之间的良好交流与合作，助力新生更好地融入校园生活，开启丰富多彩的大学生活新篇章。

---

① 罗华. 基于云计算的大数据分析技术研究 [J]. 通讯世界，2024，31（5）：157-159.

第四章
党团和班级建设工作中的数智能力和应用方法

在当今科技飞速发展的时代,党团和班级建设也迎来了新的变革与创新。人工智能技术的广泛应用,为党团活动和班级管理带来了前所未有的机遇和挑战。党团作为组织青年、培养人才的重要阵地,需要紧跟时代步伐,积极探索人工智能技术在党团建设中的应用。通过智能化手段,可以更加高效地组织党团活动,提升成员的参与度和积极性。

同时,班级作为学校教育的基本单位,也需要借助人工智能技术来优化班级管理,提高教育教学效果。人工智能可以帮助辅导员更好地了解学生的学习情况,个性化地辅导学生,促进学生的全面发展。本章将深入探讨人工智能技术在党团和班级建设中的具体应用,以及其对组织发展和教育教学的深远影响。

第一节 党员团员智能管理服务

传统的手工党员团员管理方式已经难以满足新时代党建工作的需求。通过运用现代信息技术手段，搭建互联互通的党员团员智能管理服务系统平台应运而生，实现党员团员管理的智能化、精准化、高效化，对于提升组织凝聚力、增强党员团员归属感、提高高校思想教育工作质量具有重要意义。

一、党员团员信息的全面数字化管理

在当今信息化高速发展的时代，传统的人工管理方式已难以满足党员团员信息管理的需求。为了提升管理效率，确保信息的准确性和时效性，智能管理服务系统应运而生，并在实际应用中展现出了其独特的优势。该系统以集中管理、动态更新、查询便利为核心特点，为党员团员信息管理带来了全新的变革。

（一）智能管理服务系统存储党员团员的基本信息

这一系统涵盖了姓名、性别、年龄、入党（团）时间、工作单位、联系方式等多个方面，为高校辅导员提供了全面、详尽的数据支持。辅导员可以随时随地访问和操作，无论是查询特定党员团员的信息，还是更新相关数据，都能轻松完成。这种灵活性和便捷性极大地提高了辅导员的工作效率，使其能够更加专注于党员团员的培养和发展工作。见图4-1。

（二）智能管理服务系统支持信息的实时更新

在党员团员的工作变动、联系方式更改或组织关系转接等情况下，辅导员只需在系统中进行简单的操作，即可完成信息的更新与记录。这一功能确保了线上线下信息的准确性、时效性和一致性，避免了因信息滞后或错误而带来的不必要麻烦和损失。同时，构建自动反馈机制，当某个党

图 4-1 党员 E 先锋，北京市基层党建综合管理平台

员团员的信息需要更新处理时，系统会自动发送提醒通知，确保了线上线下数据的一致性。见图 4-2。

图 4-2 党员 E 先锋，提供消息通知帮助管理组织党员

（三）智能管理服务系统具备强大的分类管理能力

系统可以根据不同类型（如在职党员、流动党员、离退休党员、团员等）对党员团员进行分类管理，方便辅导员进行查询和统计。例如，辅导

员可以轻松筛选出所有在校党员的信息，或者统计出流动党员的数量和分布情况。这种分类管理方式不仅提高了信息的可读性和可用性，还为辅导员制定有针对性的党员活动计划和学习教育方案提供了有力的数据支持。

（四）智能管理服务系统具备数据分析和挖掘功能

通过对党员团员信息的深度分析，辅导员可以了解党员团员的整体状况、发展趋势以及存在的问题和挑战。这些数据分析结果可以为辅导员提供决策依据，帮助他们更好地制定工作计划、优化资源配置、提高管理效果。

二、党员团员组织生活的智能化管理

智能管理服务系统不仅能够帮助辅导员随时随地查询、跟踪和掌握党组织和党员的最新动态，更在组织生活的各个环节中发挥了重要作用，实现了从传统线下模式向线上智能化模式的转变。见图4-3。

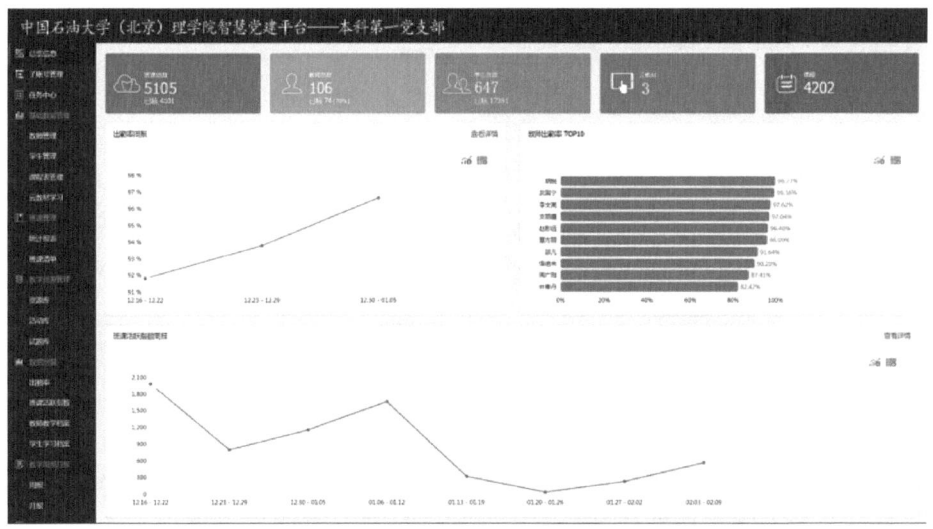

图4-3　中国石油大学（北京）理学院智慧党建平台

在组织生活的签到环节，传统的线下签到方式往往耗时费力，且易出现漏签、代签等问题。而通过利用智能管理服务系统的线上签到功能，党员只需操作手机等终端设备，即可完成签到，不仅方便快捷，又确保了签到的准确性和真实性。同时，线上参会、线上交流心得体会等功能的实现，也打破了时空限制，使得党员无论身处何地，都能参与到组织生活中来，极大地提高了党员参与组织生活的积极性和便利性。

智能管理服务还能帮助辅导员实现了对党员信息的精细化、动态化管理。系统能够全面跟踪记录党员的思想状况、行为表现、服务贡献等，为辅导员提供了更加深入、全面地了解党员和团员情况的途径。通过这些数据，辅导员可以更加准确地把握党员团员的特点和需求，为制定个性化的学习和发展建议提供科学依据。

智能管理服务系统还极大地促进了组织生活形式的创新。辅导员可以利用智慧党建平台，开展线上学习、在线测试、互动交流等多种形式的活动，使得组织生活的内容更加丰富多样，形式更加生动活泼。在线学习平台的使用，让党员可以随时随地进行学习，不仅提高了学习效率，还增强了学习的自主性和针对性。见图4-4。

图4-4 利用智能化管理系统线上线下相结合开展党支部活动

智能管理服务系统还为辅导员提供了更加精准、高效的决策支持。通过对党组织和党员的数据进行深入分析，辅导员可以及时发现存在的问题和不足，为改进和完善党组织的管理制度和工作机制提供参考。这种基于数据的决策方式，不仅提高了决策的科学性和准确性，还为辅导员的工作提供了有力支撑。同时，系统还能根据数据分析结果，自动生成各类报表和统计图，为辅导员的工作汇报和总结提供了极大便利。

三、党员团员智能化日常学习教育

辅导员可以充分利用智能化平台，如在线学习系统（MOOC、共产党员网）、移动应用程序（学习强国、大学SPOC、蓝墨云班课）等，将党的理论知识、团的精神内涵以及时事政策等内容以图文、音频、视频等多媒体形式生动呈现，使得学习过程不再枯燥乏味，激发了党员团员的学习兴趣。见图4-5、图4-6。

图4-5　12371共产党员网

图4-6　学习强国网

这些智能化工具不仅内容丰富、形式多样，而且具有极高的灵活性和便捷性。党员团员可以随时随地利用碎片时间进行自主学习，不受时间和空间的限制。无论是在宿舍中、教室中或图书馆中，只要使用手机或平板等移动终端，就能轻松接入学习平台，开始个性化的学习体验。这种随时随地的学习方式，大大提高了学习的覆盖面和参与度，使得党员团员能够更加方便地获取知识和信息，提升自身的政治素养和业务能力。

智能管理服务系统还具备强大的数据分析功能，能够基于学习数据实现党员团员个体的特征分析。通过深入分析党员团员的学习行为、学习进度、学习成效等数据，系统能够精准地识别出每名党员团员的学习需求和短板，有针对性地补足学习资源，提供个性化的学习建议。

党员团员的智能化日常学习教育也有助于互动与反馈机制的建立。辅导员通过在线讨论区、问答社区等功能，鼓励党员团员积极交流学习心得，分享学习体会，形成良好的学习氛围。辅导员也积极参与其中，及时解答疑问，引导讨论方向，确保学习内容的准确性和深度。

同时，智能管理服务系统还能对党员团员的学习情况进行实时跟踪和评估，为辅导员提供翔实的数据支持。通过这些数据，辅导员可以更加深入地了解党员团员的学习状况，及时发现存在的问题和不足，及时调整教学策略，优化学习内容。这种基于数据的决策方式，提高了教学的针对性和实效性，为培养具有坚定理想信念和良好综合素质的党员团员队伍提供了有力支撑。

此外，通过智能管理服务系统辅导员还可以更好地开展学生入党积极分子、入团积极分子培养教育工作，通过智能管理服务系统提供的学习资源和互动方式，引导他们深入学习党的理论和团的精神，坚定他们的理想信念和追求。同时，系统也为辅导员开展学生党员、团员发展和教育管理服务工作提供了便利和支持，使得整个工作过程更加高效、规范。见图4-7。

第四章 党团和班级建设工作中的数智能力和应用方法

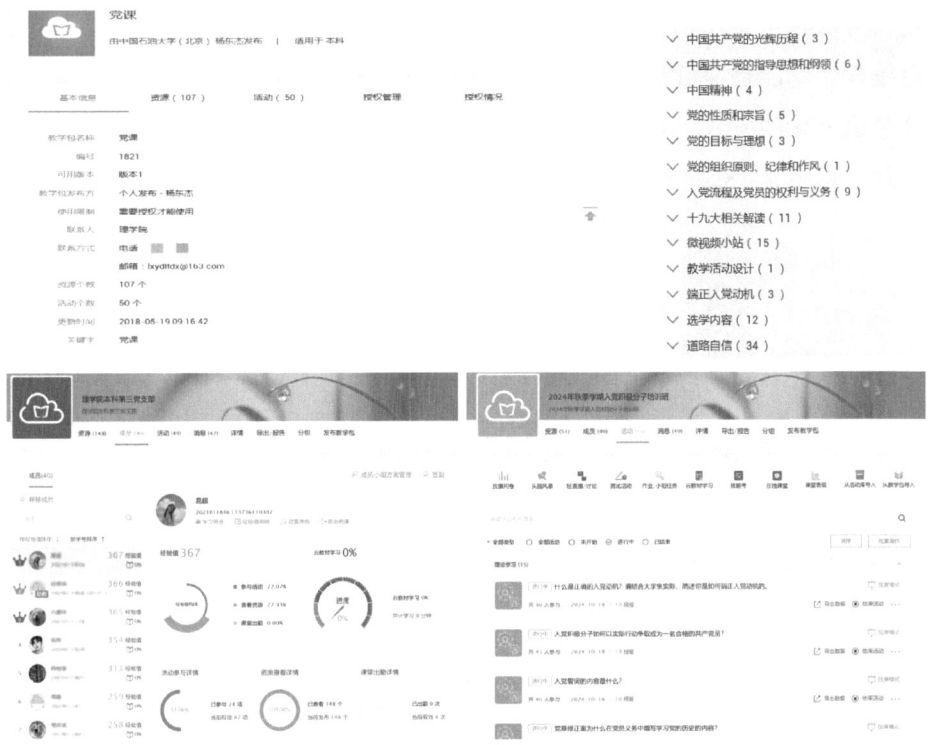

图4-7 利用智能化管理系统开展党员教育

四、党员团员志愿服务与实践活动智能化管理

党员团员志愿服务与实践活动的智能化管理已成为辅导员提升工作效率与质量的关键手段，这种管理方式为党员团员提供了一个更加便捷、高效、透明的参与平台，促进了活动的规范化与专业化发展，为活动的组织、实施与监督提供了全面且强有力的支持。智能管理系统让辅导员能够更加精准、高效地掌握党员团员参与志愿服务的情况，涵盖了活动报名、签到、时长记录、成效评估等各个环节，极大地提升了管理的科学性和准确性。

智能化、系统化的管理方式不仅简化了烦琐的手续流程，还确保了数据的准确性和实时性。以往，活动报名可能需要人工统计，签到需要纸质签到表，时长记录更是容易出错和遗漏。而现在，通过智能管理系统，辅导员可以轻松实现活动的线上发布与报名。只需在系统上发布活动信息，在校学生就能迅速收到通知，并根据自身情况选择适合的活动进行报名。这种线上化的方式不仅提高了信息传播的效率，还方便了参与者的选择和管理。见图4-8。

2025年寒假大学生"返家乡"社会实践
故乡道，何日归？回肠一似蔡乾水，万转千盘绕故乡，山悠悠，水悠悠，心中不尽是乡愁，回家的路，是心中最温暖的期待。回家，我们可以做什
报名时间：2025.01.06至2025.02.20
主办方

2024年"学思践悟新思想，致知立行建新功"暑期社会实践活动
为深入学习宣传贯彻党的二十大精神，贯彻落实习近平新时代中国特色社会主义思想和习近平总书记关于青年工作的重要思想，深入学习宣传贯彻落实习
报名时间：2024.05.31至2024.08.29
主办方

关于开展2024年"返家乡"寒假社会实践的通知
一、活动背景 2019年，共青团中央下发《关于开展全国大学生"返家乡"社会实践活动的通知》，"返家乡"社会实践活动，
报名时间：2024.01.10至2024.02.28
主办方

图4-8 利用智能管理服务系统发布实践信息

在活动的实施过程中，二维码签到、素材实时记录等功能的应用，让服务轨迹得以清晰记录，确保了活动的有序进行。参与者只需扫描二维码即可完成签到，系统会自动记录签到时间和地点，大大节省了时间和精力。同时，通过实时记录服务过程中的照片、视频等素材，为后续的总结和宣传提供了丰富的资料。

智能管理服务系统还能够对志愿服务的成效进行量化评估，系统可以根据服务时长、服务对象的反馈等指标，对个人志愿服务与实践活动进行客观、全面的评价，让参与者更加清晰地了解自己的表现，还能为个人成长提供个性化的建议和方向。

智能管理服务系统具有及时发现问题并调整策略的能力。通过系统的数据分析和报告功能，辅导员可以随时了解活动的进展情况和参与者的表

现，及时发现存在的问题和不足。这种实时反馈的机制让辅导员能够迅速作出调整和优化，确保志愿服务与实践活动能够持续、健康地发展。

五、党员团员行为数据分析与决策支持

在信息化时代，数据已成为决策的重要依据。辅导员在党员团员的管理和教育工作中，能够借助智能管理服务系统对党员团员的行为数据进行全面、深入地挖掘与分析，这为精准施策、科学管理提供了有力支撑。这些行为数据涵盖了党员团员的学习成绩、参与活动情况、思想动态、心理状况、兴趣爱好以及社交行为等多个维度，构成了党员团员全面发展的"数字画像"。

智能管理服务系统能够精准地揭示每一位党员团员的综合表现和发展趋势。在学习成绩方面，系统能够追踪党员团员的学习进度和成绩变化，通过大数据分析工具，预测其理论学习的效果和可能遇到的问题。一旦发现某位党员团员在理论学习上出现懈怠或敷衍，系统能够及时发出预警，辅导员便可以据此及时干预，助其攻克难关，提升学习效果。

同时，系统也能对党员团员参与组织活动的数据进行详尽地分析。通过分析到勤率、参与度等维度的数据，辅导员可以清晰地了解每位党员团员的组织归属感和团队认同感。积极参与、表现突出的党员团员，大多都具有较强的责任心与归属感，能较好地发挥先锋模范作用。而参与度不高、活动敷衍了事的党员团员，辅导员则可以通过个别谈话、团队建设活动等方式，增强其团队意识和归属感，促进团队的凝聚力和向心力。

智能管理服务系统还能够对党员团员的行为数据进行实时监控和预警，帮助辅导员更科学地制定工作计划和策略，优化资源配置。例如，在意识形态领域，任何潜在的风险都可能对团队造成不可估量的影响。通过系统识别出党员团员在思想动态上存在的共性问题，辅导员可以有针对性地开展主题教育活动。这些活动可以围绕党的基本理论、基本路线、基本方略等核心内容，引导党员团员树立正确的世界观、人生观和价值观，坚定理想信念和追求。同时，系统一旦发现党员团员在思想动态、言论行为

等方面存在异常或潜在风险,就会立即发出预警信号。辅导员在接到预警后,可以迅速介入并采取措施,及时化解风险,确保组织内的稳定和和谐。见图4-9。

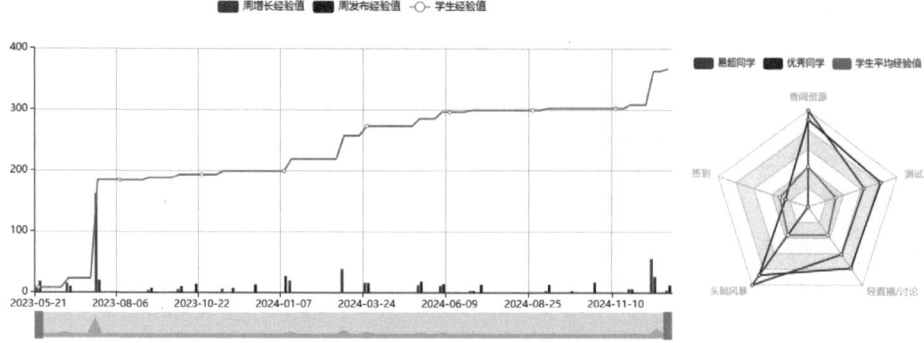

图4-9 智能管理服务系统行为数据分析

智能管理服务系统还能够根据党员团员的兴趣爱好和特长,提供个性化的发展建议。每位党员团员都是独一无二的个体,他们有着自己的兴趣和擅长领域。通过系统分析这些数据,辅导员可以更加深入地了解每位党员团员的特点和优势,为他们提供量身定制的发展建议和资源支持。这不仅有助于党员团员实现自我提升和全面发展,还能够为团队注入更多的活力和创新力。

第二节 党团思想建设和理论武装

一、精准分析思想状态

在信息化、数字化的时代背景下,大数据与智能分析技术的结合为辅导员深入了解党员团员的思想动态提供了前所未有的机遇。通过采集和整合党员团员的学习记录、工作表现、社交活动、网络行为等多维度数据,构建一个庞大而全面的信息数据库。其蕴含党员团员思想状态的种种线索。

利用大数据分析和深度模型技术,如数据可视化、聚类分析和分类模型等,我们可以对这个信息数据库进行深度挖掘和智能分析。数据可视化技术能够将复杂的数据以直观的图表形式展现出来,帮助我们快速把握数据的整体趋势和特征;聚类分析则能够将相似的数据归为一类,揭示出党员团员思想中的共性和差异;而分类模型则能够根据已知的数据特征,对未知的数据进行预测和分类,为我们的决策提供科学依据。

对于党员发言、讨论记录等文本信息,可以运用自然语言处理(NLP)技术,如 CNN(卷积神经网络)和 Transformer 模型等,进行深度解析。这些技术能够理解文本中的语义和情感,揭示出党员的观点、态度和情感倾向。借助 NLP 技术,可以更加准确地把握党员团员的思想脉搏,了解他们的真实想法和感受。见图 4-10。

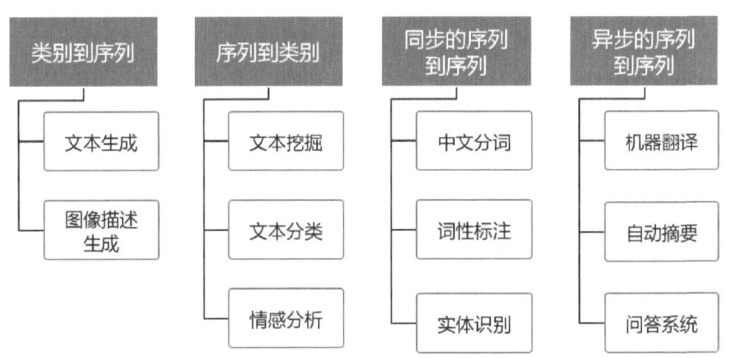

图 4-10　NLP 任务功能

同时,对党员行为数据的模式识别和关联分析也是精准分析思想状态的重要手段。模式识别技术能够发现党员行为中的规律和模式,揭示出他们的行为习惯和潜在需求;而关联分析则能够找出不同行为之间的关联和联系,为决策提供更多的线索和依据。通过这种分析,可以更加深入地了解党员团员的行为特点和思想倾向,为个性化教育提供有力支持。见图 4-11。

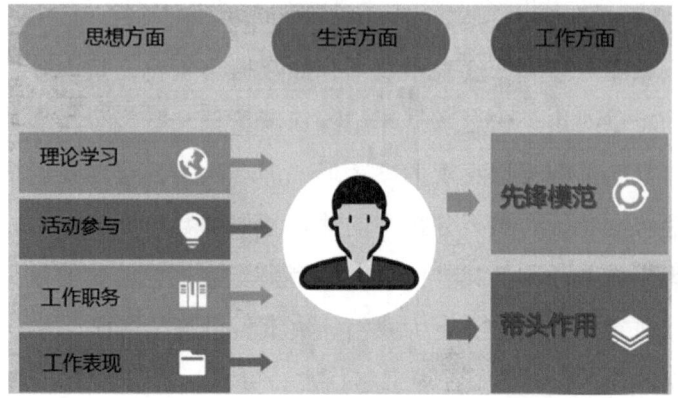

图 4-11 党员绿色成长的个性化路线图

这种精准分析使得辅导员能够对每位学生党员团员的思想动态、价值取向和潜在需求进行细致入微地描绘，从而形成党员团员思想的精准画像。这种画像不仅包含了党员的基本信息和行为数据，还揭示了他们的思想特点和心理需求，为个性化教育提供了有力的依据。

基于精准画像，可以为每位党员团员提供个性化的学习方案和教育引导。针对不同党员团员的思想特点和需求，可以推送定制化的学习内容，提供针对性的思想辅导和心理疏导。这种个性化的教育方式不仅提高了思想教育的针对性和实效性，还增强了党员团员的参与感和归属感。党员团员能够感受到组织的关怀和关注，更加积极地参与到思想教育中来，形成良性循环。

此外，精准分析思想状态还有助于解决传统思想教育中"一刀切"的问题。传统思想教育往往采用统一的内容、方式和标准，忽视了党员团员的个体差异和需求，导致思想教育的针对性和实效性不强。而精准分析思想状态则能够充分考虑党员团员的个体差异和需求，为每位党员团员提供个性化的教育方案和服务，提高思想教育的针对性和实效性，推动党员团员的全面发展。

同时，通过对党员团员思想状况的整体分析，可以及时发现和掌握党员团员思想中的共性问题和趋势性变化。这种整体分析有助于把握党员团员思想的大局和趋势，为党团组织制定和调整思想教育政策、策划和组织思想教育活动提供科学依据和决策支持。根据党员团员思想的实际情况和需求，可以制定更加符合实际、更加有针对性的思想教育政策和活动方案，提高思想教育的针对性和实效性。

二、创新思想教育方式方法

创新思想教育方式方法是提升辅导员工作实效性的关键所在。传统的思想教育方式往往以单向灌输为主，缺乏互动性和趣味性，难以激发当代党员团员的学习热情和兴趣，更难以满足他们多元化的学习需求。因此，辅导员必须与时俱进，积极探索和创新思想教育的方式方法，以适应新时代党员团员的特点和需求。

在实际工作中，辅导员可以充分利用多媒体和网络技术，将思想教育内容以更加生动、形象的形式呈现出来。例如，制作一系列微党课视频，这些视频可以结合生动的案例、形象的比喻和深入浅出地讲解，将党的理论和政策以直观、易懂的方式传达给党员团员。见图4-12。通过视频中的画面、声音和文字的完美结合，党员团员可以更加直观地感受到党的理论和政策的魅力和力量，从而增强学习的积极性和主动性。

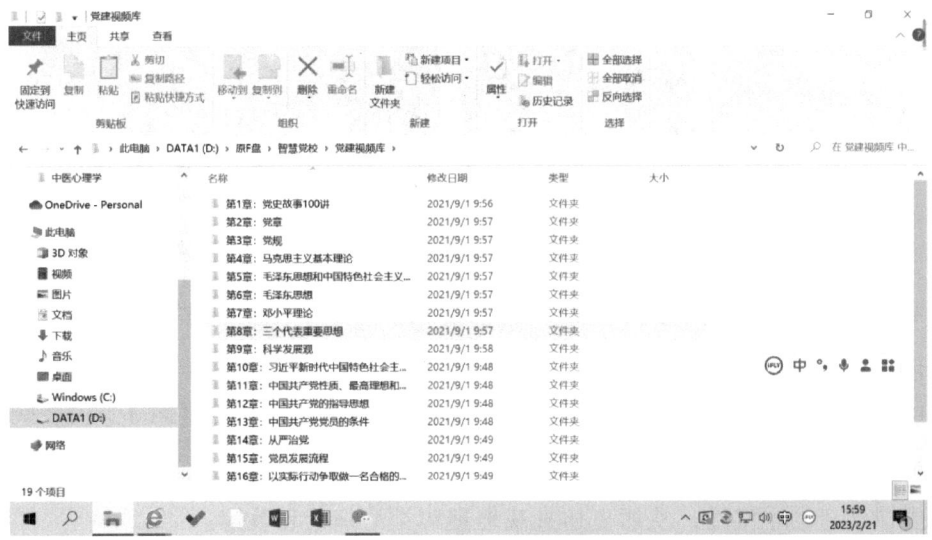

图4-12 党建微视频库

同时，辅导员还可以利用移动学习平台，建立线上学习小组，为党员团员提供一个便捷、高效的学习交流平台。在这个平台上，党员团员可以随时随地进行学习，不受时间和地点的限制。他们可以分享学习心得和体会，进行思想碰撞和交流讨论，从而增强思想教育的趣味性和吸引力。这种线上学习的方式不仅方便快捷，还能够促进党员团员之间的互相学习和共同成长。

虚拟现实（VR）和增强现实（AR）技术为智慧党建提供了全新的可能性。辅导员可以积极探索将这些前沿技术融入思想教育中，以更加生动、直观的方式呈现党的理论和历史。在 VR 智慧党建方面，可以开发一系列虚拟现实场景，如模拟党的历史事件、重要会议、革命根据地等。党员团员通过佩戴 VR 设备，可以身临其境地感受到那个时代的氛围和场景，更加深刻地理解党的历程和决策背后的艰辛与智慧。见图 4-13。这种沉浸式的体验方式，不仅能够增强学习的趣味性和吸引力，还能够帮助党员团员更加深入地领悟党的精神和理念。

图 4-13　中国石油大学（北京）铁人精神虚拟仿真线下体验馆

在 AR 智慧党建方面，可以将党的理论和政策以增强现实的方式呈现在现实世界中。例如，通过手机或平板电脑等移动设备，将党的理论知识以动画、图文等形式叠加在现实世界中的物体或场景上。见图 4-14。党员团员在观看这些增强现实内容时，可以同时感受到现实世界的真实性和虚拟信息的丰富性，从而更加直观地理解党的理论和政策。

第四章　党团和班级建设工作中的数智能力和应用方法

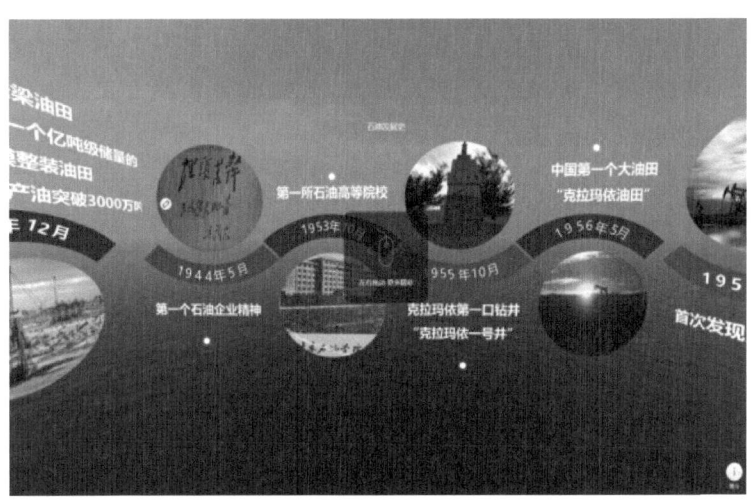

图 4-14　石油发展史 VR 展览馆

此外，辅导员还可以借鉴现代教育学和心理学的研究成果，将严肃游戏、情景模拟等先进教育理念融入思想教育中。可以设计一些角色扮演、模拟演练等活动，让党员团员在参与过程中亲身体验和感受党的理论和政策在实践中的应用。这种寓教于乐的方式不仅能够提高党员团员的学习兴趣和参与度，还能够帮助他们在实践中锻炼和提升自己的能力和素质。例如，通过模拟干打垒场景、铁人端水等情境，让党员团员在角色扮演中深入理解党的精神谱系，增强他们的政治觉悟和领导能力。见图 4-15。

图 4-15　石油精神严肃游戏：干打垒

通过这些创新的思想教育方式方法,辅导员能够更有效地引导党员团员树立正确的世界观、人生观和价值观,为党的事业培养更多有理想、有本领、有担当的优秀人才。

三、成效提升

(一) 精准识别需求,提升教育针对性

人工智能技术通过采集党团成员的在线学习行为数据、社交平台互动信息及日常思想汇报文本,结合自然语言处理(NLP)和机器学习算法,可以构建多维度的"思想动态画像"。例如,对理论学习参与度低的学生,系统可自动推送趣味化、碎片化的党史知识短视频;对理论功底扎实的党员骨干,则推荐深度文献或专题研讨资源。分众化教育方案的实施,使理论学习参与率提升,且教育内容与个体需求的匹配度显著优化。

(二) 创新互动形式,增强教育沉浸感

借助虚拟现实(VR)、增强现实(AR)等技术,辅导员可打造沉浸式红色教育场景。例如,通过 VR "飞夺泸定桥"体验(见图 4-16),学生党员团员能身临其境地感受革命精神;AI 驱动的党史问答机器人则通过语音交互形式,实时解答理论问题,日均互动量可达千次以上。此外,情感计算技术可分析学生在学习过程中的微表情和语音情绪,动态调整教育内容的呈现方式。数据显示,采用沉浸式教学后,理论知识的长期记忆留存率提升,青年群体对思政活动的主动参与意愿增长。

(三) 优化管理效能,实现动态风险防控

人工智能技术助力党团工作的全流程数字化管理。例如,智能会议系统可自动生成党日活动议程、记录发言要点并输出总结报告,节约辅导员80%的事务性工作时间;舆情监测平台通过爬取社交媒体、论坛等公开数据,实时识别敏感言论并生成预警图谱,帮助辅导员提前介入思想波动问题。

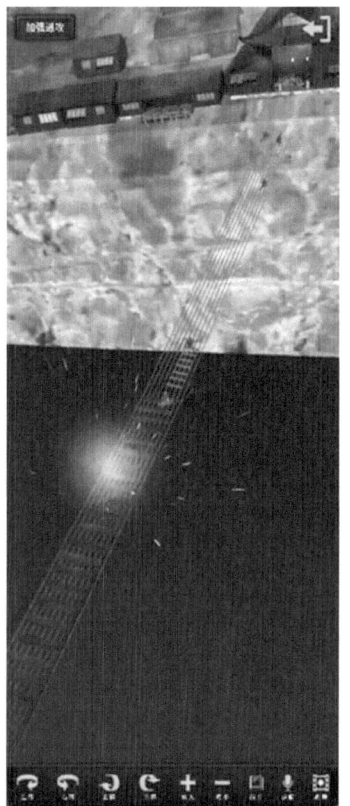

图 4-16　VR 严肃游戏：飞夺泸定桥

（四）构建科学评估体系，量化教育效果

传统思政教育效果评估多依赖主观问卷调查，而人工智能技术通过采集学习时长、答题正确率、互动频次等多维度数据，构建动态评估模型。例如，情感分析技术可量化学生在理论学习后的思想共鸣度，知识图谱技术可追踪理论认知的深化轨迹。

（五）整合共享资源，打造协同育人生态

基于区块链技术的学习档案系统，实现跨校、跨区域的党团学习成果互认；AI 资源库汇聚全国优秀党课案例、理论微课等资源，支持一键智能匹配与共享。在党的二十大主题教育期间，某高校利用 AI 内容生成工具快速产出短视频、H5 等融媒体素材，覆盖学生超 10 万人次，传播效率较传统方式提升5倍。此外，通过构建AI驱动的"校—企—社"协同平台，推动红色教育基地、企业党建案例等资源融入高校思政课堂，形成"大思政"育人格局。

（六）拓展实践场景，强化价值引领

人工智能技术助力将理论教育融入社会实践。例如，智能匹配系统根据学生专业特长，推荐乡村振兴、社区服务等实践项目；数字孪生技术模拟基层治理场景，让学生在虚拟环境中体验"党建引领社会治理"的实践逻辑。厦门大学通过设计的"红色剧本杀"活动，将"剧本杀"这一新的游戏社交形式和红色主题结合起来，将"静态"的红色文本和"动态"的演绎行为相结合。

第三节 班级活动组织与实效性检测

一、智能活动策划与设计

传统的活动组织往往依赖个人经验或模板化的方案，容易忽略学生的个性化需求，也难以快速响应动态变化的学生状态。而人工智能技术的引入，为活动策划提供了从需求洞察、方案生成到效果预判的全链条支持，让教育活动更加精准、灵活且富有创意。

需求分析是活动策划的起点。学生的真实需求往往隐藏在碎片化的日常表达中，例如，班会上的发言、社交媒体动态的评论，或是匿名问卷中的开放式回答。通过自然语言处理（NLP）技术，辅导员可以将这些非结构化的文本数据转化为可量化的需求图谱。例如，利用情感分析模型识别学生讨论中的高频词汇——如果"焦虑""迷茫"等负面情绪词汇集中出现，可能指向心理健康主题活动的必要性；而"实习""简历"等关键词的涌现，则暗示职业规划类活动的迫切性。见图4-17。

第四章 党团和班级建设工作中的数智能力和应用方法

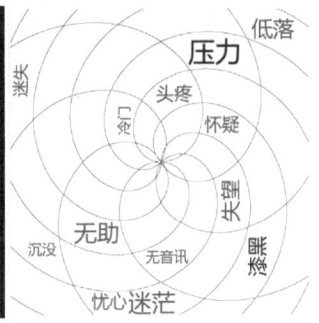

图 4-17 AI 进行文本情绪识别高频词汇分析

更进一步，AI 可以结合学生的历史行为数据（如过往活动参与度、兴趣社团记录）构建动态画像，为不同班级甚至不同学生推荐差异化的活动主题。例如，针对理工科班级中普遍存在的社交焦虑现象，AI 可能建议开展"破冰实验室"活动，将专业知识与团队协作任务结合；而对于艺术类专业学生，则可能推荐开放式创意工作坊，激发他们的表达欲。

在明确需求后，人工智能能够辅助生成多维度适配的活动方案。传统的策划需要辅导员耗费大量时间查阅案例、协调资源，而 AI 工具可以通过输入基础参数（如活动目标、预算规模、时间限制、场地条件等），快速生成包含流程设计、物资清单、风险预案的完整方案。例如，输入"心理健康主题、预算 500 元、2 小时、教室场地"等条件后，AI 不仅会提供"情绪管理讲座+情景剧扮演"的复合方案，还能自动匹配校内外资源——推荐校心理咨询中心合作讲师、生成情景剧脚本模板，甚至预估每个环节的时间容错区间。见图 4-18。这种生成并非机械地排列组合，而是基于海量教育案例库和强化学习模型的动态优化。例如，当 AI 发现"小组讨论"环节在过往类似活动中常因时间不足导致参与度下降时，会自动将原定的 40 分钟延长至 50 分钟，并建议增设一名主持人进行节奏把控。

活动的创新性与吸引力往往取决于细节设计，而 AI 在此过程中展现出独特的创造力。通过生成式技术，辅导员可以突破传统思维的限制，将教育目标转化为更具沉浸感的体验形式。例如，在爱国主义教育活动中，AI 不仅能推荐参观红色景点的常规方案，还能结合虚拟现实（VR）技术

图4-18 AI生成"心理健康主题、预算500元、2小时、教室场地"活动方案

生成"重走长征路"的交互场景,让学生通过头盔设备体验历史事件;在学风建设活动中,它可以设计"学科知识闯关游戏",将课程难点转化为AR地图中的关卡任务,让学生在校园实地探索中完成学习。此外,AI在视觉设计上的能力也不容小觑:输入简单的主题描述后,MidJourney等工具可以生成风格多样的海报初稿(见图4-19),而Sora等视频生成模型能快速制作活动宣传短片,极大减轻辅导员在资料准备上的负担。

方案的可行性优化是AI的另一核心价值。通过模拟推演技术,人工智能可以在活动实施前预测潜在问题。例如,在户外拓展活动的策划中,AI会根据历史天气数据、学生体能测试结果、器材安全性参数等,自动标注高风险环节(如雨天攀岩设备易打滑),并提出替代方案(改为室内攀岩馆);在线上辩论赛设计中,它会通过往届活动的发言数据分析,建议将"自由辩论"环节从30分钟压缩至25分钟以避免冷场。这种优化并非单向输出,而是持续的人机交互过程——辅导员可以随时调整参数(如增加分组数量、更换主持人风格),AI则实时反馈调整后的参与度预测值和资源消耗变化,形成"设计—模拟—迭代"的闭环。

当然,智能策划始终需要人文视角的校准。AI可能基于数据偏好推荐"高参与度"的热门活动,但那些需要长期投入才能见效的冷门项目(如经典阅读沙龙)同样值得保留;算法生成的方案或许逻辑严谨,却可能忽

第四章 党团和班级建设工作中的数智能力和应用方法

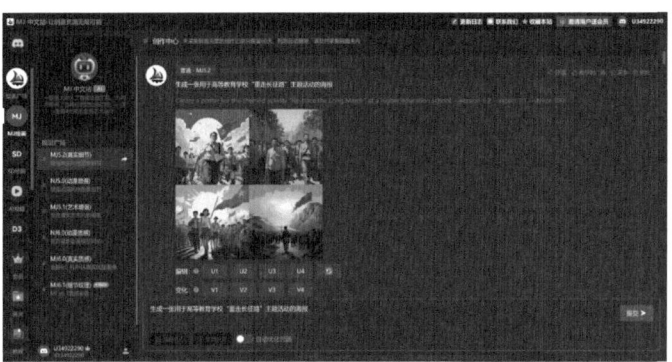

图 4-19 MidJourney 工具生成"重走长征路"主题活动的海报

略突发情境下的情感共鸣点。因此,辅导员需在 AI 建议的基础上,融入对班级文化、个体特质的深度理解,在效率与温度之间寻找平衡。例如,当 AI 建议通过匿名投票确定班委时,辅导员可能需要补充面对面的谈心环节,避免完全依赖数据决策带来的情感疏离。

人工智能正在重塑班级活动策划的范式,但它并非取代辅导员的角色,而是将其从烦琐的事务性工作中解放出来,让其能更专注于核心育人目标——用技术捕捉需求,用数据优化路径,最终用人文关怀点亮每一次活动的价值。

二、活动执行与过程管理

在班级活动的执行与过程管理阶段,人工智能技术的介入让传统组织模式中烦琐的协调工作变得自动化、精准化，同时也为活动体验注入了更多互动性与灵活性。从前期通知到现场调度，从参与度管理到突发情况应对，AI不仅成为辅导员的高效助手，更通过数据与算法的协同，构建起一个动态响应的活动管理生态系统。

（1）活动执行的第一步是触达与动员。传统的信息通知依赖群发消息或口头传达，容易因信息过载被学生忽略。智能聊天机器人通过自然语言发送通知"周五下午三点心理健康讲座"，AI会自动分析学生的历史行为数据：对于曾参与过类似活动的学生，推送信息会强调"往期参与者反馈热烈"；对于从未参加过集体活动的学生，则会生成"首次参加可获专属积分奖励"的定制话术。这种差异化的沟通策略显著提升了响应率。同时，AI机器人支持多轮对话，能即时解答"能否请假""是否需要准备材料"等常见问题，将辅导员从重复性咨询中解放。而对于未及时回复的学生，系统会通过行为预测模型判断最佳二次触达时机——如果某学生习惯午间查看手机，提醒信息将在12：30自动推送，并附上快捷报名链接。见图4－20。

图4－20　中国石油大学（北京）智慧答疑系统

（2）活动现场的管理往往考验辅导员的应变能力。在线上活动中，虚拟助理能够同时监控多个交互渠道的动态。例如，在线上平台开展的职业

第四章 党团和班级建设工作中的数智能力和应用方法

规划沙龙里，AI助手实时扫描聊天区内容：当检测到"简历修改""面试技巧"等高频词时，会自动在侧边栏弹出相关学习资源链接；当发现个别学生连续发送无关表情包时，会先发送私信提醒"请聚焦讨论主题"，若仍未改善则暂时限制其发言权限。这种既包容又具约束力的管理方式，既维护了秩序又避免了人际冲突的尴尬。线下活动中，人脸识别签到系统与智能分组算法的结合，让组织流程更流畅。学生进入教室时，摄像头自动捕捉面部特征并与预存数据库匹配，3秒内完成签到，同时根据预设规则（如跨宿舍混编、兴趣标签互补）生成小组名单，直接投射到电子屏上。对于因故迟到的学生，AI会通过蓝牙定位自动发送如"您的座位在第三组2号"的提示，避免现场混乱。

（3）活动过程的沉浸感直接影响教育效果。通过混合现实技术，AI将物理空间与数字内容无缝融合，创造出超越传统形式的参与体验。见图4-21。在爱国主义教育活动中，学生佩戴AR眼镜参观校史馆时，眼前不仅呈现实体展品，还会叠加历史场景重建——当驻足于老照片前，AI自动触发对应事件的3D动画解说；在团队拓展训练中，操场被转化为虚拟战场，各小组通过智能手环接收实时任务，地形数据与生理指标（如心率、运动轨迹）同步传入系统，AI动态调整任务难度以保持挑战性与成就感的平衡。这种虚实交织的体验不仅能激发学生兴趣，更能通过感官的多维刺激深化教育内容的记忆留存。

图4-21 现场AR互动

(4) 实时数据监测为过程调控提供了科学依据。嵌入在活动各环节的传感器与 AI 分析模块，能持续捕捉学生的行为信号：智能手环记录的心跳波动反映情绪投入度，麦克风阵列分析的语音活跃度标识参与热情，眼动追踪设备统计的注视时长衡量内容吸引力。这些数据通过边缘计算实时处理后，生成可视化仪表盘。当辅导员发现"小组讨论环节参与率低于预期"时，可立即触发干预机制——AI 自动向各组长推送提示问题列表，或向沉默成员发送鼓励性提示；当监测到某个游戏环节学生心率普遍下降时，系统会建议缩短该环节时长，并同步调整后续流程的节奏安排。这种基于生物信号与行为数据的即时反馈，让活动管理从经验判断转向精准调控。

(5) 突发状况的应对能力是检验活动执行质量的关键。AI 的预测性维护功能在此方面展现出独特价值。在户外运动会筹备中，气象预测模型能提前 72 小时预警降雨概率，系统自动生成两套方案：晴天启用操场闯关赛，雨天切换至体育馆智力挑战赛，并提前通过机器人通知学生备选方案。当现场出现设备故障时，AR 辅助维修系统通过图像识别定位问题部件，为工作人员叠加三维拆解教程。甚至学生突发身体不适的场景也被纳入预案库：通过可穿戴设备监测到异常生命体征后，AI 会立即启动应急响应链——同步向校医发送定位与健康档案，向辅导员推送就近急救箱位置，同时调整活动流程避免围观聚集。这种多线程并发处理能力，极大提升了危机管理的效率与安全性。

然而，技术的深度应用始终需要人文温度的调和。当 AI 系统因算法偏差过度干预学生发言时，辅导员需及时接管以保护表达自由；当面部识别签到让部分学生产生"被监视"的不适时，可能需要保留传统签到通道作为补充。在毕业晚会的节目表演环节，尽管 AI 能精准控制灯光音乐的节奏匹配，但那些即兴的欢呼、意外的拥抱所构成的情感联结，仍是机器无法复制的珍贵瞬间。因此，智能管理的终极目标不是追求绝对的秩序与效率，而是通过精准服务创造更多人与人深度互动的空间——当 AI 接手签到、分组、提醒等事务性工作后，辅导员得以走到学生中间，观察那些数据无法捕捉的细微表情，聆听那些未曾录入系统的真诚心声，让技术真正成为教育者洞察人心的延伸。

三、实时反馈与动态调整

在班级活动的实施过程中，教育效果的达成往往依赖于对现场动态的敏锐捕捉与灵活调整。传统活动管理受限于人工观察的片面性与滞后性，难以实现精准调控，而人工智能技术的引入，让实时反馈与动态调整成为可能——通过多维数据的即时解析与自适应响应机制，教育活动得以突破"预设剧本"的限制，真正形成以学生为中心的动态生长模式。

（1）实时反馈的基石在于多模态数据的融合采集。学生的参与状态并非单一维度可以衡量，而是表情、语言、行为、生理信号的复杂综合体。部署在活动现场的智能设备网络，如同无数双"感知之眼"，持续捕捉着这些细微信号：摄像头通过微表情识别技术分析眼角弧度、嘴角肌肉的微小变化，判断学生是专注聆听还是心不在焉；麦克风阵列结合语音情感分析模型，从音调起伏、语速快慢中解析情绪波动；可穿戴设备监测心率变异性、皮肤电导率等生理指标，量化焦虑或兴奋程度；而物联网传感器则能记录身体姿态变化、互动频率、移动轨迹等行为数据。见图 4-22。这些异构数据流通过边缘计算节点进行清洗与对齐，最终汇聚成一张立体的"参与状态热力图"。例如，在职业生涯规划讲座中，AI 系统可能发现后排学生平均心率下降 1.2%、视线偏移频率增加 30%，结合语音活跃度数据，判断该区域注意力涣散风险较高，随即触发预警信号。

（2）动态调整的核心在于算法模型与教育逻辑的深度融合。当实时数据流涌入分析引擎，AI 并非简单执行"发现问题—推送警报"的线性流程，而是基于教育活动特有的规律构建决策树。在团队建设活动中，若监测到某小组讨论时语音情感偏向消极（抱怨类词汇占比超 40%），系统首先会回溯该组的任务进度、成员搭配合理性等背景信息，然后根据预设教育目标生成分级响应策略：初级干预是向组长推送"冲突调解话术指南"，中级干预是自动调整任务难度系数，高级干预则是建议辅导员介入引导。

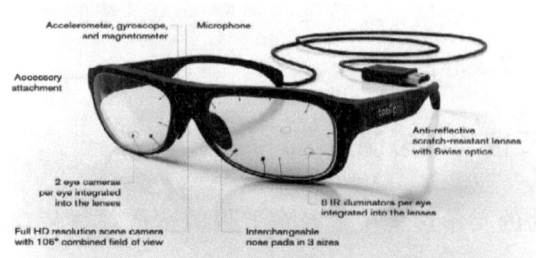

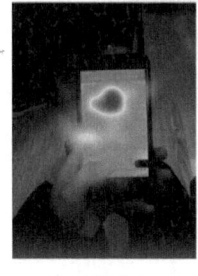 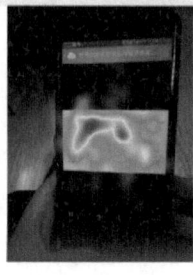 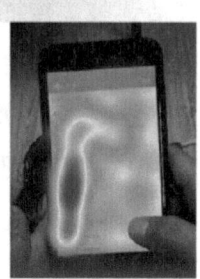

手机阅读文字　　　手机观看视频　　　手机做习题

图 4-22　多模态数据之眼动数据状态热力图

这种决策过程模拟了资深教育工作者的经验判断，但又突破了人类处理多变量问题的认知极限。例如，在跨文化交流工作坊中，AI 发现两位学生因文化认知差异产生争论时，会同步调取他们的过往活动记录——若双方均有多次成功协作经验，则优先发送"共同成果回顾"提示；若属首次合作，则插入文化背景知识卡片，同时将小组任务暂时切换为第三方文化议题讨论，为冲突降温创造缓冲空间。

（3）反馈调节的即时性通过智能终端的无缝联动得以实现。当分析系统生成调整建议后，多种自动化工具组成响应执行网络：在线上研讨会场景，若检测到某学生持续沉默，聊天机器人会向其私信发送定制化提问（如"关于刚才提到的社交恐惧案例，你的经历是否有所不同？"），同时为主持人生成点名建议；在户外素质拓展中，当 GPS 定位显示某小队偏离预设路线超过 200 米，无人机立即升空拍摄实景画面，AI 分析地形后通过智能手环推送三维导航路线，并自动延长该环节时限以保证任务完成度。这种响应不是机械的规则执行，而是具备上下文感知能力的动态适配——同样是调整活动时长，对于因深度投入而超时的小组，系统会保留完整体验并顺延后续环节；对于因效率低下导致的延误，则启动加速程序并压缩非核心内容。

（4）持续学习机制让调整策略随时间推移不断进化。每次活动的反馈数据都会沉淀到 AI 模型训练库中，通过强化学习优化决策路径。例如，在心理团辅活动中，系统最初可能倾向于在检测到焦虑情绪时立即播放放松音乐，但经过多轮数据积累后发现，过早干预反而会抑制学生的自我调节能力成长，于是逐步调整为"先预留 2 分钟自主缓解期，再根据持续时长分级响应"。这种进化能力使得 AI 系统逐步掌握教育干预的"火候"，既避免过度保护削弱学生的抗压能力，又能及时阻止负面情绪的恶性循环。在学风建设活动中，针对晚自习打卡数据的分析模型，会随着学期进程动态调整激励策略——开学初期侧重成就奖励（如连续打卡勋章），期中阶段引入同伴压力机制（显示班级排名），期末时段则强化目标关联（推送个性化复习建议），这种节奏变化完美契合学生学习动机的阶段性特征。

（5）人机协同的边界管理是动态调整可持续运行的关键。虽然 AI 能够处理海量数据并快速响应，但教育情境中的特殊状况仍需人类智慧决断。当系统检测到某学生心率骤升、呼吸急促时，自动推送深呼吸指导视频是合理举措，但若同时监测到该学生反复查看手机且表情焦虑，有经验的辅导员会结合近日校园舆情（如正在进行的奖学金公示），判断是否需要启动深度心理干预。因此，优秀的动态调整系统始终保留"人工复核通道"，在重大策略变更前（如临时终止活动、调整隐私数据收集范围）需要教育者确认授权。这种分工模式既发挥了机器的计算优势，又确保了教育伦理的底线守护——在心理健康主题活动中，AI 可能基于数据趋势建议扩大团体辅导范围，但辅导员需要评估个别学生的创伤经历是否适合公开讨论，从而作出最终决策。

（6）实时反馈与动态调整技术的深化应用，正在重新定义教育活动的形态。它让集体活动不再是被动接受预设内容的容器，而是成为能够感知群体情绪、响应个体差异、动态优化路径的有机生命体。当辩论赛中 AI

实时分析正反方逻辑漏洞并生成追问提示时,当实践教学中系统根据操作准确率动态调整实训难度时,技术不仅提升了教育效率,更在深层次上实践着"因材施教"的教育理想。然而,这种技术赋能始终需要回归育人本质——数据流中的每一个峰值波动,最终都应转化为对学生成长需求的更深理解;算法推演的每一次动态调整,目标都是为教育者创造更多观察、对话、启发的可能性。在这个人机共生的新范式下,班级活动既保持着育人之道的温度,又获得了智能技术的锐度,在动态平衡中持续逼近教育的最优解。

四、长效效果追踪

在班级活动的育人实践中,短期可见的参与热情或即时反馈固然重要,但真正衡量活动价值的往往是其对个体与集体产生的持续性影响。长效效果追踪通过跨越时间维度的数据编织与因果洞察,将零散的活动成果串联成学生成长的完整图景,让教育者得以超越即时性评价的局限,在更宏大的时空尺度上验证教育策略的有效性,并据此构建自我迭代的育人生态系统。

(1)长效追踪的底层支撑是多源异构数据的历时性整合。每一次班级活动都不是孤立事件,其效果如涟漪般扩散至学业表现、心理状态、社交关系等多个领域。人工智能系统通过打通教务管理系统、心理健康平台、校园卡消费记录、宿舍门禁日志等数据孤岛,构建起跨维度的学生发展档案。例如,某次职业规划讲座结束后,系统不仅会追踪学生现场互动数据,还会持续监测其后 3 个月的求职行为(如简历投递量、企业参访次数)、相关课程成绩波动(如职业生涯规划课出勤率),甚至图书馆借阅记录(如职业类书籍借阅频次变化)。这些看似无关的数据流在时间轴上交织,通过知识图谱技术构建因果关系网络——当数据显示参与讲座的学生群体在 2 个月后的实习签约率显著高于未参与者,且其求职焦虑指数下降与信息检索技能提升呈正相关时,活动的长期价值便有了量化佐证。

(2)追踪分析的深度依赖于教育归因模型的建立。面对海量历史数据，简单的相关性分析容易陷入归因谬误。AI系统需模拟教育专家的思维模式，在排除干扰变量后锁定真实影响路径。在学风建设活动中，当发现参与"学霸经验分享会"的学生后续平均学分绩点（GPA）有提升后，系统会通过反事实因果推断模型进行验证：筛选出与参与者学习基础、专业方向相似但未参加活动的对照组，对比两组在相同时间段的成绩变化趋势，排除"自然进步"等外部因素影响。更复杂的情景中，强化学习模型会模拟不同干预策略的长期效果——例如，比较"定期打卡奖励"与"同伴竞争机制"对学习习惯养成的差异化影响，通过数轮虚拟推演找出最优激励组合。这种归因能力使得教育者能精准识别高杠杆率的活动要素，避免把资源浪费在表面热闹却无实质影响的环节。

（3）预测性洞察是长效追踪的进阶价值。当积累足够多的历时数据后，机器学习模型能够从过往活动中提炼出成长规律，进而预判特定教育干预的未来效用。在心理健康教育领域，系统通过分析历届学生参与心理团辅活动后的长期跟踪数据，发现大二阶段介入的社交焦虑干预措施，对毕业季求职自信心的正向预测效力最强。据此，AI会在大一新生入学测评中提前识别潜在风险群体，推荐在大二秋季学期植入特定主题的预防性活动。这种前瞻性规划让班级活动从"问题响应"转向"成长护航"，在关键时间窗口前置教育干预。对于个体而言，预测模型能够描绘个性化成长轨迹——当发现某位学生参与志愿活动后，其情绪稳定性提升速度较常人快27%，系统会在其遭遇学业挫折时优先推荐公益类实践活动作为恢复路径。

（4）可视化叙事让长效效果产生教育共鸣。冰冷的数据需要转化为可感知的教育故事，才能激发师生共同反思与改进的动力。AI驱动的动态数据看板，能够将跨年度的追踪结果转化为时空交叠的成长图谱：用热力地图展示某班级在连续3次团队建设活动后的凝聚力指数迁移路径，用流线图呈现个体参与系列活动时的心理韧性成长曲线，甚至用虚拟校园场景重现历年活动对学生行为模式的塑造过程。在毕业季，系统自动生成的"个人发展年报"成为珍贵礼物——通过对比大一入学时的社交网络分析图与大四时的协作能力评估，学生能直观看到某次辩论赛如何激活他的表达自信，某场志愿活动怎样拓展了他的责任意识。这种数据叙事不仅验证了过往活动的价值，更通过呈现成长细节唤醒学生的自我认知，使效果追踪成为教育活动的重要组成。

（5）闭环反馈机制确保追踪结果反哺实践创新。长效效果数据的终极价值在于驱动教育策略的持续进化。当 AI 分析发现"跨专业协作项目"对毕业生职场适应力的提升效果逐年递减时，会自动回溯教学设计要素：或许是因产业需求变化导致项目选题陈旧。系统随即启动方案优化程序，结合最新就业市场数据生成选题库，这种自我迭代能力使得班级活动设计始终保持生命力，即便面对快速变迁的社会环境与代际特征，仍能通过数据河流的持续滋养，生长出契合时代脉搏的育人新形态。

然而，长效追踪的深化始终面临人文尺度的校准挑战。当系统基于数据趋势建议停办某类历史悠久的传统活动时，可能需要考量其承载的文化记忆价值；当算法为提升就业率指标而过度优化求职类活动比例时，容易忽视学生全面发展的多元需求。因此，教育者需要建立数据与价值的对话机制——在每季度追踪报告生成时，组织师生讨论会共同解读数据背后的教育意义，将量化结论置于人的发展坐标系中重新审视。或许某项看似低效的文学沙龙活动，在追踪数据中未能显现技能提升指标，却在十年后的校友访谈中频频被提及为"人文精神的启蒙地"，这种超越短期量纲的长期价值，正是教育工作者在算法时代需要特别守护的光辉。

长效效果追踪技术的成熟，标志着教育活动评估从经验直觉走向证据驱动的新阶段。它如同为育人工作安装上"时间望远镜"，让那些隐匿在岁月长河中的细微改变得以被看见、被理解、被尊重。当 AI 系统在某个深夜的静默运算中，突然发现 3 年前某次不起眼的班会讨论，竟与今日学生创业团队的合作模式存在显著相关性时，这种跨越时空的教育因果链，正是技术赋能下最动人的育人诗篇。而这一切的终极目标，始终是让每个活动设计都能在时间的检验中，沉淀为支撑学生终身成长的坚实基座。

五、实施建议与注意事项

第一,技术选型需遵循"最小可用"原则,优先解决核心痛点。面对市场上纷繁复杂的 AI 工具,辅导员应回归教育场景的真实需求,避免陷入"为技术而技术"的误区。例如,对于信息化基础薄弱的学校,初期可从低代码平台切入,使用企业微信的智能表单自动收集活动报名信息,或借助腾讯文档的 AI 助手快速生成活动总结模板;随着系统成熟度提升,再逐步引入情感识别、预测分析等进阶功能。

第二,技术部署要注重与现有生态的兼容性——若学校已建有统一身份认证系统,新的 AI 工具应支持单点登录,避免让学生重复注册多个平台。在预算有限的情况下,可优先选择具有教育场景定制化服务的供应商,如阿里云教育版智能对话机器人(见图 4-23)、科大讯飞课堂分析系统(见图 4-24)等,这些工具往往预置了适合班级管理的功能模块。

图 4-23 阿里云智能对话机器人

第三,数据伦理建设是技术应用的生存底线。在活动数据采集的全生命周期中,需要建立严格的隐私保护机制。面部识别签到系统应默认开启"去标识化"模式,将人脸特征转化为不可逆的哈希值存储;语音情感分析需在本地设备完成特征提取,仅上传脱敏后的情绪标签而非原始音频;

图 4-24　科大讯飞智慧教育课堂

行为轨迹数据收集必须遵循"知情—同意"原则，每次活动前提供清晰易懂的数据使用说明，并允许学生自主关闭特定传感器的授权。更重要的是，要警惕数据滥用带来的异化风险——当 AI 系统通过学业数据预测学生参与某类活动的"收益率"时，应避免形成算法驱动的强制性参与机制，保留学生自由选择的权利。建议设立由教师、学生代表和技术人员组成的数据伦理委员会，定期审查算法模型的公平性与透明度。

第四，人机协同需要明晰责任边界，构建互补型工作流。在活动策划阶段，AI 可负责需求分析、方案生成等结构化任务，而辅导员需主导价值判断与文化适配；在执行过程中，聊天机器人处理标准化咨询，辅导员则聚焦深度沟通与情感支持；在效果评估时，机器提供量化指标，人类结合质性观察进行综合解读。这种分工需通过制度固化，例如，在智能管理平台中设置"人工复核节点"——当 AI 建议对长期缺席活动的学生启动自动化干预程序时，必须经辅导员审核后才能触发短信提醒。同时，要保留纯粹由人类主导的活动形式，如每月一次的线下茶话会，不使用任何数字记录设备，以此维系教育场域中不可替代的情感温度。

第五，师生数字素养的提升是技术落地的基础工程。许多学生对人工智能技术的认知仍停留在娱乐化工具层面，需要通过培训建立正确的技术观。在活动筹备阶段，可设计"AI透明化工作坊"，向学生展示算法如何分析他们的需求、生成活动方案，并开放部分参数的调整权限；执行过程中，鼓励学生反思技术介入的边界，例如，讨论"人脸签到是否比纸质签到更尊重参与者"。对于辅导员群体，除了操作技能培训，更需要培养数据思维——理解如何将AI输出的参与度曲线转化为教育洞察，而非简单追逐指标提升。建议将技术伦理课程纳入辅导员继续教育体系，定期邀请人文学者与技术专家开展跨界对话，防止工具理性挤压辅导员的价值判断能力。

第六，系统迭代应建立双向反馈机制，避免技术路径依赖。AI模型的效果会随学生代际更替、社会环境变迁而衰减，需要构建动态优化机制。每次活动结束后，系统不仅要收集学生的直接反馈，还应通过自然语言处理挖掘社交媒体上的非结构化评价；定期举办"技术吐槽大会"，鼓励师生用便签纸写下对AI工具的困惑与批评，这些感性认知往往是算法难以捕捉的重要改进线索。在技术升级时，要采用"微创式更新"策略——例如，原有的人工签到通道继续保留6个月，让师生逐步适应人脸识别系统，而非强制断崖式切换。同时警惕"功能蔓延"风险，新增功能需通过教育价值评估，防止系统复杂度超出师生的认知负荷。

第七，风险预案的制定需覆盖技术失灵与伦理冲突场景。在户外活动中，应预设定位信号中断时的备用通信方案（如蓝牙Mesh网络）；线上平台要定期进行压力测试，防止高并发访问导致系统崩溃。更关键的是对算法偏见的防范：当发现AI持续推荐男生参与科创活动、女生参与文艺活动时，需立即启动模型审计，检查训练数据是否存在性别刻板印象。对于可能引发争议的技术应用（如基于课堂视频的专注度评分），建议先行在小范围试点，组织师生听证会充分讨论后再决定是否推广。此外，要建立技术退出机制——如果某AI工具的使用导致班级凝聚力下降，即使前期投入巨大也应果断停用，重新回归教育规律本身。

人工智能在班级活动管理中的深度渗透，本质上是一场教育关系的重构。当机器逐渐接手流程性工作时，教育者更需要思考如何重新定位自身价值——或许是在学生盯着 AR 眼镜里的虚拟场景时，轻声询问"你如何看待现实与虚幻的边界"；或许是在算法推送的精准活动推荐之外，故意保留一些"不为什么"的月光下的夜谈。技术可以优化活动的组织形式，但那些意料之外的沉默、突如其来的欢笑、计划之外的对话，才是教育过程中最珍贵的部分。唯有将技术的精确性与教育的模糊性有机结合，才能在效率与温度之间找到真正的平衡点，让人工智能真正成为照亮育人之路的明灯，而非遮蔽星空的人造穹顶。

第四节 应用案例——以人工智能技术为基础的智慧党建平台

一、江汉大学"VR+党建"智慧平台

江汉大学人工智能学院针对传统党建教育形式单一、时空限制等问题，创新性地将虚拟现实（VR）、增强现实（AR）技术与党建工作深度融合，打造了"VR+党建"智慧平台。该平台以沉浸式体验为核心，通过智能眼镜、机器人讲解员等设备，将革命遗址和红色历史场景数字化。例如，学生可通过 VR 设备"云参观"红二十五军长征出发地等红色教育基地，同时参与党史知识问答和红色校园骑行互动项目。此外，学校鼓励学生团队利用无人机、云台等技术对红色遗址进行实地数字化采集，制作全景影像，既提升了学生的专业技能，又深化了学生对红色文化的理解。目前，该平台已覆盖校内外联动场景，如与麻城市第二中学合作开展沉浸式党史学习教育，并推广至小学科普活动。学生反馈显示，党建学习的参与度和体验感显著提升，党员教育阵地实现了"线上+线下"无缝衔接。这一案例被纳入 2024 年湖北省网络文明建设创新实践案例，成为高校党建数字化转型的标杆，为其他院校提供了"技术+教育"融合的可复制模式。

二、鄂尔多斯应用技术学院 AI 语音交互党建系统

鄂尔多斯应用技术学院信息工程系基于人工智能技术，设计了一款以"党徽"为核心视觉的智能语音交互系统，旨在强化基层党建的互动性与便捷性。该系统集成了语音交互、无线触控、灯光控制等 10 个子模块，外观融合红色元素，兼具教学与党建功能。学生可通过语音提问快速获取党史知识，同时系统实时展示"单片机原理""传感器技术"等课程的代码逻辑，将专业学习与党建教育结合。例如，学生开发团队通过校企合作与中维科技共同升级系统，引入图像识别技术扩展应用场景。该系统不仅服务于低年级学生的专业启蒙，还为党员提供智能化的党建知识检索服务。学生参与系统开发后，实践创新能力显著提升。该系统形成了"人工智能＋党建"的特色品牌，为基层党建工作提供了硬件与软件协同创新的范例，未来计划推广至其他院校和企业。

三、宁波大学"智慧党建"小程序

宁波大学信息科学与工程学院为解决党建信息碎片化、流动性管理难等问题，开发了一款基于北斗定位和移动端技术的"智慧党建"小程序。该程序整合了党员发展、线上投票、志愿服务等功能模块，支持"一人一账户"管理模式。通过北斗系统定位，小程序可精准实现会议签到及假期留校学生动态监控，在新冠疫情期间显著提升了安全管理效率。例如，线上党务流程简化了党员发展审批环节，自动化生成会议记录和党员信息表等功能减少了人工统计工作量。程序上线后覆盖信息科学与工程学院 1369 名用户，解决了多支部信息分散的问题。其设计理念被南京等地企业借鉴用于党建平台搭建，成为高校基层党建移动化、智能化的典型应用。该案例通过技术赋能，推动组织生活规范化，为全国高校党建数字化改革提供了可操作性模板。

四、平云科技"红色数智党政一站式服务"

平云科技智慧党建平台是以"人工智能＋大数据"为核心驱动的数字

化党建解决方案,旨在通过技术手段实现党建工作标准化、流程化、智能化,解决传统党建中"管理低效""考核滞后""党员分散"等痛点。见图4-25。其核心价值包括全流程闭环管理:覆盖党员发展、组织生活、教育培训、监督考核等全周期党务流程,实现"工作留痕、过程留痕、政绩留痕"。数据驱动决策:通过AI算法分析党员行为数据,生成个性化学习方案和党员画像,辅助党组织精准识别薄弱环节。未来,其应用场景将进一步深化,计划与VR、大数据等技术结合,探索元宇宙党建等创新方向。

图4-25 平云科技党建解决方案

第五章
学风建设工作中的数智能力和应用方法

大学学风建设是高等教育高质量发展的根基性工程,其本质在于构建学术共同体的精神秩序与文化生态。严谨求实的学术风气通过制度规约与价值浸润双向作用,既以科研伦理规范遏制学术失范行为,保障知识创新的纯粹性,又以批判性思维训练重塑学生的认知范式,使创新意识与问题意识成为学术探索的内生动力。《中国教育现代化2035》提出的"推动信息技术与教育教学深度融合"战略目标,揭示了人工智能重构学风建设生态的必然性。传统依赖经验判断、粗放管理的学风治理模式,因辅导员数智能力不足而难以精准适配学生动态化、个性化的学习特征,导致学业预警迟滞、辅导资源错配等结构性矛盾。人工智能通过数据穿透力与算法洞察力,推动学风建设从经验驱动转向数据驱动,其核心价值在于为辅导员新质思政工作能力提供技术支撑——通过学业状态实时监测实现精准干预,依托智能诊断优化资源供给策略,最终构建"识别—响应—赋能"的闭环育人机制,破解共性化教育与个体潜能激发之间的实践困境。

本章聚焦人工智能技术如何破解学风建设痛点，推动教育治理从"经验判断"向"数据决策"、从"群体覆盖"向"个体赋能"的深刻转型，为个性化培养新时代创新型人才开辟了充满可能性的智能教育新图景。

第一节 学情检测与分析

在高校教育管理中,学情检测与分析是辅导员工作的重要组成部分。它有助于辅导员全面了解学生的学习状况、心理状态和行为特征,从而为学生的成长提供个性化指导。随着人工智能技术的快速发展,其在学情检测与分析中的应用日益广泛,为辅导员工作带来了新的机遇和挑战。

一、背景

(一)学情检测与分析的重要性

在当今高等教育快速发展的时代背景下,学情检测与分析作为高校辅导员工作的核心环节,其地位和作用日益凸显。其在教育决策、学生发展导向以及教学质量提升中起关键作用。见图 5-1。

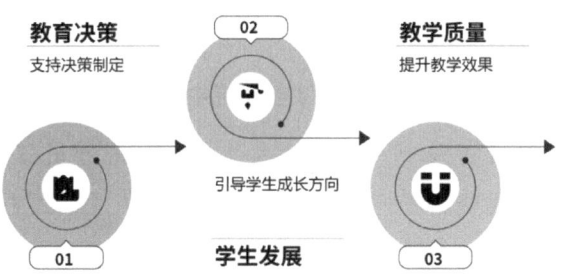

图 5-1 学情检测与分析的重要性

作为教育决策的依据,学情检测与分析成为辅导员深入了解学生状况的窗口。辅导员通过对学生学习成绩、行为习惯、心理健康等数据的综合分析,能够为教育管理部门提供科学、客观的决策依据。这种基于数据的决策模式,有助于优化教育资源配置,确保教育政策的针对性和有效性,从而推动教育事业的健康发展。

第一,学情检测与分析在学生发展的导向作用上表现得尤为明显。在个性化教育理念日益受到重视的今天，辅导员通过准确把握学情，能够洞察学生的个性化需求，有针对性地制定教育方案。这种以学生为中心的教育模式，充分尊重了学生的成长规律，有助于激发学生的学习兴趣和潜能，为学生的全面发展奠定坚实基础。

第二，学情检测与分析是教学质量提升的关键所在。通过对学情的深入分析，辅导员能够及时发现教学过程中存在的问题，如课程设置不合理、教学方法不适应等。这些反馈信息对于教师改进教学策略、调整教学内容具有重要意义。在此过程中，学情检测与分析充当了教学质量监控的重要角色，为教师持续改进教学效果提供了参考依据，进而促进教学质量的全面提升。

在实际操作中，学情检测与分析的方法和手段也在不断创新。大数据、云计算、人工智能等现代信息技术的应用，为辅导员提供了更为高效、精准的工作支持。例如，通过构建学生画像，辅导员可以实时掌握学生的学习状态，预测学生的发展趋势，从而实现精准辅导。此外，学习预警系统的建立，使得辅导员能够在学生出现学业问题时及时介入，有效降低学业风险。

（二）人工智能技术在学情检测与分析中的应用现状

在高等教育管理实践中，学情检测与分析是辅导员工作的重要基石，它关乎学生的学业成就、心理健康和未来发展。人工智能技术的融入，为这一传统领域带来了革命性的变革。通过对学生数据的深度挖掘和智能分析，人工智能技术不仅提升了数据分析的广度和深度，而且为辅导员的决策提供了前所未有的精准度。

基于数据驱动的决策支持系统，利用先进的数据采集技术和算法模型，能够从学生的学习成绩、在线互动、图书馆借阅、心理健康评估等多个维度，构建起全方位的学生画像。这种画像不仅揭示了学生的学业表现，更揭示了其学习行为背后的深层次动因和趋势。在这个过程中，人工智能技术的应用不是简单的数据汇总，而是通过复杂的模式识别和预测分析，为辅导员提供了关于学生学业风险的早期预警，以及针对个体差异的干预策略。

智能分析工具的运用，使得学情检测不再局限于对历史数据的回顾，而是能够实时监控学生的学习状态，及时发现潜在问题。例如，通过分析学生的在线学习行为，可以识别出学习参与度低的学生群体，进而采取措施提高其学习动力。同时，自然语言处理技术的应用，使得辅导员能够从学生的文本反馈中，提取出情感倾向和关键议题，从而更加精准地把握学生的思想动态。

在个性化服务模式方面，人工智能技术的应用实现了从传统的"一刀切"教育模式向个性化、差异化教学转变。通过分析学生的学习偏好、知识掌握程度和认知风格，人工智能系统能够推荐最适合学生的学习路径和资源，从而最大化学习效果。这种个性化的服务模式，不仅提高了教育的有效性，也体现了教育的人文关怀，促进了学生的个性化发展。

然而，人工智能技术在学情检测与分析中的应用并非没有挑战。数据隐私保护、算法透明度、技术依赖性等问题，都是辅导员在应用人工智能技术时必须面对的伦理和法律问题。因此，如何在确保学生信息安全的前提下，合理利用人工智能技术成为一个亟待研究的课题。

二、学情检测与分析的方法论

（一）数据采集

随着信息技术的飞速发展，人工智能技术在教育领域的应用日益广泛，尤其是在学情检测与分析方面，它为辅导员提供了一种全新的视角和方法。数据采集作为学情检测与分析的基础，其内涵和外延已经远远超越了传统的简单记录，而是涵盖了学生个体特征、学习行为、学业成绩和心理状态等多个层面的综合信息。

在学生个体特征的数据采集上，不仅要关注学生的基本信息，如性别、年龄、专业等，更要注重挖掘学生的兴趣爱好、特长、学习动机等深层次特征。这些数据的收集，有助于辅导员更好地了解学生的个性化需求，为实施差异化教育提供依据。在此基础上，人工智能技术的应用使得这些数据的分析更加高效，能够快速识别学生的群体特征和个体差异，为辅导员制定教育策略提供了精准的参考。

在学生学习行为的监测上，人工智能技术的介入使得数据采集更加全面和细致。通过智能课堂管理系统、学习分析工具等，可以实时记录学生的课堂参与度、作业完成情况、在线学习时长等数据。见图5-2。这些数据不仅反映了学生的学习习惯和投入程度，还能够通过模式识别和趋势分析，预测学生的学习成效，为辅导员提前介入提供可能。

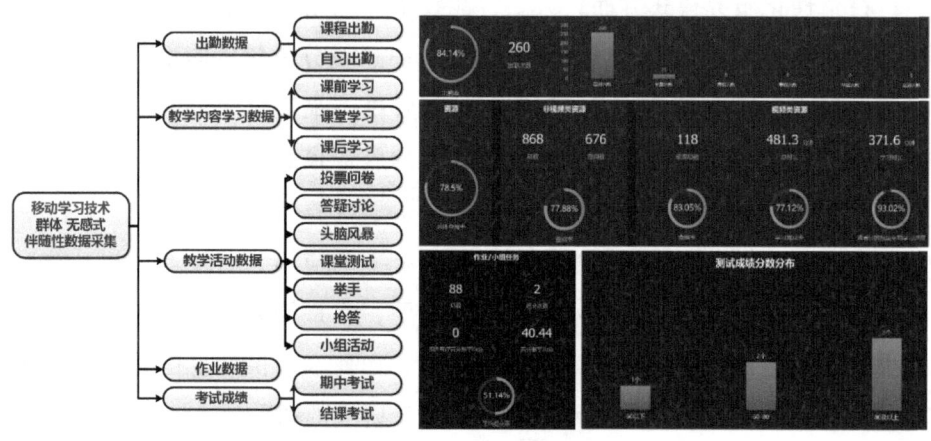

图5-2 行为数据采集

学业成绩的数据分析，是评估学生学习成果的重要手段。人工智能技术能够处理大量的成绩数据，通过数据挖掘和机器学习算法，揭示成绩背后的影响因素。这种分析不仅能够帮助辅导员识别学业困难的学生，还能够为教学改革提供数据支持，优化教学方法和内容，提高教学质量。

心理健康数据的采集与分析，是辅导员工作中不可或缺的一环。利用人工智能技术，通过情感分析、行为模式识别等，对学生的心理健康状况进行实时监测。这些数据的有效利用，有助于辅导员及时发现学生潜在的心理问题，采取相应的干预措施，保障学生的心理健康。

此外，人工智能技术在学情检测与分析中的应用，还体现在对教育资源的优化配置上。通过对学生学习数据的深入分析，可以精准地推送适合学生的学习资源，实现个性化学习。这种智能推荐系统，不仅提高了学习效率，也增强了学生的学习兴趣和自主学习能力。

在实践过程中，要始终坚持数据采集的准确性、完整性和及时性原则，确保数据分析的质量。同时，要高度重视数据安全和隐私保护，遵循相关法律法规，采取技术手段和管理措施，保护学生的个人信息不被泄露和滥用。

（二）数据处理

随着信息技术的飞速发展，数据清洗成为预处理数据的必要环节，通过去噪、填补缺失值和数据一致性处理，可以消除数据集中的错误和不一致性，确保了后续分析的基线质量。在此基础上，数据挖掘技术的应用，如关联规则和序列模式挖掘，能揭示学生行为背后的潜在规律，为辅导员提供了洞察学生动态的窗口。这不仅有助于理解学生的学习习惯和成绩之间的关系，还能够预测学生的未来行为，从而为辅导员的干预策略提供依据。

进一步，数据分析环节通过描述性统计和推断性统计方法，将数据转化为有意义的信息，这些信息对于辅导员的决策制定至关重要。描述性统计能提供学生群体的整体概况，而推断性统计则能从样本数据中推断出总体特征，进而评估不同教育措施的效果。预测模型的构建，则是在这些分析基础上，利用历史数据预测学生的学业表现，为辅导员提供了前瞻性的决策支持。

（三）模型构建与应用

在高校辅导员的工作中，学情检测与分析是提升教育管理效能、促进学风建设的关键环节。在这个过程中，模型构建与应用扮演着至关重要的角色，它从机器学习模型、深度学习模型以及模型评估与优化三个层面，为辅导员提供了深入洞察学生状态、精准预测学习趋势的有力工具。

第一，机器学习模型在学情检测与分析中的应用，为预测学生的学习趋势提供了强大的算法支持。分类算法，如决策树、支持向量机（SVM）等，能够帮助辅导员对学生进行分类，识别出不同特征的学生群体，从而实施针对性的教育策略。例如，通过分类模型，可以识别出哪些学生可能面临学业困难，进而提前介入，提供必要的辅导和支持。通过回归算法，如线性回归、岭回归等，则可以预测学生的学业成绩，分析影响成绩的各种因素，为辅导员提供决策依据。通过聚类算法，如 K-means、DBSCAN 等，则能够发现学生中的自然群体，帮助辅导员更好地理解学生行为的多样性。

第二，深度学习模型的应用为处理复杂的学生数据提供了更为先进的手段。深度学习，尤其是神经网络技术，能够从海量的学生数据中提取出高层次的特征，这些特征往往是传统统计方法难以捕捉的。例如，卷积神经网络（CNN）可以用于分析学生的文本数据，如作业、论坛帖子等，从而揭示学生的情感状态和学习态度。见图 5-3。而循环神经网络（RNN）及其变体长短期记忆网络（LSTM）则擅长处理时间序列数据，能够用于分析学生的学习行为模式，预测未来的学习趋势。见图 5-4、图 5-5。

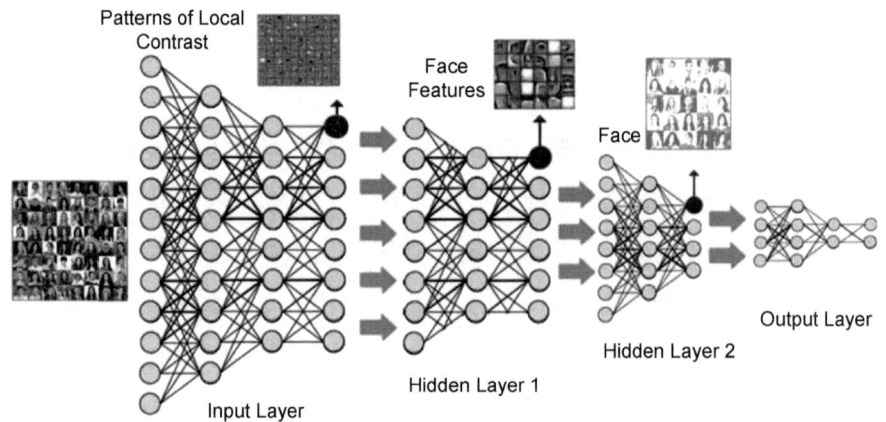

图 5-3 卷积神经网络（CNN）

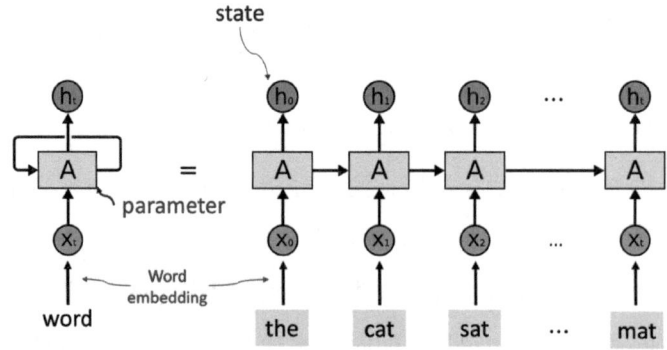

图 5-4 循环神经网络（RNN）

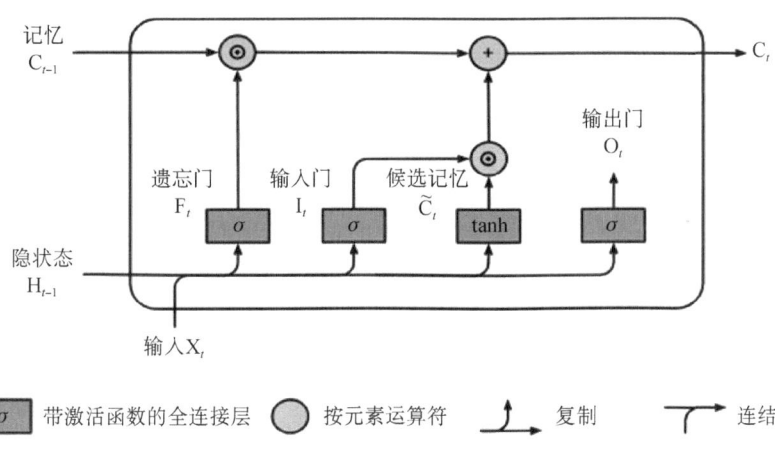

图 5-5 变体长短期记忆网络（LSTM）

第三，模型评估与优化是确保模型在实际应用中发挥效能的关键步骤。交叉验证是一种常用的模型评估方法，它通过将数据集分为多个子集，多次训练和测试模型，以获得更为可靠的性能评估结果。此外，模型调参也是优化模型性能的重要环节。通过调整模型的参数，如学习率、隐藏层节点数等，可以显著提高模型的预测精度和泛化能力。在这一过程中，网格搜索、随机搜索等自动化调参技术得到了广泛应用，它们能够系统地探索参数空间，找到最优的模型配置。

在模型构建与应用的过程中，还必须注意以下几点：首先，数据的质量直接影响模型的性能，因此在进行模型训练之前，必须对数据进行彻底的清洗和处理。其次，模型的复杂度需要与问题的复杂度相匹配，过简或过复杂的模型都可能导致预测效果不佳。最后，模型的解释性也是不可忽视的因素，特别是在教育领域，模型的可解释性有助于辅导员更好地理解和信任模型的结果，从而采取相应的教育措施。

三、人工智能技术在学情检测与分析中的应用案例——中国石油大学（北京）"数智 SPOC"平台

在当今教育信息化浪潮中，中国石油大学（北京）理学院自主打造设计了"数智 SPOC"平台，其作为人工智能技术在高校辅导员工作中应用

的典范，深刻揭示了学情检测与分析在现代教育管理中的重要作用。该平台通过构建学生画像和实施学习预警两大功能，不仅提升了辅导员工作的科学性和前瞻性，而且为个性化教育提供了强有力的数据支持。见图5-6。

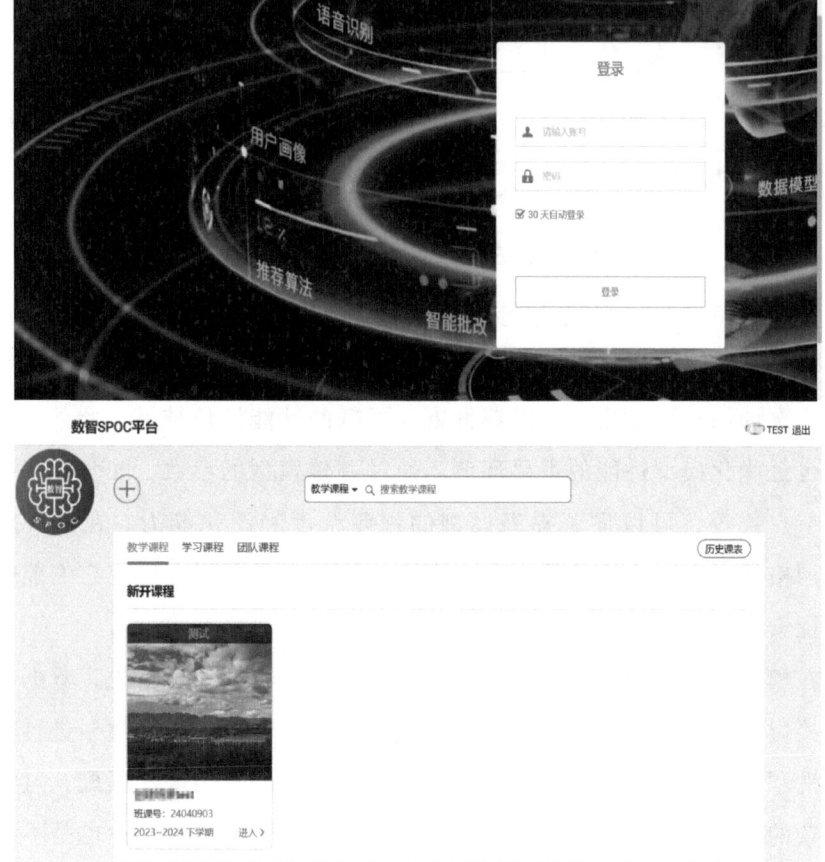

图5-6 "数智SPOC"平台登录及首页界面

（一）学生画像构建

"数智SPOC"平台的学生画像构建功能，通过收集和分析学生在签到、作业提交、讨论区互动、测试成绩等多方面的数据，为辅导员呈现了一个全面、动态的学生信息视图。这一功能不仅涵盖了学生的学习行为，还涉及社交行为和情感状态，使得辅导员能够全方位地了解学生，为个性化教育方案的制定提供了坚实基础。学生画像的动态更新特性，确保了辅导员能够实时掌握学生的最新情况，从而及时调整教育策略。

在数据收集阶段，"数智SPOC"平台充分利用了学生在日常学习活动中产生的数据。这些数据包括但不限于签到记录、作业提交情况、讨论区互动内容和测试成绩等。这些多维度的数据积累为后续的分析提供了宝贵的信息资源。每一个数据点都像是学生行为的缩影，它们共同构成了学生学习生活的全貌，为辅导员提供了深入了解学生的窗口。见图5-7。

图5-7 "数智SPOC"课堂活动数据收集界面

在特征分析阶段，"数智SPOC"平台运用数据分析技术，对这些数据进行深度挖掘和解读。通过对作业提交的时间规律和质量水平进行分析，可以识别出学生的学习习惯，比如，是否有拖延症、是否在特定时间段内学习效率更高。同时，通过讨论区的发言内容，可以洞察学生的兴趣爱好、思考模式和交流风格。这种特征分析不仅揭示了学生的学业表现，还反映了他们的个人特质和社交倾向。

在画像生成阶段，"数智SPOC"平台将特征分析的结果综合起来，为学生构建了一个立体化的个人画像。这样的全面画像使得辅导员能够从多个角度审视学生，更好地理解学生的整体情况，为实施个性化教育提供了坚实的基础。见图5-8。

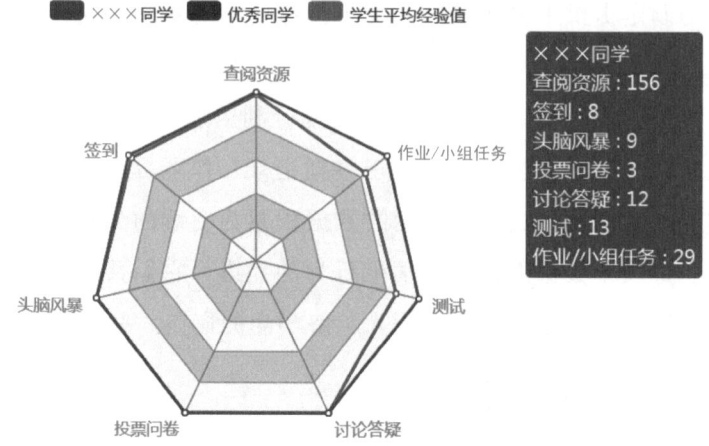

图 5-8 构建学生个人数据"立体画像"

值得一提的是,学生画像不是静态的,而是随着学生行为的不断变化而实时更新。这种动态更新的机制确保了辅导员能够及时捕捉到学生的最新动态,无论是学业上的进步还是遇到的挑战,都能第一时间反映在画像上。这样,辅导员就能基于最新的数据作出更加精准、及时的教育决策,从而提高教育干预的效果。

(二)学业预警系统

"数智 SPOC"平台可以针对每个学生的数据画像进行学业预警,通过机器学习算法对学生的学习成绩和行为数据进行深度挖掘和预测分析,旨在提前识别和预防潜在的学业风险,从而保障学生顺利完成学业。

"数智 SPOC"平台采用了逻辑回归、决策树等先进的机器学习算法,这些算法能够从历史数据中学习到学业风险的模式和特征。通过对大量历史案例的分析,模型能够识别出哪些因素与学业失败密切相关,如频繁的缺课记录、作业迟交、考试成绩波动等。这些因素被作为特征纳入模型,使得预警模型能够具备预测未来学业风险的能力。

利用已经构建好的预警模型,对学生的实时数据进行监测和分析。例如,当模型检测到某位学生的成绩连续出现下滑趋势,或者该学生参与课堂互动的活跃度明显降低时,系统会自动触发预警机制。这种基于数据的预测分析,为辅导员及时干预提供了依据,使得教育管理工作更加精准和高效。

在检测到学业风险后,系统会立即向辅导员推送详细的预警信息。这些信息不仅包括学生的风险点,如可能的挂科科目、学习态度问题等,还包括可能的原因分析,如个人原因、环境因素等,以及一系列的建议干预措施。这样的信息推送,使得辅导员能够迅速了解情况,并采取相应的行动。

辅导员在接收到预警信息后,可以根据学生的具体情况,有针对性地实施干预。干预措施可能包括但不限于与学生进行一对一的深入交流,了解其学习困难的具体原因;提供额外的学习资源和辅导,帮助学生弥补知识漏洞;调整教学方法和课程内容,以适应学生的学习需求;甚至联系家长,共同制定支持学生成长的教育方案。见图5-9。

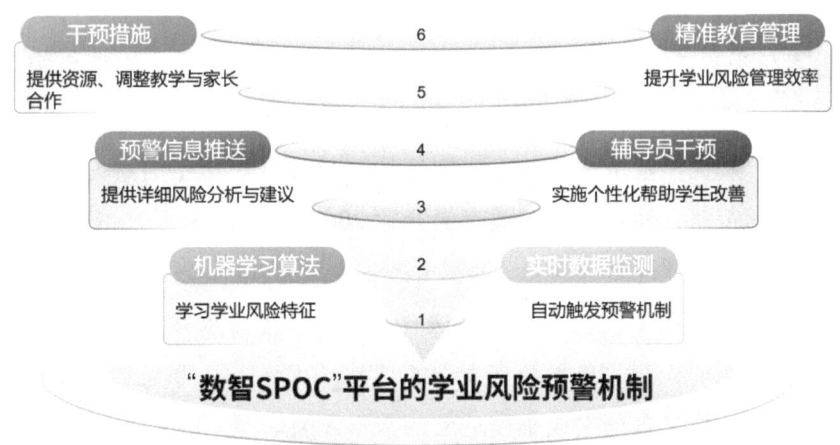

图 5-9 "数智 SPOC"平台的学业风险预警机制

总而言之,"数智 SPOC"平台的学习预警功能通过预警模型构建、预测分析、预警信息推送和干预措施实施四个环节,形成了一个闭环的管理体系。这一体系不仅提高了辅导员工作的前瞻性和有效性,也为学生的学业成功提供了强有力的支持。通过这种智能化的预警机制,能够更早地发现学业风险,更及时地采取干预措施,从而真正实现以学生为中心的教育理念,推动高校辅导员工作向高质量发展迈进。

第二节　智能辅导与答疑

一、智能辅导概述

(一) 智能辅导的定义与特点

智能辅导（Intelligent Tutoring Systems，ITS）是人工智能技术在教育领域的典型应用，其通过整合自然语言处理（NLP）、机器学习（ML）及知识图谱（Knowledge Graph）等技术，构建具备自动化与个性化特征的学习支持系统。根据 Anderson 等（1995）提出的认知导师理论，智能辅导系统的核心目标在于模拟人类教师的认知过程，通过数据驱动的多维度分析（如学习行为追踪、知识掌握度评估、情感状态识别等），为学生提供实时、精准的学术指导与答疑服务。例如，卡内基梅隆大学开发的"Cognitive Tutor"系统，基于 ACT-R 认知架构，通过分析学生的解题步骤，动态调整教学策略，使数学学习效率提升达20%—30%。

智能辅导的显著特点包括：

（1）自动化与智能化：利用算法自动识别学生需求并生成反馈，减少人工干预。例如，荷兰乌得勒支大学的"Math Garden"系统通过实时分析学生的答题模式，自动生成难度适配的数学题目。

（2）个性化适配：基于学生的学习行为、知识掌握程度和兴趣偏好，提供定制化学习路径。例如，美国 Knewton 平台通过自适应学习算法，为每位学生生成独特的课程计划，覆盖知识点强化和薄弱环节突破。

（3）实时响应与可扩展性：支持 7×24 小时服务，突破传统辅导的时空限制，并可通过云计算弹性扩展服务容量。

（4）数据驱动的持续优化：利用学习分析技术（Learning Analytics）持续迭代模型，提升辅导效果。例如，澳大利亚 Deakin 大学的"Student Success Hub"通过分析学生历史数据，动态优化干预策略，使学业风险预测准确率提升至 85%。

(二) 智能辅导与传统辅导的差异

传统辅导依赖教师的经验与直觉,存在效率低、覆盖面窄、反馈滞后等问题,而智能辅导通过技术手段实现了教育模式的革新。两者之间的差异见表 5-1。

表 5-1　　　　　　　　智能辅导与传统辅导的差异

维度	传统辅导	智能辅导
互动方式	面对面交流为主,依赖语言与肢体表达	多模态交互(语音、文本、虚拟现实),支持异步沟通
资源利用	受限于教师个人知识储备与教材内容	整合海量资源(慕课、学术数据库、开源代码库),并通过语义匹配动态推荐
反馈效率	反馈周期长(如作业批改需1—3天)	即时反馈(如解题错误提示、知识点关联推荐)
覆盖范围	受师资与场地限制,难以服务大规模群体	通过云端部署,可同时服务数万名学生
理论基础	基于经验主义与行为主义教学理念	融合建构主义、认知负荷理论及教育数据科学

例如,北京大学"小元"智能辅导系统通过分析学生的在线学习轨迹,自动生成知识点薄弱环节报告,帮助教师调整教学策略。而传统辅导中,教师需手动批改作业并归纳共性问题,效率不足智能系统的 1/5。

二、人工智能技术在智能辅导与答疑中的应用

(一) 语音识别与自然语言处理:实现人机交互,提高辅导效果

语音识别技术(ASR)与自然语言处理(NLP)是智能辅导的核心技术。ASR 将学生的语音输入转化为文本,NLP 则解析文本的语义和意图。例如,清华大学开发的"智学助手"支持语音提问,系统通过意图识别算法(如基于 Transformer 的 BERT 模型)匹配知识库中的答案,并以语音或文本形式反馈。见图 5-10。

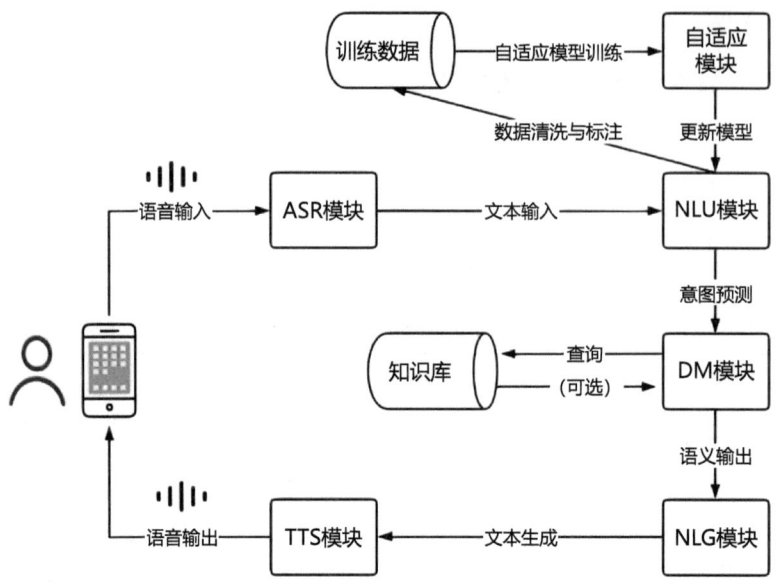

图 5-10　语音识别与自然语言处理

（1）意图识别与语义解析：NLP 技术通过依存句法分析（Dependency Parsing）和命名实体识别（NER），精准提取问题的关键要素。例如，当学生提问"如何证明勾股定理？"时，系统识别出"证明"为动作意图，"勾股定理"为目标实体，进而调用几何知识库中的证明步骤与可视化动画。

（2）情感分析与适应性反馈：通过情感分析模型（如 VADER 或 RoBERTa），系统可识别学生的困惑或焦虑情绪，并调整反馈策略。例如，若检测到学生多次提问同一问题且情绪负面，系统可自动调低题目难度或提供鼓励性话语。

（二）知识图谱：构建学科知识体系，为辅导提供有力支持

知识图谱通过结构化表示学科知识点及其关联关系，为智能辅导提供语义支持。例如，复旦大学构建的"计算机科学知识图谱"涵盖编程语言、算法、数据结构等 5000 余个节点，系统可根据学生的知识盲点推荐学习路径。

图 5-11 所示为中国石油大学（北京）利用人工智能技术构建的"大庆精神"知识图谱。

第五章 学风建设工作中的数智能力和应用方法

图 5-11 利用人工智能技术构建"大庆精神"知识图谱

（1）动态知识关联：当学生提问"如何优化冒泡排序算法？"时，知识图谱自动关联时间复杂度、分治策略、空间复杂度等知识点，生成多维度解答。同时，系统推荐相关学习资源（如《算法导论》第二章、LeetCode 练习题）。

（2）跨学科整合：知识图谱可打破学科壁垒，促进跨领域学习。例如，在解答"机器学习中的梯度下降原理"时，系统关联数学中的微积分知识与计算机科学中的优化算法，帮助学生构建完整认知框架。

（三）AI 智慧答疑系统

AI 智慧答疑系统结合搜索引擎、语义匹配和生成式模型（如 GPT-4），实现复杂问题的精准解答。例如，上海交通大学"思源问答"系统通过预训练模型理解学生问题，并从学术论文、课程资料中提取答案。其关键技术包括：

（1）多模态问答：支持文本、图像、公式混合输入。例如，学生上传一道包含数学公式的题目图片，系统通过 OCR 识别公式内容，调用 Mathematica 引擎求解并生成分步解析。

（2）生成式答案合成：利用 Seq2Seq 模型或 T5 模型，将分散的知识点整合为连贯的答案。例如，针对"人工智能的伦理挑战"，系统综合技术、哲学、法律等多领域内容，生成结构化论述。

（3）多轮对话管理：通过对话状态跟踪（DST）技术，支持上下文关联的持续交互。例如，学生追问"梯度下降的收敛条件是什么？"，系统基于前序对话中的"优化算法"主题，提供数学证明与实例演示。

图5-12所示为AI智慧答疑系统后台数据界面。

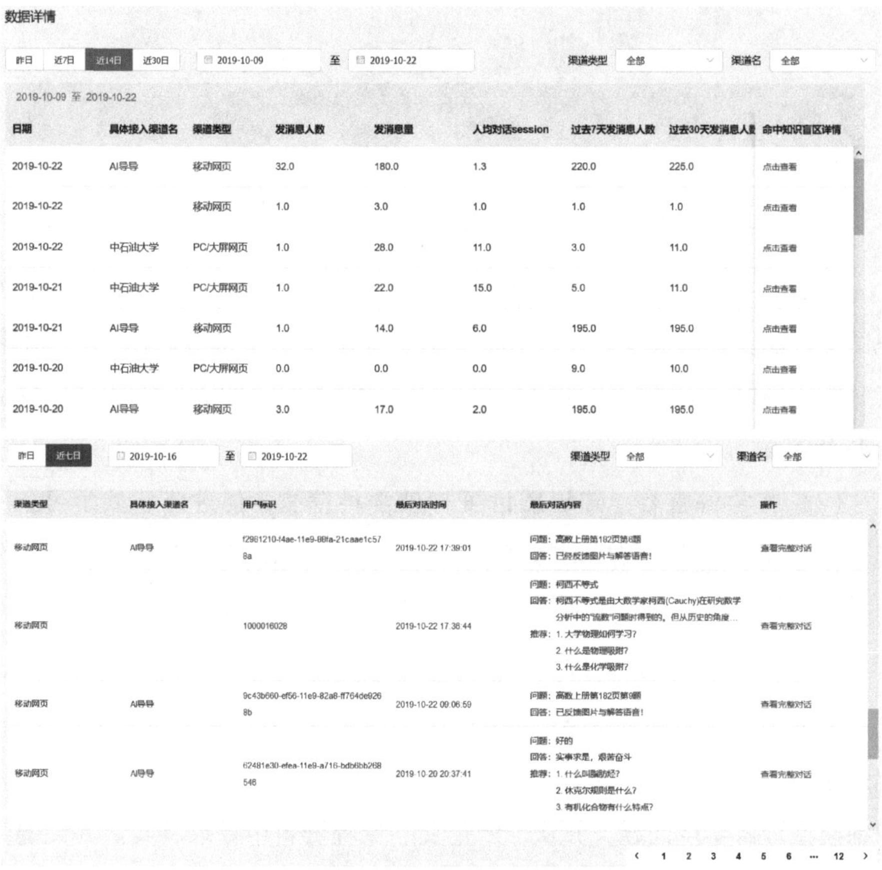

图5-12　AI智慧答疑系统后台数据界面

第三节　个性化学习资源推荐

一、个性化学习资源推荐概述

个性化学习资源推荐是一种基于学习者多维数据（如历史行为、认知水平、兴趣偏好等）的动态匹配技术，其核心目标是解决教育场景中普遍存在的"信息过载"与"学习低效"问题。在传统模式下，学习者往往需要耗费大量时间在资源搜索与筛选上，而个性化推荐通过智能算法，能够显著降低这一成本。例如，美国教育技术协会（ISTE）的研究表明，在传统学习过程中，学生平均需要花费30%的时间搜索资源，而个性化推荐可将这一比例压缩至10%以下。慕课平台Coursera通过分析用户的学习轨迹与知识掌握程度，为其推荐适配课程，使课程完成率提升了35%。

个性化推荐更深层次的价值体现在对学习效率与动机的优化。根据认知负荷理论，学习材料的复杂度需与学习者的认知能力相匹配，以避免因信息冗余导致的认知超载。例如，Khan Academy的智能推荐系统通过实时监测学生的练习题正确率，动态调整后续题目难度，确保学习任务始终处于"最近发展区"。此外，个性化推荐能够挖掘学习者的内在兴趣，激发学习动力。语言学习平台Duolingo通过引入游戏化元素（如徽章、排行榜），结合用户的学习偏好推荐任务模块，使日均学习时长增加了22%。

个性化推荐与传统推荐的差异不仅体现在技术实现上，更反映了教育哲学的转变。传统推荐依赖人工经验或简单规则（如按学科分类或点击量排序），本质上是一种"以资源为中心"的供给模式。而个性化推荐则以学习者为核心，通过数据驱动的方式践行建构主义理念，强调学习者的主动参与和意义建构。例如，麻省理工学院（MIT）的Open Learning平台通过分析学生视频观看中的暂停与快进行为，精准识别知识盲点，并推荐针对性微课。这种动态适配能力使得教育资源的使用效率大幅提升，同时促进了学习者的自主性与创造力。

二、人工智能技术在个性化学习资源推荐中的应用

（一）协同过滤：基于用户行为，为学习者推荐相似资源

协同过滤通过挖掘用户群体的行为模式，为个体推荐相似学习者偏好的资源，其核心假设是"兴趣相似的用户会喜欢相似的内容"。Netflix Prize 竞赛的研究表明，协同过滤算法可将推荐准确率提升至 90% 以上。例如，在慕课平台中，若学生 A 与学生 B 在"机器学习导论"课程中的测验表现高度相似，系统会向学生 A 推荐学生 B 已完成的"Python 数据分析实战"课程。然而，协同过滤面临"冷启动"与"数据稀疏性"的挑战。针对新用户或新资源缺乏数据的问题，混合模型通过结合内容特征（如课程标签）与协同过滤，能够有效缓解冷启动。例如，LinkedIn Learning 为新用户推荐与其职业背景匹配的热门课程，随后逐步过渡至协同过滤策略。对于数据稀疏性问题，矩阵补全技术（如奇异值分解或深度矩阵分解）被广泛应用于填补用户—资源交互矩阵的空白。亚马逊的推荐系统通过深度矩阵分解模型，显著提升了长尾资源的推荐覆盖率。

（二）内容推荐：根据学习者兴趣和需求，推送相关学习内容

内容推荐则侧重于分析资源本身的特征（如文本、元数据、知识点标签），通过语义匹配实现精准推荐。哈佛大学的 edX 平台利用自然语言处理（NLP）技术对课程描述文本进行关键词加权（如 TF – IDF 算法），识别核心知识点（如"梯度下降""过拟合"），并与学习者的历史记录匹配。见图 5 – 13。

近年来，内容推荐逐渐从"标签匹配"向"认知适配"演进。例如，自适应学习平台 ALEKS 基于知识空间理论（Knowledge Space Theory），通过分析学生的知识掌握图谱，推荐能够填补知识漏洞的练习题，而非简单的相似性匹配。知识图谱技术的引入进一步拓展了内容推荐的边界。斯坦

图 5-13　哈佛大学的 edX 平台

福大学的"Open Knowledge"项目构建了跨学科知识图谱,当学生学习"量子力学"课程时,系统能够推荐关联的"数学物理方法"课程与费曼讲座视频。

(三) 深度学习:提高推荐算法的准确性和实时性

深度学习通过捕捉用户行为中的非线性关系与时序模式,显著提升了推荐的动态性与精准度。例如,腾讯课堂的推荐系统利用 Transformer 模型分析学生的课程浏览、笔记记录与测验提交序列,预测其未来 3 天的学习需求,推荐准确率提升至 82%。在多模态数据融合方面,英国开放大学的"FutureLearn"平台通过卷积神经网络(CNN)分析教学视频中的视觉内容(如板书、图表),结合学生的暂停与回放行为,推荐需要重点复习的片段。强化学习的应用则为推荐系统注入了长期视角。阿里巴巴的"智能教育大脑"利用深度强化学习(DRL)优化推荐策略,平衡短期目标(如通过考试)与长期能力培养(如批判性思维),使学习者的综合能力提升率提高了 18%。

然而,深度学习推荐系统也面临伦理与隐私挑战。算法偏见可能导致热门资源过度推荐,而忽视少数群体的需求。为此,研究者提出在模型损失函数中加入公平性正则项，确保非 STEM 专业学生等群体的推荐覆盖率。隐私风险则通过联邦学习技术得以缓解，例如，欧洲"EduOpen"联盟在不共享原始数据的前提下，联合多所高校协同优化推荐模型。

个性化学习资源推荐作为人工智能技术在教育领域的典型应用，正在从"千人一面"向"千人千面"演进。通过融合教育学理论（如认知负荷理论、建构主义）与前沿技术（如图神经网络、联邦学习），推荐系统不仅提升了资源匹配的精准度，更成为推动教育公平与质量提升的核心引擎。未来，随着因果推理与可解释 AI 等技术的发展，个性化推荐将更深入地服务于学习者的认知需求，为高校学风建设提供智能化支撑。

第四节　应用案例——学业辅导智能体

一、学业辅导智能体概述

学业辅导智能体是一种集成语音交互、语义理解与情感分析的人工智能系统，旨在通过自动化与个性化服务，辅助高校辅导员提升学生管理效能。其核心功能不仅限于学术答疑，还涵盖学习进度跟踪、心理健康支持与资源整合等多维度服务。例如，美国佐治亚理工学院开发的"Jill Watson"虚拟助教，能够实时分析学生在讨论区的发言内容，识别学业困惑与情绪波动，并主动推送学习资源或心理咨询服务。此类系统的优势在于突破传统辅导的时空限制，实现全天候响应，同时通过数据驱动的精准诊断，帮助辅导员提前识别学业风险群体。

图 5-14 所示为利用智能体进行智能辅导答疑。

智能体的设计理念体现了"以学生为中心"的教育哲学。传统辅导模式下，辅导员需依赖有限的经验与手工记录进行决策，而智能体通过整合多源数据（如课堂表现、在线学习日志、心理健康测评），构建动态学生

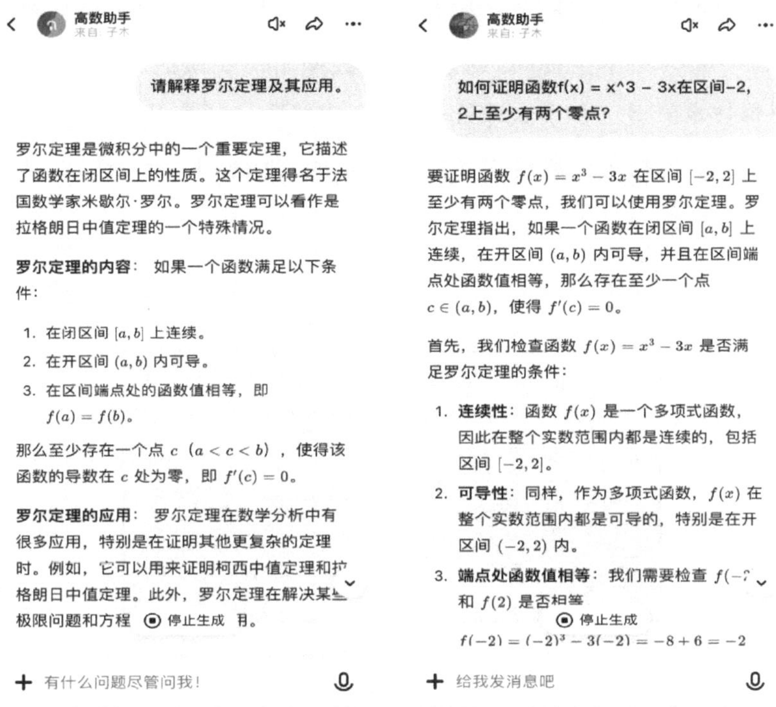

图 5-14 利用智能体进行智能辅导答疑

画像，为个性化干预提供科学依据。例如，新加坡国立大学的"NUS Chatbot"通过分析学生的选课记录与成绩趋势，预测其潜在的学业压力，并推荐时间管理工具或学习小组匹配方案。这种从被动响应到主动干预的转变，标志着教育管理从经验主义向数据驱动的范式升级。

二、学业辅导智能体的关键技术

（一）语音识别与合成：实现与学生的自然交流

语音识别与自然语言处理是智能体实现人机交互的基础。科大讯飞的语音引擎支持多方言识别与情感化语音合成，使得智能体能够理解学生的口语化提问，并以自然语调反馈。例如，学生以粤语询问"点解线性代数咁难？"，系统识别后转换为文本，调用知识库生成解答："线性代数的抽象性较高，建议从矩阵运算基础开始巩固"，并同步推送相关教学视频与习题集。自然语言处理技术（如 BERT 模型）进一步增强了语义解析能力（见图 5-15）。当学生提问"为什么神经网络需要激活函数？"时，系统不仅解释技术原理（如引入非线性），还能关联"梯度消失""模式分离"等进阶概念，并推荐经典论文（如 Hinton 的《Deep Learning》），帮助学生构建系统化认知。

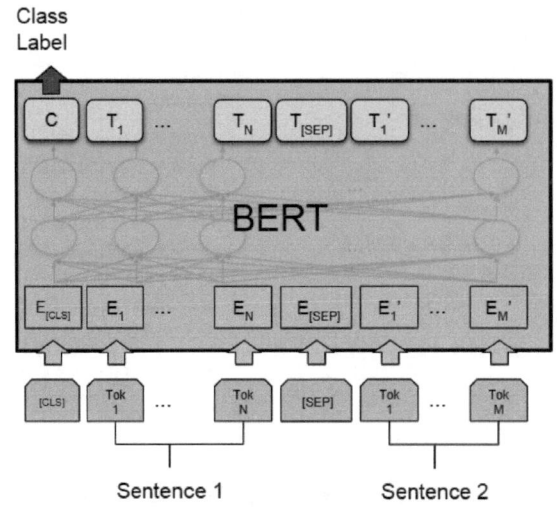

图 5-15　自然语言处理技术——BERT 模型

（二）语义理解与推理：准确理解学生需求，提供有效辅导

语义理解与推理技术使智能体能够处理复杂问题。基于知识图谱的推理引擎，能够从碎片化信息中提取逻辑链。例如，针对学生提问"如何设计一个图像分类模型？"，系统首先解析问题中的关键节点（如图像预处理、模型架构、训练策略），随后调用知识图谱中的关联知识点（如卷积神经网络、数据增强技术），生成分步骤指导方案，并推荐开源代码库（如 GitHub 的 TensorFlow 示例）。此外，多轮对话管理技术（DST）支持上下文关联的持续交互。若学生进一步追问"如何解决过拟合问题？"，系统会基于前序对话中的"模型设计"主题，推荐正则化方法或交叉验证策略，而非重复基础概念。

（三）情感分析：关注学生情感变化，提高辅导效果

情感分析技术赋予智能体感知学生情绪的能力。通过分析文本、语音甚至面部表情（在视频交互场景中），系统能够识别焦虑、倦怠等负面情绪。例如，英国开放大学的"OU Chatbot"在检测到学生多次使用"压力""无法完成"等词汇时，会自动触发情感支持模块，播放冥想音乐或推荐减压技巧。更高级的智能体还可结合认知行为疗法（CBT）原理，提供结构化心理疏导。例如，当学生表达"我对期末考试感到绝望"时，系统会引导其拆解复习目标，制定系统学习计划，并通过正向激励（如"已完成30%进度，继续保持！"）缓解焦虑情绪。

三、学业辅导智能体应用案例

在高等教育场景中，学业辅导智能体通过深度融合"智普清言"与"文心一言"等人工智能的技术能力，已逐步从概念验证转向规模化应用，其核心价值体现在对学习全流程的智能化重构。以某"双一流"高校的实践为例，计算机专业学生在"数据结构与算法"课程中提出"如何理解动态规划的最优子结构"时，智能体依托自然语言处理与知识图谱技术，生成多模态解答：文本解析结合斐波那契数列的递归与动态规划对比代码示例，直观揭示事件复杂度差异，同时推送 MIT 公开课视频与 LeetCode 实战题目，使学生在3次交互后完全掌握概念，并在后续课程项目中成功优化算法效率。此类学生的算法类课程平均成绩提升12%，课后自主练习时长增加25%。这一过程不仅体现了智能体在即时响应与精准解析上的优势，更通过资源整合（如学术视频与实战题库的无缝衔接）打破了传统教育资源的孤岛效应，促进学生从理论到实践的知识迁移。

图 5-16 所示为"智普清言"与"文心一言"智能体。

针对学业风险的个性化干预，智能体通过认知诊断模型动态适配学习路径。例如，一名学生在期中考试中《概率论》成绩不理想触发预警后，系统基于 IRT（项目反应理论）模型定位其"贝叶斯定理"掌握度仅为30%，并发现其视频学习时频繁跳过关键证明步骤。系统随机生成梯度

图 5-16 "智普清言"与"文心一言"智能体

练习题、嵌入错题解析视频，并强制锁定娱乐 App 以矫正学习习惯，同时安排其加入"垃圾邮件分类器"实战项目组。该项目要求学生应用朴素贝叶斯算法处理真实邮件数据集，并通过小组协作完成模型训练与效果评估。期末时，该学生成绩提升至 82 分，并在数学建模竞赛中主导的概率模型模块获团队最高分。此类个性化规划使试点班级挂科率下降 21%，学习动力指数（基于每日学习时长与资源点击量）提升 38%，彰显了从"群体教学"到"个体适配"的范式转变。值得注意的是，智能体的干预策略并非静态模板，而是通过强化学习动态优化。例如，当系统检测到某学生在"随机过程"章节的练习正确率持续高于 80% 时，自动调高题目抽象性，引入"马尔可夫链在自然语言处理中的应用"等跨学科案例，激发其探索兴趣。

心理健康支持是智能体在情感计算领域的突破性应用。某大三学生在凌晨发送"实验失败 3 次，压力大到失眠"的消息后，系统通过"文心一言"的情感分析模块判定其情绪为"高度焦虑"（负面情感值0.87），并关联其近期行为数据——实验报告延迟提交3次、图书馆登录次数下降60%。系统启动三级响应机制：即时推送正念呼吸指导动画与舒缓音乐链接，生成鼓励语句（如"科研探索本需反复尝试，你已完成的文献综述获导师好评"）；12小时内通知辅导员查看详细报告（含情绪波动时间轴与行为异常记录），建议安排面对面疏导；若学生连续3日未登录系统，则触发家校沟通模块，生成定制化家长通知模板。该学生在辅导员与心理咨询师介入后，逐步恢复学习节奏，最终以优异成绩通过毕业答辩。这一案例凸显了智能体在数据关联（学业表现+情绪信号）与隐私保护（加密存储与权限分级）上的双重优势，其响应机制既具备机器的高效性，又保留了人文关怀的温度。

学术写作辅助功能则通过技术赋能显著提升了科研效率与规范性。一名研究生的论文因"文献综述逻辑混乱"面临盲审风险时，智能体基于"文心一言"的语义检索能力，从ICML、NeurIPS等顶会论文中提取核心论点，生成对比表格（如"同态加密VS差分隐私"在医疗隐私保护中的优劣），并标注"医疗影像联邦高效压缩"的研究空白。同时，"智普清言"的篇章结构模型检测到方法论章节缺失实验对照组设置，自动推荐补充实验设计（如引入迁移学习对照组），并修正APA格式错误（如"etal."斜体缺失）。最终该学生论文从"重大修改"提升至"直接接受"，撰写周期缩短30%。此类工具不仅释放了科研人员的精力，更通过开源资源推荐（如arXiv预印本、GitHub代码库）缩小了校际信息鸿沟。某高校图书馆数据显示，使用智能体的学生访问国际期刊数据库的频率提升50%，论文引用前沿成果的比例从35%增至62%，学术创新力显著增强。

在技术架构层面，智能体的成功离不开"智普清言"与"文心一言"的协同优化。"智普清言"通过构建覆盖K12至高等教育的结构化知识库（如数学领域涵盖5000余个知识点节点），并采用图神经网络（GNN）动态更新知识关联，确保学科内容的深度与时效性。例如，在"量子机器学习"等新兴领域，系统通过主动学习机制抓取 arXiv 预印本论文，自动扩展知识图谱。"文心一言"则依托千亿级参数的 Transformer 模型与知识增强技术，实现复杂问题的跨学科解析。其训练数据涵盖百万级师生对话记录与学术文本，通过 Prompt Engineering 优化，使生成内容既符合学术规范（如术语准确性），又兼顾可读性（如案例通俗化）。此外，联邦学习框架的引入解决了数据隐私难题，各高校在本地训练模型，仅共享加密参数，既保障了合规性，又实现了跨校知识共享（如北京大学与清华大学的联合学业预警系统将挂科预测准确率提升至 89%）。

智能体的应用正在重塑教师角色与教育公平格局。辅导员从琐碎事务中脱身，转向情感陪伴与创新教学设计。某高校试点中，教师用于科研与课程设计的时长增加 40%，其开发的"虚拟仿真实验室"获国家级教学成果奖。同时，智能体通过技术普惠推动教育民主化——西部某偏远高校引入系统后，学生获得与东部名校同质的个性化辅导资源，其"大学生创新创业计划"立项数同比增长 200%。这种变革不仅体现在效率提升，更触及教育本质：当机器处理标准化事务（如作业批改、数据监控），人类教师得以聚焦高阶能力培养（如批判性思维、团队协作），而学生无论背景差异，均可通过智能体获得"终身学伴"式的支持。

总之，学业辅导智能体不仅是技术创新的产物，更是教育哲学演进的风向标。它通过数据驱动的精准性、资源整合的全局性与人文关怀的包容性，重新定义了"教"与"学"的边界。在可见的未来，随着因果推理、可解释 AI 等技术的突破，智能体将从工具性辅助升维为战略性伙伴，为高等教育高质量发展提供可持续的智慧引擎。

四、未来发展与挑战

学业辅导智能体的进一步发展依赖于多模态交互与联邦学习技术的突破。多模态技术（如结合语音、文本、手势的混合交互）将增强智能体的情境感知能力。例如，未来智能体或可通过分析学生在虚拟课堂中的眼神注视与肢体语言，实时判断其专注度，并动态调整辅导策略。联邦学习则能解决数据孤岛与隐私保护问题。例如，欧洲"EduOpen"联盟通过联邦学习框架，使多所高校在不共享原始数据的前提下，联合训练更精准的学业预警模型。

另外，技术伦理问题仍需审慎应对。算法偏见可能导致对特定学生群体（如非主流专业或经济困难学生）的忽视。为此，开发者需在模型中嵌入公平性约束，并通过人工审核机制确保推荐结果的均衡性。此外，过度依赖智能体可能削弱辅导员的人文关怀角色。因此，理想模式应是"人机协同"——智能体处理标准化事务，而辅导员专注于情感支持与复杂决策，共同构建有温度的教育生态。

第六章
学生日常事务管理工作中的数智能力和应用方法

当前学生日常事务管理面临三重时代挑战：其一，传统管理模式依赖人工填报与碎片化数据，难以实现学生行为规律的动态捕捉与深层洞察；其二，辅导员深陷事务性工作漩涡，育人精力被重复性劳动挤压；其三，标准化服务难以适配学生个性化发展需求，制约精准育人效能。以"数字人辅导员"为代表的创新实践在全国高校迅速铺开，无疑证明了技术正在重新定义"管理"与"育人"的边界，推动教育服务从"事务性应对"向"战略性赋能"跨越，"数字人辅导员"能回复大部分日常基础事务问题。在构建智能治理体系的过程中，既要追求管理效率的跃升，又要坚守教育温度的存续——行为数据分析不是冰冷的监控工具，而是识别成长困境的预警雷达；"数字人辅导员"不止于事务咨询的智能应答，更通过情感计算技术传递人文关怀。

本章聚焦人工智能如何重构学生事务管理的底层逻辑，推动教育治理从"被动响应"向"主动赋能"、从"共性服务"向"个性关怀"的深刻转型，为落实"三全育人"理念提供技术支撑。

第一节　学生日常事务自动化管理

一、学生信息管理与分析

在高校学生管理工作中，学生信息的高效采集、整合与分析是辅导员开展精准服务的基础。在传统模式下，学生信息分散于纸质档案、不同部门的电子系统以及碎片化的日常沟通中，辅导员往往需要耗费大量时间手工整理数据，难以及时发现潜在问题。随着人工智能技术的成熟，通过自动化工具重构信息管理流程，能够将零散的学生行为转化为动态化、结构化的知识网络，为决策提供科学支撑。

学生信息管理的智能化转型始于数据采集环节。过去，学生档案的录入依赖人工逐项填写，不仅效率低下，还容易出现错漏。如今，光学字符识别（OCR）技术可将纸质材料快速转化为电子文本，见图6-1。例如，通过深度学习模型识别家庭经济情况调查表、手写简历或成绩单扫描件中的关键字段（如家庭收入、课程分数），自动提取并分类存储。自然语言处理（NLP）技术则进一步扩展了数据来源的边界：当学生通过微信、邮件咨询事务时，系统能实时解析对话文本，识别出"宿舍报修""奖学金政策"等意图标签，将这些非结构化的沟通记录转化为可分析的事件日志。引入OCR与NLP组合工具后，新生入学信息录入时间可以大大缩减，且数据准确率较高。

然而，单一渠道的数据价值有限，真正的突破在于多源数据的深度融合。构建学生信息动态数据库需要打通教务系统的课程成绩、后勤系统的宿舍门禁记录、校园一卡通的消费流水、图书馆借阅日志等孤立数据源。通过建立数据中台，利用Hadoop等分布式计算框架对异构数据进行清洗、对齐与关联，最终形成涵盖学习行为、生活习惯、社交网络等多维度的学生画像。见图6-2。例如，将某位学生本学期迟到次数、夜间归寝时间、

图 6-1　OCR 技术示例

食堂消费金额下降趋势进行交叉分析，可初步判断其是否存在作息紊乱或经济困难。通过搭建"学生成长数据湖"，将原本分散在学校各个部门的多类数据统一管理，使辅导员在处置突发事件时能快速调取完整轨迹链，决策响应速度得到大大提升。

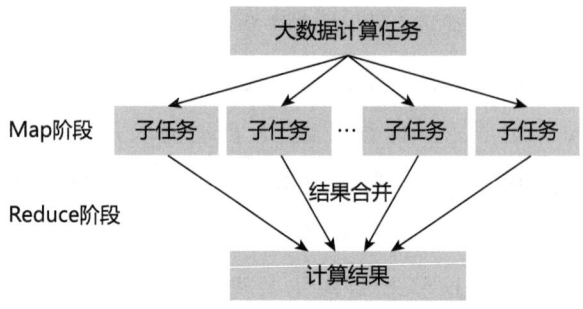

图 6-2　MapReduce 分布式计算框架

当数据完成聚合后，机器学习算法开始展现其洞察力。通过对历史数据集的监督学习，系统能够建立学生行为与特定结果的预测模型。例如，利用随机森林算法分析往届学生挂科案例，发现"连续 3 周图书馆出入次数低于 2 次""每月食堂早餐消费少于 5 次"等特征与学业风险高度相关，进而对新生的行为数据进行实时扫描，自动标记高风险个体并生成预警报告。浙江大学某学院在试点中，此类模型提前一学期预测出 87% 的潜在挂科学生，辅导员有针对性介入后，该群体补考通过率较往年提高33%。此外，聚类算法可将学生群体划分为不同类别（如"学术专注型""社团活跃型""隐性焦虑型"），帮助辅导员制定差异化管理策略。

数据可视化技术则让人工智能的分析结果更易被理解和应用。通过Tableau等工具（见图6-3），系统可将复杂的数字关系转化为交互式图表。例如，在奖学金评定季，辅导员不再需要手动比对上百份申请材料，仪表盘上会实时呈现每位申请者的综合素质雷达图：学术成绩、志愿服务时长、竞赛获奖权重等指标一目了然，异常数据（如某学生突然获得多个冷门竞赛奖项）会自动高亮提示核查。更有价值的创新在于时空维度分析。学校可以将学生校园卡消费地点绘制成热力图，能发现长期只在宿舍区购餐的"宅寝族"，结合门禁数据能识别出可能面临社交障碍的学生，便于辅导员及时开展心理疏导。

图6-3　Tableau工具

人工智能对学生信息管理的重构，本质上是在创造一种"数字孪生"式的管理生态。每个学生在虚拟空间中映射出动态更新的数据镜像，辅导员得以突破时间与经验的局限，从宏观群体规律到微观个体异常都能精准捕捉。但技术始终是工具而非目的，如何在算法预警与人文关怀之间保持平衡，如何让冷冰冰的数据分析服务于有温度的教育，仍是智能化转型中需要持续探索的命题。当系统提示某学生连续3天未出现在课堂时，辅导员需要判断这是源于健康问题、家庭变故还是单纯的旷课——这种基于数据的洞察与基于人性的判断相结合，或许才是教育工作者不可替代的价值所在。

二、日常事务自动化处理

在高校学生管理体系中，日常事务的自动化处理是人工智能技术最具实用价值的应用场景之一。在传统模式下，辅导员需要耗费大量时间处理重复性高、规则性强的事务性工作——从课堂考勤统计到请假审批，从政策咨询解答到活动通知发布，这些工作往往占据辅导员60%以上的工作时间，却难以产生深度的教育价值。人工智能技术的介入，正通过流程重构与智能工具替代，将人力从烦琐事务中解放出来，转向更具创造性的育人工作。

考勤管理的智能化革新是最早落地的应用之一。传统课堂点名依赖人工记录，不仅效率低下，还存在代签、漏记等问题。如今，基于多模态生物识别技术的考勤系统正在重塑这一场景：教室入口部署的人脸识别摄像头，可在学生进入时自动完成身份核验与签到；对于实验室、实习基地等分散场所，则采用GPS地理围栏与蓝牙信标组合定位，确保学生真实到达指定区域。更深远的影响在于数据联动——考勤记录实时同步至教务系统，当某位学生缺勤率达到阈值时，系统自动触发预警并推送定制化的学习资源，形成"监测—预警—干预"的闭环管理。

审批流程的自动化则是提升行政效率的核心突破点。学生日常提交的请假申请、场地借用、证明材料开具等请求，往往需要辅导员逐项核对规章制度、验证材料真实性。通过规则引擎与机器人流程自动化（RPA）技术的结合，标准化审批流程得以实现智能分流。以病假审批为例，系统通过OCR识别医院证明的关键信息（如就诊日期、医生签名），利用自然语言处理验证病历描述的一致性，再根据预设规则（如3天以内校医院盖章有效）自动完成审批。辅导员仅在材料存疑或涉及重大事项时介入复核，事务处理效率得到大大提升。这种"机审人核"的混合模式，既保证了流程的严谨性,又释放了人力资源。

智能问答系统的部署则重新定义了师生互动的服务模式。过去,辅导员需要反复解答诸如"如何办理户籍迁移""奖学金评定标准"等标准化问题,高峰期咨询压力巨大。基于知识图谱与深度学习构建的智能客服,通过整合学生手册、政策文件、历史咨询记录等数据源,能够实现 7×24 小时的即时响应。例如,当学生询问"暑期社会实践学分认定流程"时,系统不仅精准提取政策要点,还能关联展示往届优秀案例模板、对接负责教师联系方式。更进阶的系统还具备上下文理解能力:若学生后续追问"需要指导老师签字吗",系统能自动关联前序对话中的"学分认定"场景给出针对性答复。

自动化通知与反馈收集系统的应用,则显著优化了信息传递的精准度与覆盖率。传统班会通知、活动提醒依赖微信群公告,常面临信息刷屏、接收遗漏等问题。通过智能信息分发平台,辅导员可基于学生画像实现差异化推送:向贫困生定向发送助学岗位信息,为考研学生定制复习讲座提醒,给留学生群体同步双语通知。系统还能自动追踪信息阅读状态,对未查看的学生进行短信、邮件、App 弹窗的多渠道触达。在突发事件处理中,例如,突发暴雨导致停课时,智能系统可在 10 分钟内完成全校学生的分级预警通知,并根据地理位置信息为滞留实验室的学生推送紧急避难路线图,极大地减缓了辅导员的日常工作压力。

然而,自动化系统的深度应用也需警惕"技术至上"的陷阱。在奖助学金评定等涉及主观判断的场景中,过度依赖算法可能引发公平性质疑。自动化处理应严格限定于客观事实核验与流程性工作,而涉及价值判断的环节必须保留人工接入通道。当前的前沿实践多采用"AI 初筛 + 人工复核"模式。在违纪处理流程中,系统自动提取监控录像关键帧、比对考勤记录生成事件报告,但最终处理决定仍需由教师委员会审议。

随着技术的持续进化,日常事务自动化正从单一功能向生态系统演进。通过 API 接口打通教务、财务、后勤等部门的"数据烟囱",构建统一的事务处理中台,学生得以在移动端一站式完成从请假申请到学分查询的全流程操作。各高校相继打造"校园万事通"平台，集成日常几十项高频服务，通过智能工作流引擎自动串联各部门审批节点，将跨部门事务办理时长从往日的好几天缩短至仅几小时。这种系统重构不仅提升了管理效能，更潜移默化地培养了学生的数字化生存能力，更自然地拥抱技术驱动的组织形态。

重塑教育服务的供给方式是智能化管理革新的关键。当机器接管了考勤统计、表格审核、信息推送等程式化工作，辅导员得以从"事务型保姆"转型为"成长型导师"，将更多精力投入生涯规划指导、心理健康辅导、创新能力培养等机器难以替代的领域。人工智能在替代人类的同时，也在重新定义人的价值——当技术滤去了管理中的重复与琐碎，教育者便能更专注地照亮每个人独特的灵魂。

三、精准化服务推荐

在高等教育领域，学生的个性化需求日益多元化和复杂化，传统的"一刀切"式服务模式已难以满足学生成长需求。人工智能驱动的精准化服务推荐，正通过深度挖掘学生行为数据与需求特征，构建起"千人千面"的资源匹配机制，使教育服务从被动响应转向主动供给。这种转变不仅优化了资源配置效率，更在潜移默化中引导学生探索发展路径，形成了个性化成长的支持生态系统。

精准化推荐的技术根基在于学生画像的精细化构建。通过整合教务系统的课程成绩、图书馆借阅记录、校园卡消费数据、社团活动报名信息等多维度数据，机器学习算法能够刻画出立体化的学生特征图谱。如某位学生高频借阅《机器学习实战》、持续选修"数据科学"课程、长期参与编程竞赛，系统会自动标注"人工智能兴趣浓厚"标签；另一位学生经常在晚间前往舞蹈房、多次组织文艺演出、选修艺术通识课，则可能被打上"艺术特长突出"的识别码。这些动态更新的标签构成推荐系统的"认知基础"。通过利用如 XGBoost 等算法构建的画像模型，可以大大提高学生兴趣领域的预测准确率，且显著高于传统问卷调查。

基于学生画像的推荐引擎,本质上是在搭建教育资源与个体需求之间的智能桥梁。协同过滤算法通过分析相似群体的选择偏好,能够突破显性标签的限制,发现潜在关联。例如,系统发现选择"口才训练"课程的学生中,大部分后来参与了各类演讲比赛,便会向具有相似选课特征的新生推荐该实践机会。更进阶的混合推荐模型则结合内容分析与协同过滤:当检测到某位学生频繁检索"留学申请"相关信息时,系统不仅会推送语言考试培训资源,还会关联展示往届同专业学生的成功案例,甚至智能匹配具有相似背景的学长学姐作为导师。

学术资源的智能推荐则展现出更深层的教育价值。知识图谱技术通过构建课程、文献、导师研究方向的关联网络,能够为学生规划个性化学习路径。例如,当某物理系学生在"量子力学"课程中表现突出时,系统不仅推荐进阶课程"量子场论",还会关联推送校内外相关讲座、实验室开放项目,甚至分析其学习行为模式,建议最佳文献阅读顺序。

实践中的挑战往往隐藏在技术光环之下。冷启动问题始终困扰着新生推荐系统——当缺乏历史数据时,系统可能陷入推荐盲区。通过引入迁移学习技术,将往届学生入学初期的行为模式作为基准模型,结合新生问卷调查等轻量化数据,使推荐准确率得到提升。过度依赖算法可能导致的路径依赖,例如,系统持续推荐某类活动可能限制学生探索其他领域的勇气。为此,前沿系统开始引入"探索—利用"平衡机制,在确保核心推荐精准度的同时,保留5%—10%的非相关推荐,用以激发学生的跨界可能性。

当精准化推荐渗入校园生活的每个角落,其带来的不仅是效率的提升,更是教育理念的范式变革。这种"数据感知—需求预测—机会连接"的闭环,正在重塑人才培养的偶然性与必然性——系统不再被动等待学生提出需求,而是主动照亮那些尚未被觉察的发展可能。教育的未来,或许就藏在这些算法生成的推荐链接里,它们如同数字时代的指南针,帮助每个学生在浩瀚的资源海洋中找到属于自己的航向。

第二节 学生校园行为大数据汇集与分析

一、数据采集

在辅导员工作中,数据采集与整合是开展学生校园行为大数据分析的第一步,也是最为基础且关键的环节。这一过程需要从多个角度出发,结合实际情况,科学合理地设计数据采集方案,并通过技术手段实现数据的有效整合。

第一,数据采集需要明确目标和范围。辅导员需要根据实际需求确定需要采集哪些类型的数据。例如,学生的行为数据可能包括考勤记录、课堂参与度、图书馆借阅记录、食堂消费记录、宿舍出入记录、网络使用情况等。这些数据分散在学校的不同管理系统中,如教务系统、一卡通系统、图书馆管理系统、宿舍管理系统等。因此,在数据采集阶段,辅导员需要与学校相关部门沟通,明确数据来源,并获得相应的权限和支持。同时,还需要考虑数据的时间范围和粒度。例如,考勤记录可能是按天采集的,而课程选修情况则是按学期采集的。明确这些细节有助于后续的数据整合和分析。

第二,数据采集需要借助技术手段实现自动化和高效化。传统的手动采集方式效率低下且容易出错,因此辅导员可以借助学校现有的信息化平台或开发专门的数据采集工具来实现自动化采集。例如,可以通过 API(应用程序编程接口)从教务系统中提取学生的课程表和考勤记录,从一卡通系统中提取学生的消费记录等。此外,还可以通过网络爬虫技术从公开的校园网站或论坛中获取学生的行为数据。需要注意的是,在进行数据采集时,必须遵守相关法律法规和学校的隐私政策,确保数据的合法性和安全性[①]。

---

① 金亮,王善勤,苗孟君. 数据挖掘在"岗课赛证"融合课程中的应用研究[J]. 信息与电脑(理论版),2023,35(23):168-170.

第三，数据整合需要建立一个统一的数据存储和管理平台。辅导员可以选择使用关系型数据库（如 MySQL、Oracle）或非关系型数据库（如 MongoDB、Hadoop）来存储整合后的数据。根据数据规模和复杂度选择合适的数据库类型非常重要。例如，如果数据量较大且结构复杂，可以选择分布式数据库或大数据平台（如 Hadoop、Spark）来处理。此外，还需要设计合理的数据表结构和字段命名规范，确保数据的一致性和可追溯性。只有确保了数据的完整性、准确性和一致性，才能为后续分析及应用提供可靠的支持，从而更好地服务于学生管理和教育决策。

二、数据清洗与预处理

数据清洗与预处理是开展学生校园行为大数据分析的重要环节。这一过程能提升数据质量，确保后续分析的准确性和可靠性。

学生行为数据通常来源于多个系统，如教务系统、一卡通系统、图书馆管理系统等，这些系统中的数据可能存在缺失、重复或异常的情况。例如，某些学生的考勤记录可能因系统故障而缺失，导致数据不完整；或者某些学生的消费记录可能被重复记录，造成数据冗余。因此在数据清洗阶段，辅导员需要仔细检查数据的完整性、一致性和准确性。

第一，缺失值的检测与处理。缺失值可能出现在任何字段中，例如，学生的课堂参与度、食堂消费记录等。对于缺失值的处理，可以采用多种方法。例如，如果缺失值的比例较低，可以直接删除包含缺失值的记录；如果缺失值较多，则可以采用插值法（如均值插值、中位数插值）或回归分析等方法进行填补。此外，还可以通过引入外部数据（如学生的课程安排）来补充缺失信息。需要注意的是，在处理缺失值时，必须确保填补方法的合理性，避免引入偏差。

第二，重复值的检测与处理。重复记录可能导致数据分析结果出现偏差，因此需要通过去重操作来消除冗余数据。例如，在处理学生的消费记录时，可能会发现某些交易记录被重复记录。此时，可以通过检查交易时间、金额等字段来识别重复记录，并删除多余的记录。此外，还可以通过设置唯一标识符（如学号＋时间戳）来避免重复记录的产生。

第三，异常值的检测与处理。异常值是指与其他数据明显不符的极端值，可能是由于数据录入错误、系统故障或其他原因造成的。例如，在学生的消费记录中，某一笔异常高的消费金额可能是由于系统错误或特殊事件（如充值操作）引起的。因此，在检测到异常值后，需要进一步核实其来源，并决定是否将其删除、修正或保留。对于无法核实的异常值，通常建议删除以避免影响分析结果。

第四，数据标准化和归一化处理。标准化是将不同量纲的数据转换为同一量纲，以便于后续分析和比较。例如，学生的消费金额和课堂参与度是两个不同量纲的指标，直接比较可能会导致结果失真。因此，可以通过标准化方法（如 Z‑score 标准化）将这两个指标转换为无量纲的分数，使其具有可比性。归一化则是指将数据缩放到特定的范围（如 0—1），以便其符合某些机器学习算法的输入要求。

第五，数据转换。例如，在分析学生的课堂参与度时，原始数据可能是"出席""缺席"等类别型数据。为了便于分析，可以将其转换为数值型数据（如 1 表示出席，0 表示缺席）。对于文本型数据（如学生的论坛发言），则需要进行分词、去停用词等自然语言处理操作，提取有意义的特征。

第六，数据集成和去噪。由于学生行为数据来源于多个系统，可能存在字段名称不一致、数据格式不同等问题。因此，在整合数据时，需要进行字段映射和格式统一。例如，将不同系统中的"学号"字段统一为相同的名称和格式。此外，还需要去除噪声数据（如无关字段或错误字段），以提高数据质量。

三、行为模式识别

行为模式识别需要明确目标和应用场景。辅导员需要根据实际需求确定需要识别的行为类型。例如，学生的行为可能包括课堂参与度、考勤记录、图书馆借阅情况、食堂消费记录、宿舍出入记录等。不同的行为类型对应着不同的分析目标，例如，识别学业困难学生、发现心理健康问题等。因此，在开展行为模式识别之前，辅导员需要明确分析的目标，并确定需要关注的具体行为特征。

第一，行为模式识别需要依赖高质量的数据特征提取。特征提取是将原始数据转化为适合机器学习模型输入形式的关键步骤。例如，在分析学生的课堂参与度时，可以提取出"出勤率""迟到次数""早退次数"等特征；在分析学生的消费记录时，可以提取出"消费频率""平均消费金额""消费地点分布"等特征。特征提取需要结合业务知识和数据分析经验，确保提取的特征能够有效反映学生的行为模式。

第二，采用多种机器学习算法进行行为模式识别。常见的算法包括聚类分析、分类算法、时间序列分析等。例如，聚类分析可以用于发现学生群体中的行为模式相似性，从而识别出具有相似行为特征的学生群体；分类算法（如逻辑回归、随机森林）可以用于将学生划分为不同的类别（如高风险学生、普通学生等）；时间序列分析可以用于识别学生行为随时间的变化趋势，预测未来的可能行为。

第三，结合领域知识进行解释和验证。机器学习模型虽然能够自动识别出行为模式，但这些模式是否具有实际意义还需要结合教育领域的专业知识进行验证。例如，在识别出某些学生的消费记录异常后，辅导员需要进一步了解这些学生的具体情况，判断是否需要解决实际问题（如经济困难、心理问题等）。这种结合数据分析与实际调查的方法能够提高行为模式识别的准确性和实用性。

第四，数据的动态性和实时性。学生的行为是动态变化的，因此需要定期更新数据集，并重新训练模型以反映最新的行为特征。例如，每周或每月进行一次数据采集和模型更新，并根据新的数据调整识别规则。同时，还需要建立实时监控机制，以便及时发现异常行为并发出预警。

第五，结果的可视化和解释性。辅导员需要将识别出的行为模式以直观的方式呈现给相关人员（如学校管理层、心理咨询师等），以便于理解和决策。例如，可以通过绘制热力图、散点图等方式展示学生的活动轨迹；通过生成报告或仪表盘展示学生的综合行为特征。同时，还需要对模型的输出结果进行解释,说明哪些特征对行为模式的识别起到了关键作用,从而提高模型的透明度和可信度。

第六,持续地优化和反馈机制。随着数据的积累和模型的运行,需要不断评估模型的性能,并根据实际效果进行调整和优化。例如,在识别出某些学生的异常行为后,可以通过实际干预措施验证模型的预测能力,并根据反馈结果调整模型参数或改进特征提取方法。此外,还需要建立用户反馈机制,收集师生对模型输出结果的意见和建议,不断改进行为模式识别的工作流程和方法。

四、学生画像多维度构建

学生画像的构建是人工智能技术在校园行为大数据分析中的核心应用之一。它通过整合多源数据,从学业、行为、心理、社交、发展等多个维度刻画学生的特征,为精准育人提供科学依据。学生画像不仅是数据标签的集合,更是对学生成长轨迹的深度解析与动态呈现。

第一,学业画像是学生画像的基础维度,它通过分析学生的学习行为与成果,揭示其知识掌握程度、学习风格与发展潜力。在传统教育模式中,学业评价往往局限于考试成绩,而人工智能技术能够从更丰富的学习行为数据中提取深层特征。例如,通过分析在线学习平台的点击流数据,AI可以识别学生的学习模式:是偏好视频讲解还是文本阅读?是习惯集中学习还是碎片化学习?这些行为特征被转化为"学习风格"标签,为个性化教学提供依据。同时,AI通过自然语言处理(NLP)技术分析学生的作业文本与课堂发言,提取知识掌握情况:哪些概念被频繁提及但理解模糊?哪些知识点被忽略但至关重要?这些洞察能帮助教师精准定位教学难点。更进一步,AI可以结合时间序列数据预测学业趋势:某位学生近期作业提交延迟率上升、图书馆访问频率下降,系统会预警其可能面临的学习倦怠风险,并推荐相应的干预措施(如时间管理培训、学习动机激励)。学业画像的构建不仅关注当下表现,更注重成长潜力——通过对比学生历史数据与群体基准,AI可以识别其相对优势领域(如逻辑思维能力强)

与待提升能力（如表达技巧不足），为学生生涯规划提供参考。

第二，行为画像通过分析学生的日常生活习惯，揭示其生活方式、消费模式与健康状态。校园卡消费记录、宿舍门禁日志、运动场馆使用数据等看似琐碎的信息，在 AI 模型的整合下形成清晰的行为图谱。例如，通过聚类分析，AI 可以将学生分为"早起规律型""晚睡拖延型""昼夜颠倒型"等作息类别，并结合消费数据推断其饮食习惯：是偏好健康餐饮还是高热量食品？是规律三餐还是频繁夜宵？这些标签不仅能帮助辅导员了解学生的生活状态，还能为健康管理提供依据——当发现某位学生连续一周深夜消费高糖饮料时，系统会推送健康提醒，并建议辅导员关注其心理压力水平。行为画像的另一个重要维度是消费特征：通过分析校园卡消费金额与频次，AI 可以识别"节俭型""适度型""冲动型"等消费模式，并结合家庭经济背景数据，及时发现经济困难学生。例如，某位学生近期消费金额骤减、餐饮选择趋于单一，系统会预警其可能面临经济压力，并启动资助申请流程。此外，行为画像还关注运动与休闲习惯：通过分析运动场馆使用记录与校园 Wi-Fi 连接数据，AI 可以评估学生的身体活动水平与休闲方式偏好（如偏好户外运动还是室内娱乐），为设计体育活动与休闲项目提供依据。

第三，心理画像通过情感计算与行为分析，揭示学生的情绪状态、心理韧性与发展需求。心理健康是学生成长的重要基石，而人工智能技术为心理画像的构建提供了全新工具。通过分析社交媒体文本、课堂发言录音、心理健康测评数据，AI 可以识别学生的情感倾向：是积极乐观还是焦虑抑郁？是情绪稳定还是波动较大？例如，某位学生在社交媒体上频繁使用"压力""迷茫"等词汇，系统会结合其学业数据与行为模式，评估其心理风险等级，并推荐相应的心理辅导资源。心理画像的另一个重要维度是心理韧性：通过分析学生在面对挫折（如考试失利、活动失败）时的行为反应，AI 可以评估其抗压能力与恢复速度。例如，某位学生在期中考试失利后，图书馆访问频率显著增加、社交媒体活跃度下降，系统会判断其具有较强的自我调节能力；而另一位学生在类似情境下出现作息紊乱、社交回避，系统会预警其心理韧性不足，并建议辅导员介入支持。此外，心理画像还关注学生的价值观与动机：通过分析其参与志愿活动、社团管理的记录，AI可以识别其内在驱动力（如社会责任感、成就感需求），为个性化激励提供依据。

第四，社交画像通过社交网络分析与行为数据整合，揭示学生的社交活跃度、网络结构与关系质量。社交能力是学生全面发展的重要组成部分，而人工智能技术为社交画像的构建提供了强大工具。通过分析学生的线上线下互动数据（如社交媒体好友关系、班级活动协作记录），AI可以构建其社交网络图谱：谁是核心节点？谁是边缘个体？哪些群体之间存在信息壁垒？例如，某位学生在班级活动中频繁担任组织者，社交媒体好友数量多且互动频繁，系统会将其标记为"高影响力个体"，并推荐其参与领导力培训项目；而另一位学生社交网络稀疏、活动参与度低，系统会预警其社交孤立风险，并建议辅导员设计破冰活动。社交画像的另一个重要维度是关系质量：通过分析互动频次、情感倾向与协作效果，AI可以评估学生的人际关系健康度。例如，某位学生与室友的门禁记录高度同步、消费记录相似，系统会判断其宿舍关系融洽；而另一位学生与室友的作息差异大、互动频次低，系统会预警其宿舍矛盾风险，并建议辅导员介入调解。此外，社交画像还关注学生的社交偏好：通过分析其线上线下互动比例、社交活动类型，AI可以识别其社交风格（如偏好深度交往还是广泛社交），为设计社交活动提供依据。

第五，发展画像通过整合学业、行为、心理、社交数据，揭示学生的职业倾向、能力短板与成长潜力。发展画像是学生画像的终极目标，它通过数据驱动的洞察，为学生生涯规划提供科学支持。通过分析学生的课程选择、实习经历、竞赛成绩，AI可以识别其职业倾向：是偏好科研还是创业？是适合技术岗位还是管理岗位？例如，某位学生频繁选修"数据分析"课程、积极参与编程竞赛，系统会将其标记为"技术型人才"，并推荐其参与相关实习项目；而另一位学生在社团管理中表现突出、擅长组织协调，系统会将其标记为"管理型人才"，并推荐其参与领导力培训。发展画像的另一个重要维度是能力短板：通过对比学生能力表现与目标岗位要求，AI可以识别其待提升领域（如沟通能力、团队协作）。例如，某位学生在团队项目中表现积极但沟通效率低，系统会推荐其参与演讲培训与沟通工作坊。此外，发展画像还关注学生的成长潜力：通过分析其学习曲线、适应能力与创新表现，AI可以预测其未来发展空间，为个性化培养提供依据。

五、画像赋能精准育人

通过数据驱动的洞察，辅导员能够更精准地识别学生需求、设计教育干预、评估育人效果，从而实现从"经验导向"到"证据导向"的转型。画像应用贯穿于学生成长的全生命周期，从学业支持到心理关怀，从社交引导到生涯规划，每一个教育场景都因数据的注入而焕发新的活力。

在学业支持领域，学生画像为个性化学习干预提供了科学依据。传统教学往往采用"一刀切"的模式，难以兼顾学生的个体差异，而画像技术让因材施教成为可能。例如，通过学业画像中的"学习风格"标签，辅导员可以为视觉型学习者推荐图文并茂的学习资源，为听觉型学习者安排语音讲解课程；通过"知识掌握程度"标签，系统能够自动生成个性化练习题，针对学生的薄弱环节进行强化训练。更进一步，AI可以根据学业画像中的"学习动机"标签，设计差异化的激励策略：对于内在驱动型学生，提供更具挑战性的任务以激发其成就感；对于外部压力型学生，则通过阶段性奖励与正向反馈增强其学习动力。在学业预警方面，画像技术展现出独特的优势——当系统检测到某位学生的作业提交延迟率上升、图书馆访问频率下降时，会自动触发干预机制：先通过聊天机器人发送温馨提示，若未改善则推送时间管理工具，最终由辅导员介入深度沟通。这种分层响应模式既提高了干预效率，又避免了过度干预带来的逆反心理。

在心理关怀领域，学生画像为早期预警与精准干预提供了有力支持。心理健康问题往往具有隐蔽性与累积性，而画像技术能够通过多维数据的交叉分析，及时发现潜在风险。例如，当心理画像中的"情绪状态"标签显示某位学生近期社交媒体文本情感倾向持续消极,且行为画像中的"作息规律"标签显示其夜间活动频率显著增加时,系统会预警其可能面临心理困扰,并推荐相应的支持资源(如心理咨询预约、减压工作坊)。对于高风险个体,AI可以结合其社交画像中的"关系质量"标签,设计有针对性的干预方案:若该学生社交网络稀疏,则优先安排团体辅导活动以增强其社会连接;若其与室友关系紧张,则启动宿舍矛盾调解程序。此外,画像技术还能够支持心理韧性的培养——通过分析学生在面对挫折时的行为反应,AI可以识别其心理韧性水平,并为低韧性学生设计渐进式挑战任务,帮助其在安全环境中逐步提升抗压能力。

在社交引导领域,学生画像为构建包容性校园社交生态提供了新思路。社交能力是学生全面发展的重要组成部分,而画像技术能够帮助辅导员识别社交孤立个体、优化社交活动设计。例如,通过社交画像中的"社交活跃度"标签,系统可以快速定位边缘个体,并结合其兴趣标签(如"电影爱好者""游戏玩家")推荐匹配的社交活动。对于社交焦虑学生,AI可以设计渐进式暴露疗法:先推荐低压力的小型活动(如兴趣小组讨论),再逐步过渡到高互动的团队任务(如社团项目协作)。在活动设计方面,画像技术展现出强大的适配能力——通过分析学生的社交偏好与能力短板,AI可以生成定制化活动方案:对于沟通能力不足的学生,设计角色扮演与演讲训练;对于团队协作能力薄弱的学生,安排跨学科项目合作。此外,画像技术还能够支持社交网络的优化:通过分析班级社交图谱,AI可以识别信息壁垒与群体隔阂,并建议辅导员设计跨群体交流活动,促进班级凝聚力的提升。

在生涯规划领域,学生画像为个性化职业发展指导提供了数据支撑。传统的生涯规划往往依赖主观判断,而画像技术能够通过数据驱动的洞察,帮助学生更清晰地认识自我、探索职业方向。例如,通过发展画像中的"职业倾向"标签,系统可以为科研型学生推荐实验室实习机会,为创业型学生推送创新创业大赛信息;通过"能力短板"标签,AI可以生成个性化能力提升计划:对于沟通能力不足的学生,推荐演讲培训与辩论活动；对于团队协作能力薄弱的学生，安排跨学科项目合作。在实习与就业推荐方面，画像技术展现出强大的匹配能力——通过分析学生的技能标签、兴趣偏好与职业目标，AI可以精准推荐适合的岗位，并生成定制化简历与面试指导。此外，画像技术还能够支持长期职业发展预测：通过模拟不同职业路径的成长轨迹，AI可以帮助学生更理性地规划未来，避免盲目跟风或选择偏差。

在班级管理领域，学生画像为精细化教育决策提供了科学依据。传统的班级管理往往依赖经验判断，而画像技术能够通过数据驱动的洞察，帮助辅导员更精准地制定教育策略。例如，通过分析班级整体的学业画像，辅导员可以识别共性学习难点，并调整教学计划；通过分析班级社交画像，可以识别群体隔阂与信息壁垒，并设计跨群体交流活动。在资源分配方面，画像技术展现出独特的优势——通过分析学生的需求标签与成长潜力，AI可以优化资源分配策略：将有限的奖学金名额优先分配给经济困难且学业表现优异的学生；将高含金量的实习机会推荐给职业目标明确且能力匹配的学生。此外，画像技术还能够支持班级文化的建设——通过分析学生的价值观标签与行为模式，AI可以帮助辅导员设计契合班级特质的文化活动，增强集体认同感。

在家校协同领域，学生画像为深度沟通与共同育人提供了桥梁。传统的家校沟通往往局限于学业成绩与日常表现，而画像技术能够通过多维数据的整合，为家长提供更全面的成长洞察。例如，通过学业画像中的"学习动机"标签，辅导员可以向家长解释孩子学习行为背后的心理动因；通过心理画像中的"情绪状态"标签，可以帮助家长理解孩子的心理需求与压力来源。在家庭教育指导方面，画像技术展现出独特的价值——通过分析学生的行为画像与社交画像，AI可以生成个性化家庭教育建议：对于作息不规律的学生，建议家长协助制定健康生活计划；对于社交孤立的学生，建议家长鼓励其参与社交活动。此外，画像技术还能够支持家校共育的长期规划——通过分析学生的发展画像，AI可以帮助家长更理性地规划孩子的未来，避免过度干预或放任自流。

第三节 "一站式"学生社区智慧治理

一、智能服务与自动化流程

在智能服务与自动化流程的构建中，核心目标在于通过技术手段重构传统学生事务管理模式，将离散的服务场景整合为无缝衔接的智能响应体系。这一体系的实现依赖于底层技术架构的模块化设计与业务流程的深度再造，其关键在于打破部门间的数据孤岛，将规则明确的流程性事务从人工操作中剥离出来，转化为由算法驱动的自动化服务链条。

以自然语言处理（NLP）为核心的智能交互系统，是智能服务的神经中枢。不同于简单的关键词匹配应答，新一代对话式AI通过领域知识图谱构建与上下文理解模型，能够解析学生口语化、非结构化的服务请求。例如，当学生提出"我想申请校外实习学分认定"时，系统不仅会自动推送申报指南，还能基于用户身份信息预填表格字段，同步关联教务系统中的课程学分余额数据，动态生成个性化办理建议。这种语义理解能力使得服务响应从被动问答升级为主动引导，有效降低了沟通中的信息损耗。

流程自动化引擎的部署，则重新定义了事务处理的时空边界。通过机器人流程自动化（RPA）技术，传统需要跨部门流转的审批事务被转化为数字工作流。以学生活动经费报销为例，系统通过光学字符识别（OCR）自动提取发票信息后，调用财务规则库进行合规性校验，同时触发预算余额查询与审批人电子签名链，整个过程从原有的5—7个工作日压缩至实时办结。更值得关注的是，此类系统内置的异常处理机制能够识别流程中的冲突节点（如政策变更导致的规则矛盾），自动触发人工复核提醒并同步更新知识库，形成动态优化的闭环系统。

在服务触达层面，多模态交互技术的融合应用显著提升了用户体验的包容性。视觉—语言联合模型支持通过拍照、语音、手势等多种方式发起服务请求,例如,学生拍摄宿舍报修的水管照片后,系统通过计算机视觉识别故障类型,自动派发工单至后勤系统并预估维修时间。对于听障学生群体,实时手语识别引擎可将视频流转化为文本指令,确保无障碍服务全覆盖。这种交互方式的多元化设计,本质上是通过技术手段消解传统服务中的物理与认知障碍。

二、社区治理与参与优化

现代学生社区治理的本质矛盾在于,传统科层化管理模式与青年群体日益增长的参与诉求之间的结构性冲突。人工智能技术的介入,为破解这一困境提供了新的范式——通过构建"数据—算法—机制"三位一体的治理生态,将单向度管理转化为多主体协同共治。这种转型并非简单地将技术工具嵌套于既有体系,而是重构权力运行逻辑,使治理过程从封闭走向开放、从经验驱动转向证据驱动、从事后处置升级为前瞻引导。

第一,社区舆情的智能感知系统构成治理优化的基础层。传统舆情监测依赖人工抽样与主观判断,难以捕捉群体情绪的微观波动与潜在关联。基于多模态数据融合分析的 AI 系统,可同步解析论坛文本、视频日志、社交网络表情包等非结构化数据,通过时空维度情绪热力图呈现社区氛围的动态演变。例如,针对宿舍搬迁方案争议,系统不仅能识别表层关键词频次,更能通过语义网络分析挖掘反对意见的核心逻辑链条(如对公共空间压缩的担忧),结合群体动力学模型预测意见领袖的影响范围。此类深度洞察使辅导员得以超越碎片化信息干扰,精准定位矛盾焦点,制定差异化的沟通策略。更值得关注的是,系统通过强化学习不断优化干预策略库,当检测到相似舆情特征时,可自动生成包含沟通话术、资源调配方案、危机预案的决策支持包,形成"感知—诊断—响应"的闭环治理能力。

第二,学生参与机制的数字化重构,标志着治理权力结构的根本性变革。传统参与渠道受时空限制,往往演变为少数活跃分子的"表演式民主"。基于区块链技术的分布式协商平台,通过智能合约实现提案发起、辩论、投票的全流程透明化。学生提出的社区改造方案,经由共识算法评估可行性后进入链上投票环节，系统自动识别"搭便车"行为（如同 IP 地址批量投票），确保决策的广泛代表性。在虚拟校园场景中，数字孪生技术将实体社区映射为三维交互空间，学生可通过虚拟化身参与治理沙盘推演。例如，在食堂布局优化项目中，参与者不仅能查看人流模拟数据，还能实时调整桌椅配置并观测拥堵指数变化，这种沉浸式体验极大提升了决策参与的科学性与趣味性。更为重要的是，AI 代理人的引入打破了传统参与中的信息不对称困境——当学生提出增设自习室的需求时，系统即时调取教室使用率数据、建设成本模型、相邻社区案例库，生成多维度的决策影响评估报告，使协商过程从情感表达转向理性对话。

第三，治理决策的智能增强系统，正在重塑权力运行的逻辑基础。传统决策依赖有限理性下的经验判断，往往陷入"头痛医头"的短视困境。基于复杂系统建模的决策支持引擎，能够模拟政策干预的级联效应。以垃圾分类管理为例，系统不仅计算设施采购成本与空间占用率，更构建包含学生行为习惯、清运路线优化、环保意识传播动力学的多智能体模型，预测不同奖惩方案对长期依从率的影响曲线。这种系统思维导向的决策模式，使治理者能超越局部最优解，在生态可持续性与管理成本之间找到动态平衡点。在争议性决策场景中，道德计算框架的引入进一步提升了治理的合法性——当处理学术不端案件时，系统通过伦理知识图谱分析校规条款、学术共同体意识、社会价值取向的交互关系，生成包含惩戒力度建议、教育矫正方案、舆情应对策略的决策树，确保处罚既维护制度刚性又体现育人温度。

第四，治理效能的持续进化，最终依赖于"人机协同"的反思性实践。AI 系统的预测与决策能力并非静态存在，而是通过治理实践中的反馈循环不断迭代优化。在社区安全治理中，摄像头捕捉的异常行为数据经标注后，既用于训练识别模型，也反哺安防巡逻路线优化算法；学生针对 AI 决策提出的申诉案例，通过自然语言解析转化为特征向量，持续修正算法偏差。这种双向增强机制打破了传统治理中"制度僵化"的困局，使规则体系保持必要弹性的同时不失演进方向。更为深刻的是，治理过程中沉淀的交互数据正在催生新的知识生产模式——当系统发现夜间自习室使用率与课程难度系数呈非线性相关时,此类隐含规律不仅能指导空间资源配置,更能为教育教学改革提供实证依据,从而实现社区治理与育人体系的价值共振。

三、跨部门协同治理

高等教育机构内部长期存在部门壁垒,这种以职能切割为导向的治理架构,在面对学生群体需求的复杂性与动态性时,日益暴露出响应迟滞、权责模糊、资源错配等系统性缺陷。人工智能技术的深度应用,为破解跨部门协同困境提供了新的方法论——通过构建"数据流动—算法协调—价值共识"三位一体的协同治理引擎,将机械式的职能拼接转化为有机的生态化协作网络。这种转型不仅需要技术架构的创新,更涉及组织权力关系的重构,其核心在于建立基于数据透明与算法共识的新型信任机制。

第一,数据共享机制的革新是跨部门协同的基础性突破。传统协作模式受限于部门间的数据主权意识与安全顾虑,往往陷入"数据烟囱"与"表格战争"的消耗性博弈。基于区块链与联邦学习融合架构的分布式数据湖,创造了"数据可用不可见"的协同范式。在宿舍分配场景中,学工部门的学生行为数据、后勤部门的设施运维数据、教务部门的课程安排数据,通过智能合约实现加密状态下的联合计算。系统自动生成包含作息规律匹配度、学习群体聚合度、设施使用优化率等维度的宿舍分配方案,各部门在无须公开原始数据的前提下完成协同决策。这种技术架构不仅解决了数据隐私与共享的矛盾,更重要的是建立了基于算法验证的信任基础——各部门可通过零知识证明技术验证计算过程的合规性,从而消解传统协作中因信息不透明导致的相互猜疑。

第二,知识协同网络的进化重构了部门间的协作认知模式。跨部门协作低效的深层症结,往往源于专业领域知识的结构性隔阂——后勤管理者难以理解教学科研的特殊需求,学工团队不掌握基础设施的技术参数。基于知识图谱与事理图谱融合构建的跨域认知引擎,通过语义映射与类比推理技术,将各部门的领域知识转化为可交互的协同语言。在教室智能化改造项目中，系统自动解析教务部门的教学模式需求（如小组研讨、实验演示）、后勤部门的建筑约束条件（如承重限制、电力负荷）、信息部门的技术标准（如网络带宽要求），生成满足多维约束的改造方案空间，并以可视化形式展现不同方案的教学效果预测值与运维成本曲线。这种知识转化机制不仅提升了决策的科学性，更培育了跨部门的共同问题认知框架，使协作从被动妥协转向主动共创。

第三，流程孪生技术的应用开启了协同治理的虚拟实验空间。传统跨部门流程优化受制于现实试错成本，往往陷入"牵一发而动全身"的保守困境。通过数字孪生技术构建的虚拟校园管理系统，允许各部门在虚拟环境中模拟协作流程的级联效应。在毕业生离校服务优化中，数字孪生体同步映射图书馆、财务处、宿舍管理等部门的业务流程，导入近5年历史数据训练系统动力学模型。当实验性推行"一站式"离校服务时，系统可预测各部门工作负荷峰值、学生排队等待时间、潜在瓶颈环节等关键指标，并通过蒙特卡洛模拟生成风险预案库。这种虚拟实验能力使跨部门流程再造从经验主导转向数据驱动，大幅降低现实场景中的试错成本。更深远的意义在于，数字孪生体持续积累的协作数据，通过因果推理算法能揭示部门交互的隐性规律，为组织结构变革提供量化依据。

第四，协同决策的伦理约束框架是技术赋能不可忽视的维度。跨部门协作中算法权力的扩张，可能引发责任主体模糊化、价值取向冲突等新型治理风险。为此构建的多方参与式伦理校准机制，通过嵌入道德可解释性模块，能确保算法决策符合组织共同价值准则。在助学金评审场景中，当系统整合学工部门的家庭经济数据、教务部门的学业表现数据、团委的志愿服务数据时，伦理约束引擎会实时检测评审模型中的公平性指标（如城乡差异系数、性别敏感度），并启动由各部代表与学生委员组成的虚拟伦理委员会进行算法审计。这种机制设计既保留了算法效率优势，又通过人类价值判断的适时介入，防止技术理性对教育本质属性的侵蚀。值得关注的是，系统通过对抗性训练生成的伦理测试用例库，能持续提升算法在复杂道德困境中的决策稳健性，如平衡隐私保护与危机干预的边界尺度。

第五，持续进化型的协同生态系统构建，依赖于反馈数据的知识转化能力。传统协作改进往往停留在事后的总结评估，缺乏实时自优化的技术支撑。通过构建跨部门协作知识图谱，系统自动捕捉协作过程中的冲突解决案例、创新实践模式、隐性经验规则，并将其结构化为可复用的协同知识资产。当处理校园交通安全整治这类典型跨部门任务时，系统不仅记录最终的交通流线设计方案，还能通过过程追溯技术提取不同部门的决策逻辑变化轨迹，形成包含 23 个关键影响因子的协作模式分析报告。这种知识沉淀机制使得协同智慧得以持续积累传承，新入职人员可通过增强现实终端，在虚拟协作场景中学习历史案例的处置经验，显著缩短组织学习曲线。

在技术深度介入的协同治理新范式下，部门间的权力关系正经历根本性重塑。传统以行政权威为主导的协作模式，逐渐转变为基于数据洞察与算法共识的扁平化网络。当人工智能系统揭示出某类学生危机事件需要学工、心理、安保三部门特定响应序列时，这种数据驱动的协作逻辑自然获得组织合法性，部门间的职责边界随之动态调整。这种变革倒逼组织管理制度创新，催生出"算法督导员""数据调解员"等新型岗位，专门负责解读系统生成的协同效能报告，调解人机决策分歧，维护技术赋能与教育规律的价值统一。

第四节 应用案例——打造数字人辅导员

一、即可造梦：数字人辅导员视频生成

1. 登录

即刻造梦（即梦 AI）是由字节跳动（抖音）推出的一站式 AI 创意创作平台，旨在为用户提供便捷、高效的图片和视频创作体验。该平台通过自然语言处理和图像生成技术，使用户能够轻松地将灵感转化为高质量的视觉作品。

在浏览器搜索即刻造梦或登录网址 https：//jimeng. jianying. com/ai-tool/home/，扫描二维码或手机号注册登录。见图 6-4。

图 6-4　即刻造梦 AI 电脑端主界面

2. 录制并上传数字人辅导员形象

点击 AI 视频—视频生成，进入编辑界面，界面中包含图片生成、视频生成、音乐生成三大类别，可应用于日常工作的各个环节。视频生成中的"对口型"功能，可以将录制好的视频匹配上对应的文字，可以创造生成数字人辅导员形象，回答学生问题。见图 6-5。

图 6-5　即刻造梦 AI 电脑端编辑界面

第六章　学生日常事务管理工作中的数智能力和应用方法

3. 录制并上传辅导员答疑内容

选择角色上传，并输入希望数字人说出的内容，例如，对于宿舍矛盾的调解："君子和而不同，要求同存异，相互体谅"，选择 AI 配音或本地录音匹配后，点击生成视频，并等待视频生成完毕。见图 6-6。

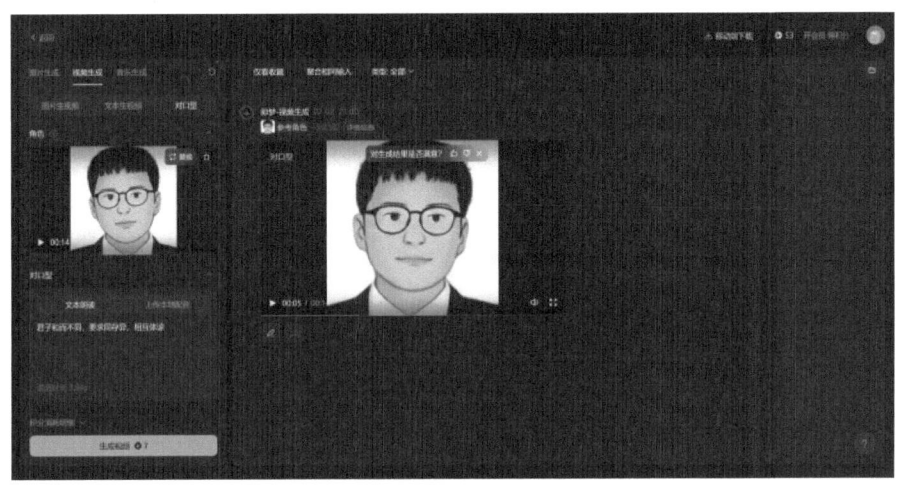

图 6-6　角色上传

4. 生成数字人辅导员视频

系统自动生成的数字人辅导员视频可以下载留存。见图 6-7。

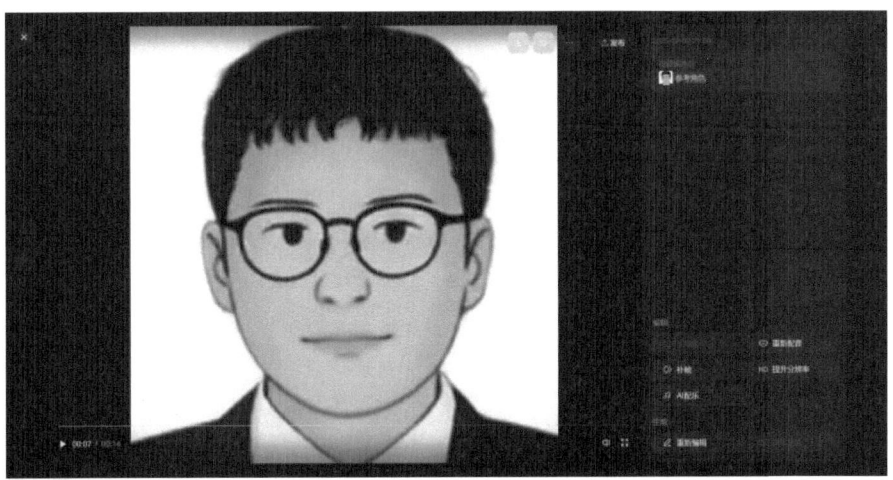

图 6-7　下载留存

二、AI 领导：数字人辅导员——以中国石油大学（北京）理学院智慧答疑系统为例

1. 创造问题类别

选择问答列表—问题类型，见图 6-8。

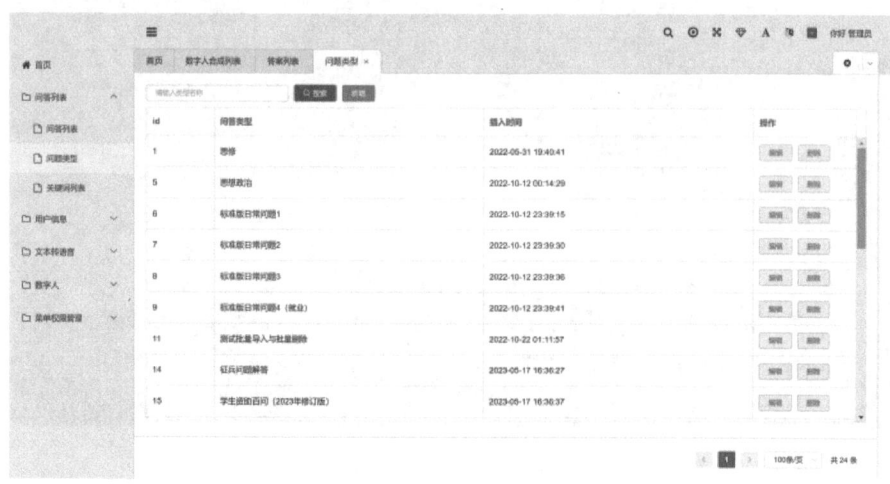

图 6-8　创造问题类别

选择新增，输入想要添加的问题类型，见图 6-9。

图 6-9　输入想要添加的问题类型

2. 添加问答对

选择问答列表，见图 6-10。

图 6-10 选择问答列表

选择【添加】，选择问题类型，设置问题排序与问题，设置答案类型（文字、图片、音频、视频、链接）、答案排序、答案，一个问题可支持多类型答案同时出现。见图 6-11。

图 6-11 设置问题排序与问题（一）

图 6-11　设置问题排序与问题（二）

3. 登录智慧答疑系统，输入问题验证结果

登录网站 https：//asa.vvz18.com/qadk/page/web/index.html#/或扫描二维码进入智慧答疑系统，测试问答。例如，输入"五湖四海，面对不可控的地域因素带来的差异，我们应该如何避免宿舍冲突"，输出以下答案："君子和而不同，要求同存异，相互体谅"以及数字人辅导员 AI 视频。见图 6-12。

图 6-12　智慧答疑系统操作界面

目前智慧答疑系统已录入思想政治、日常问题、学生工作业务问题、基础课程答疑问题等近万道问答对话，可供读者测试体验。

第七章
心理健康与咨询工作中的数智能力和应用方法

在当今社会，随着生活节奏的不断加快，人们面临来自工作、学习、生活等多方面的压力，心理健康问题日益凸显。世界卫生组织（WHO）的数据显示，全球约有4.5亿人患有精神障碍，抑郁症、焦虑症等心理疾病的发病率呈上升趋势[1]。据相关研究表明，我国大学生心理疾病患病率达20.23%，约21.48%的大学生可能存在抑郁的风险，45.28%的大学生可能存在焦虑风险，16%以上的大学生存在不同程度的心理障碍（神经症和情感危机）。心理健康问题不仅严重影响个人的生活质量、工作效率和人际关系，还会给家庭和社会带来沉重的负担[2]。传统心理健康服务依赖主观经验判断，存在评估静态化、服务覆盖有限等瓶颈，难以应对复杂多变的心理危机干预需求。

人工智能技术赋能高校心理健康服务的关键价值，在于通过辅

---

[1] 杨皓丹，马建武. 后疫情时代城市绿色空间对双相情感障碍影响的文献研究 [J]. 建筑与文化，2023（8）：106 – 109.

[2] 黎伟. 大学生焦虑水平及其影响因素研究 [D]. 华中师范大学，2002.

导员数智能力的迭代升级破解传统服务瓶颈。智能咨询平台与心理机器人突破时空限制,使辅导员能够依托技术工具实现服务触达全域覆盖,显著提升心理援助可及性,通过精准识别学生心理风险、动态优化干预策略,将共性化服务转化为个性化引导,在保障数据安全与伦理规范的前提下,构建"监测—预警—干预—追踪"的全链条心理健康服务体系,能够快速准确地识别心理问题,制定个性化的治疗方案,提高治疗效果。

第一节 全天候智能情感支持和倾听服务

一、智能心理评估

传统的心理评估主要依赖于心理量表、访谈等方式，这些方法不仅耗时费力，且易受主观因素影响。随着人工智能技术的发展，智能心理评估工具应运而生，为心理评估带来了新的变革。

智能心理评估工具借助自然语言处理、机器学习、计算机视觉等人工智能技术，能够对个体的心理状况进行多维度、全方位地评估。在自然语言处理方面，通过分析学生个体在社交媒体、在线咨询平台等留下的文本信息，提取与情绪、认知、行为相关的语言特征，从而推断其心理状态。如对抑郁症个体的文本分析发现，他们常使用消极词汇，语言表达缺乏活力。机器学习算法则可对大量的心理数据进行学习和训练，构建心理评估模型，实现对心理问题的自动诊断和分类。研究表明，基于机器学习的心理评估模型在抑郁症、焦虑症等常见心理疾病的诊断上，准确率可达到80%以上。计算机视觉技术可通过分析个体的面部表情、肢体语言等非语言信息，识别其情绪状态和心理压力水平。例如，通过面部表情识别技术，能够准确判断个体是否处于焦虑、抑郁等情绪状态。目前，智能心理评估工具已在多个领域得到了广泛应用，如医疗、教育、企业等。

图7-1所示为智能心理评估工具应用场景。

二、全天候智能心理咨询

智能聊天机器人作为智能心理咨询的典型代表，能够模拟人类心理咨询师与学生个体进行对话，提供即时的心理咨询服务。智能聊天机器人基于自然语言处理技术，能够理解学生输入的文本信息，并根据预设的算法和模型生成相应的回答。一些先进的智能聊天机器人还具备情感识别能

图7-1　智能心理评估工具应用场景

力,能够感知学生的情绪状态,并给予相应的情感回应和支持。当学生表达出焦虑情绪时,聊天机器人会用温和、安慰的语言进行回应,并提供一些缓解焦虑的方法和建议。智能聊天机器人还可整合认知行为疗法、人本主义疗法等多种心理咨询理论和技术,为学生提供个性化的心理咨询服务。通过与学生的对话,了解学生的问题和需求,运用相应的心理咨询技术帮助学生解决心理问题,改善心理状态。

除了智能聊天机器人,在线智能咨询平台也为学生提供了便捷的心理咨询服务。这些平台汇聚了众多专业的心理咨询师,学生可通过文字、语音、视频等方式与心理咨询师进行实时沟通。平台利用人工智能技术,实现了学生与心理咨询师的智能匹配,根据学生的问题类型、偏好等因素,为学生推荐最合适的心理咨询师。平台还可对咨询过程进行数据分析,为心理咨询师提供辅助决策支持,帮助其更好地了解学生需求,提高咨询效果。

智能心理咨询具有便捷性、及时性和隐私性等优势。学生可随时随地通过手机、电脑等设备与智能聊天机器人或心理咨询师进行交流,无须预约和等待。智能心理咨询能够保护用户的隐私,让学生更加放心地表达自己的问题和感受。

图 7 - 2 所示为手机端智能心理咨询场景。

图 7 - 2　手机端智能心理咨询场景

三、心理治疗辅助

在认知行为疗法中，人工智能可通过分析学生的行为数据、思维模式等信息，为治疗师提供个性化的治疗建议。利用机器学习算法对学生的日常行为数据进行分析，发现学生的负面思维模式和行为习惯，治疗师据此制定有针对性的治疗方案，帮助学生改变负面思维，建立健康的行为模式。通过人工智能技术还可开发相关的应用程序，辅助学生进行自我治疗。这些应用程序通过设置各种心理训练任务和游戏，引导学生进行认知重构和行为训练，提高学生的自我调节能力。

虚拟现实疗法是人工智能在心理治疗中的一个重要应用。通过虚拟现实技术，为学生创造逼真的虚拟场景，让学生在虚拟环境中暴露于恐惧源或触发情绪的情境中，从而进行系统脱敏和情绪调节训练。对于患有恐惧症的学生，可利用虚拟现实技术创建个体恐惧的场景，如高空、密闭空间等，让学生在安全的环境下逐渐面对恐惧，克服心理障碍。虚拟现实疗法还可实时监测学生的生理和心理反应，根据个体的反应调整虚拟场景和治疗方案，提高治疗的针对性和有效性。

此外，人工智能还可辅助治疗师进行治疗效果评估。通过分析学生在治疗过程中的各种数据，如症状变化、行为表现、心理测试结果等，利用机器学习算法对治疗效果进行量化评估，为治疗师提供客观、准确的评估报告，帮助治疗师及时调整治疗策略，提高治疗效果。

四、心理危机干预

人工智能可通过实时监测学生的行为数据、社交媒体信息等，及时发现学生潜在的心理危机。利用自然语言处理技术分析学生在社交媒体上发布的内容，若发现学生频繁表达消极情绪、有自杀倾向的言论等，系统会自动向辅导员、家长等发出预警。通过分析学生的行为数据，如睡眠模式、社交活动频率等，若发现学生行为出现异常变化，也可作为心理危机的预警信号。

当检测到心理危机时，人工智能系统可迅速提供干预方案。根据学生的具体情况，推荐合适的心理援助资源，如心理热线、心理咨询机构等。智能聊天机器人可立即与学生进行对话，提供情感支持和心理疏导，稳定学生的情绪。在一些紧急情况下，人工智能系统还可与相关救援机构联动，及时采取救援措施，避免悲剧的发生。

为了提高心理危机干预的效果，人工智能还可对干预过程进行跟踪和评估。通过分析学生在干预后的行为变化、心理状态等数据，评估干预措施的有效性，为后续的干预工作提供经验和参考，不断优化心理危机干预方案，提高心理危机干预的成功率。

第二节 人工智能技术在心理健康与咨询领域的关键技术

一、自然语言处理技术

自然语言处理（NLP）技术是人工智能领域的重要组成部分，旨在实现计算机与人类自然语言之间的有效交互、理解和分析。在心理健康与咨询领域，自然语言处理技术发挥着关键作用，为理解用户语言、识别情绪和提供针对性回应提供了强大的支持[1]。

自然语言处理技术在理解用户语言方面，主要通过词法分析、句法分析和语义理解等步骤来实现。词法分析是将输入的文本分割成一个个单词或词素，并对其进行词性标注，确定每个词的词性，如名词、动词、形容词等。例如，"我感到很焦虑"这句话，通过词法分析可以识别出"我"是代词，"感到"是动词，"焦虑"是形容词。句法分析则是分析句子的语法结构，确定句子中各个成分之间的关系，如主谓宾、定状补等。对于复杂的句子，句法分析能够帮助计算机理解句子的逻辑结构，从而更好地把握语义。语义理解是自然语言处理的核心环节，它通过对词汇和句子的语义分析，结合语境信息，理解用户表达的真实意图。在心理健康咨询中，理解用户的意图至关重要，如用户说"最近工作压力大，晚上总是睡不着"，自然语言处理系统需要理解用户是在表达因工作压力导致的睡眠问题，而不是简单地描述工作和睡眠的情况。

情绪识别是自然语言处理技术在心理健康与咨询中的另一个重要应用。人类的情绪通常通过语言表达出来，自然语言处理技术可以通过分析文本中的词汇、语法、语义以及情感特征等信息，识别出用户的情绪状态。研究表明，不同情绪的表达往往具有特定的语言特征，如消极情绪的表达中常出现负面词汇、感叹词和表达不满的句式。通过建立情绪识别模型，利用机器学习算法对大量带有情绪标注的文本数据进行训练，模型可以学习到不同情绪的语言模式，从而实现对新文本的情绪分类。常用的情绪识别方法包括基于规则的方法、基于机器学习的方法和深度学习方法。基于规则的方法是根据人工制定的情绪识别规则来判断情绪，如根据特定的词汇表和语法规则来识别情绪。这种方法简单直观，但规则的制定需要大量的人工工作，且难以覆盖所有情况。基于机器学习的方法则是利用机

---

[1] 柳国伟. 人工智能技术在数字媒体领域的应用[J]. 电视技术, 2023, 47 (5)：181-184.

器学习算法,如支持向量机、朴素贝叶斯等,对提取的文本特征进行训练,构建情绪识别模型。深度学习方法如循环神经网络(RNN)、长短期记忆网络(LSTM)和卷积神经网络(CNN)等,能够自动学习文本的深层次特征,在情绪识别任务中取得了较好的效果。这些模型能够捕捉文本中的语义信息和上下文关系,能更准确地识别情绪[1]。

在提供针对性回应方面,自然语言处理技术基于对学生语言和情绪的理解,结合心理咨询的知识和策略,生成合适的回复。智能聊天机器人在与学生对话时,根据识别出的学生情绪和问题,从预设的知识库中检索相关的信息和建议,生成个性化的回复。当识别出学生处于焦虑情绪时,聊天机器人可以回复一些缓解焦虑的方法,如深呼吸、冥想等,同时给予情感上的支持和鼓励,如"我能理解你现在的感受,焦虑是很常见的情绪,我们可以一起想办法缓解它"。一些先进的自然语言处理系统还可以根据用户的反馈和对话历史,动态调整回复策略,提供更符合学生需求的回应。

图7-3所示为自然语言处理技术在心理咨询中的应用逻辑。

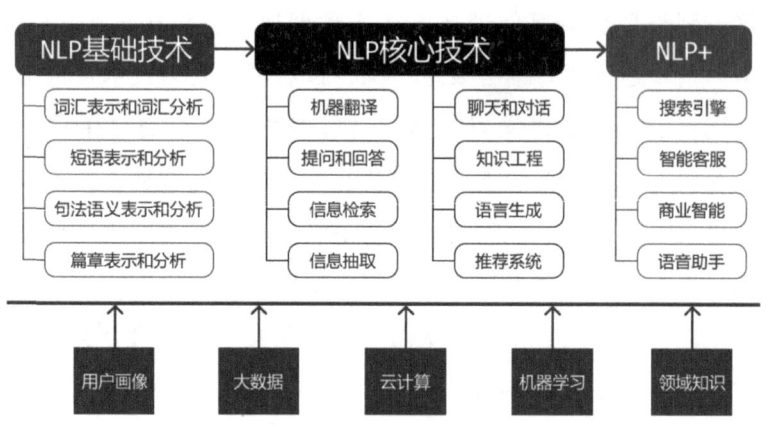

图7-3 自然语言处理技术在心理咨询中的应用逻辑

---

[1] 刘莉.基于情感分析的个性化推荐算法研究[J].现代计算机,2023,29(19):17-21.

二、机器学习与深度学习技术

机器学习算法在心理健康领域的应用十分广泛，其中监督学习算法在心理疾病的诊断和预测中发挥着关键作用[①]。支持向量机（SVM）是一种常用的监督学习算法，它通过寻找一个最优的分类超平面，将不同类别的数据分开。在心理疾病诊断中，SVM可以根据个体的症状、生理指标、心理测试结果等多维度数据，对抑郁症、焦虑症等心理疾病进行准确分类。一项研究表明，利用SVM算法对抑郁症个体和健康人群的脑电信号数据进行分析，准确率达到85%以上。

决策树算法则通过构建树形结构，对数据进行逐步划分和分类，可用于分析心理问题的影响因素和风险评估。通过对大量青少年心理健康数据的分析，决策树算法可以识别出家庭环境、学习压力、社交关系等因素对青少年心理健康的影响程度，为制定针对性的干预措施提供依据。

无监督学习算法在心理健康数据的聚类分析和特征提取中具有重要价值。聚类算法如K-Means聚类算法，可将具有相似特征的心理健康数据聚为一类，帮助研究者发现数据中的潜在模式和群体特征。在对大量心理咨询案例的分析中，K-Means聚类算法可以将具有相似心理问题和咨询需求的案例归为同一类，为心理咨询师提供参考，提高咨询效率和针对性。

主成分分析（PCA）是一种常用的降维算法，能够在保留数据主要特征的前提下，降低数据的维度，减少数据处理的复杂性。在处理高维度的心理健康数据时，PCA可以提取出最能代表数据特征的主成分，如在分析脑影像数据时，PCA可以提取出关键的脑区特征，用于心理疾病的诊断和研究。

深度学习作为机器学习的一个分支，近年来在心理健康领域取得了显著进展。深度学习模型如神经网络、卷积神经网络（CNN）和循环神经网

[①] 周禹西，潘鑫燊. 机器学习算法在心理健康领域的应用研究［J］. 华东科技，2024（1）：50-52.

络(RNN)等,具有强大的自动特征学习能力,能够从大量的心理健康数据中自动学习到复杂的特征和模式。神经网络由多个神经元组成,通过构建复杂的网络结构,对输入数据进行逐层处理和特征提取。在心理健康评估中,神经网络可以学习到用户的语言模式、行为特征与心理状态之间的关系,从而实现对心理问题的准确识别。CNN 在处理图像和信号数据方面具有独特优势,在分析脑电信号、脑影像等数据时,CNN 可以自动提取数据中的关键特征,用于心理疾病的诊断和预测。研究表明,基于 CNN 的脑电信号分析模型在癫痫、抑郁症等疾病的诊断中,准确率比传统方法提高了 10%—20%。RNN 则擅长处理序列数据,能够捕捉数据中的时间序列信息。在分析社交媒体上用户的文本数据时,RNN 可以根据用户的历史发言内容,预测用户未来的心理状态变化,及时发现潜在的心理危机。

为了提高机器学习和深度学习模型的性能和准确性,研究人员不断探索新的算法和技术。迁移学习可以将在一个任务或领域中学习到的知识和模型,迁移到另一个相关的任务或领域中,减少模型训练所需的数据量和时间。在心理健康领域,迁移学习可以利用已有的大规模心理健康数据模型,快速构建针对特定心理问题或人群的诊断模型。集成学习则通过组合多个模型的预测结果,提高模型的稳定性和准确性。将多个不同的机器学习模型进行集成,如随机森林算法集成多个决策树模型,可有效降低模型的误差,提高心理疾病预测的准确性。

三、情感计算与识别技术

情感计算旨在赋予计算机感知、理解和表达人类情感的能力,使计算机能够像人类一样与用户进行情感交互。在心理健康与咨询中,情感计算技术主要通过分析语音、面部表情、肢体语言等多模态信息来识别个体的情感状态。在语音情感识别方面,语音信号中蕴含着丰富的情感信息,如音高、音量、语速、语调等。当人们处于愤怒情绪时,音高通常会升高,语速加快,音量增大;而处于悲伤情绪时,音高会降低,语速变慢,语调也会变得低沉。通过提取这些语音特征,并运用机器学习算法进行训练和分类,能够构建高精度的语音情感识别模型。常用的语音特征提取方法包括梅尔频率倒谱系数(MFCC)、线性预测倒谱系数(LPCC)等。基于语音特征,利用支持向量机(SVM)、高斯混合模型(GMM)等分类器,可以对语音中的情感进行准确识别。研究表明,在干净的语音环境下,语音情感识别的准确率可达到80%以上[1]。

面部表情是人类情感表达的重要方式之一,面部表情识别技术在情感计算中具有重要地位。通过计算机视觉技术,对个体面部的表情动作单元进行检测和分析,能够识别出不同的情感类别,如高兴、悲伤、愤怒、恐惧、惊讶、厌恶等。面部表情识别主要包括人脸检测、特征提取和表情分类三个步骤。在人脸检测阶段,利用基于 Haar 特征的级联分类器、深度学习中的卷积神经网络等方法,能够快速准确地检测出图像或视频中的人[2]。在特征提取阶段,常用的方法有几何特征提取和纹理特征提取。几何特征主要关注面部器官的位置、形状和相对距离等信息,如眼睛的开合程度、嘴角的上扬或下垂等;纹理特征则侧重于面部皮肤的纹理变化,如皱纹、肌肉运动等。主成分分析(PCA)、局部二值模式(LBP)等是常用的特征提取算法。在表情分类阶段,利用支持向量机、神经网络等分类器对提取的特征进行分类,判断表情所对应的情感类别。近年来,深度学习技术在面部表情识别中取得了显著进展,基于卷积神经网络的面部表情识别模型能够自动学习到更抽象、更具代表性的特征,大幅提高了识别准确率。一些先进的面部表情识别系统在公开数据集上的准确率已超过90%[3]。

肢体语言也是情感表达的重要组成部分,身体的姿势、动作、手势等都能传达出个体的情感状态。当人们感到紧张时,可能会出现频繁的小动作,如抖腿、搓手等;而自信的人往往会保持挺胸抬头的姿势。肢体语言识别技术通过传感器、摄像头等设备采集个体的肢体动作数据,运用机器

---

[1] 易如倩. 基于 GMM 和 SVM 的说话人识别系统研究[D]. 东北大学, 2013.

[2] 赵军艳, 计算机科学与技术. 复杂场景中基于 YOLOv3 的鲁棒人脸检测研究[D]. 太原理工大学, 2025.

[3] 唐康. 人脸检测和表情识别研究及其在课堂教学评价中的应用[D]. 重庆师范大学, 2019.

学习和计算机视觉算法进行分析和识别。基于传感器的肢体语言识别，常用的传感器包括加速度计、陀螺仪等，它们可以测量身体的运动加速度、角速度等信息，通过对这些数据的分析，判断个体的动作类型和情感状态①。基于计算机视觉的肢体语言识别，则是通过对视频中的人体姿态进行检测和跟踪，提取肢体动作的特征，如关节位置、动作轨迹等，进而识别情感。为了提高肢体语言识别的准确性和可靠性，研究人员通常会将多种模态的信息进行融合，如将语音、面部表情和肢体语言信息相结合，利用多模态融合算法进行情感识别。多模态融合可以充分利用不同模态信息之间的互补性，提高情感识别的准确率和稳定性。研究表明，多模态情感识别的准确率比单模态识别提高了10%—20%②。

四、虚拟现实与增强现实技术

虚拟现实（Virtual Reality，VR）和增强现实（Augmented Reality，AR）技术作为前沿的交互技术，在心理健康与咨询领域展现出独特的应用价值，为心理治疗和干预提供了创新的手段和沉浸式的体验。

虚拟现实技术通过计算机图形学、传感器技术等，为用户创建一个高度逼真、沉浸式的虚拟环境，用户可以通过头戴式显示器、手柄等设备与虚拟环境进行自然交互，仿佛身临其境。在心理治疗中，虚拟现实技术被广泛应用于暴露疗法。对于患有恐高症的个体，传统的暴露疗法可能需要在真实的高处环境中进行，这不仅存在安全风险，而且实施难度较大。而利用虚拟现实技术，个体可以在安全的治疗室内，通过头戴式显示器身临其境地体验高空场景，如站在高楼的边缘、乘坐透明玻璃电梯等。治疗师可以根据个体的恐惧程度和治疗进展，精确控制虚拟场景的高度、环境细节等因素，逐步增加个体的暴露强度，帮助个体逐渐适应和克服恐惧。研究表明，经过一段时间的虚拟现实暴露疗法治疗，恐高症个体在真实生活

---

① 汪俊，许胜强，程楠，等. 基于多传感器的运动姿态测量算法［J］. 计算机系统应用，2015.
② 李路宝，陈田，任福继，等. 基于图神经网络和注意力的双模态情感识别方法［J］. 计算机应用，2023，43（3）：6.

中面对高处场景时的恐惧程度明显降低,焦虑情绪得到有效缓解。虚拟现实技术还可应用于创伤后应激障碍(PTSD)的治疗[①]。通过重现创伤性事件的场景,让个体在安全的虚拟环境中面对和处理创伤记忆,帮助个体逐渐减轻创伤带来的心理影响,恢复心理健康。一项针对退伍军人 PTSD 治疗的研究显示,采用虚拟现实暴露疗法后,个体的 PTSD 症状得到了显著改善,睡眠质量提高,焦虑和抑郁情绪减轻。

增强现实技术则是将虚拟信息与真实世界相结合,通过手机、平板电脑或智能眼镜等设备,将虚拟的图像、文字、声音等信息叠加在现实场景中,实现虚拟与现实的互动。在心理健康领域,增强现实技术为认知行为疗法提供了新的途径。对于患有社交焦虑症的个体,增强现实技术可以创建虚拟的社交场景,如聚会、会议、演讲等,个体在现实环境中与虚拟角色进行社交互动。在互动过程中,个体可以实时观察自己的行为和情绪反应,治疗师通过增强现实设备的反馈功能,为个体提供实时的指导和建议,帮助个体识别和改变负面的思维模式和行为习惯,提升社交技能和自信心。例如,个体在虚拟社交场景中表现出紧张、退缩的行为时,治疗师可以及时指出,并引导个体采用积极的应对策略,如主动与他人交流、保持良好的肢体语言等。经过多次的增强现实认知行为疗法训练,社交焦虑症个体在真实社交场合中的焦虑程度明显降低,社交能力得到有效提升。增强现实技术还可用于心理健康教育和培训。通过创建沉浸式的学习环境,让学习者更直观地了解心理健康知识和心理治疗方法,提高学习效果。在心理健康培训课程中,利用增强现实技术展示心理疾病的症状表现、治疗过程等内容,可使学习者能够更深入地理解和掌握相关知识。

虚拟现实技术和增强现实技术在心理健康与咨询领域的应用仍面临一些挑战。设备成本较高,限制了其在一些地区和人群中的普及。虚拟现实技术和增强现实技术的应用需要专业的技术人员和心理健康专家共同合作,目前这类跨学科人才相对匮乏。虚拟现实和增强现实环境的逼真度和

---

① 张业旖. 适应负荷指数对基于虚拟现实技术的平衡心理疗法辅助治疗抑郁症疗效的影响[D]. 东南大学,2022.

交互性还需要进一步提高,以更好地满足心理治疗的需求。随着技术的不断发展和完善,虚拟现实技术和增强现实技术有望在心理健康与咨询领域发挥更大的作用,为更多的心理疾病个体带来新的希望和治疗选择。

图7-4所示为心理咨询虚拟场景。

图7-4 心理咨询虚拟场景

第三节 人工智能技术对大学生心理健康与咨询的影响

一、积极影响

(一)提高服务效率及可及性

人工智能技术的应用极大地提升了高校大学生心理健康与咨询服务的效率与可及性,为更多有需求的学生带来了便利。传统的心理健康与咨询服务受限于时间和空间,通常需要学生提前预约,在特定的时间与特定的地点与咨询师面对面交流。而人工智能驱动的心理健康与咨询服务打破了这些限制，实现了 24 小时不间断服务。在线心理咨询平台和心理健康 App 等人工智能的应用为学生提供了便捷的心理咨询与辅导服务，学生可以不受时间和空间的限制，随时随地通过网络平台与专业心理咨询师进行沟通和交流，获得及时的心理支持和指导。对于一些不愿意或不方便面对面咨询的学生来说，人工智能辅助的咨询方式可以提供更多的选择和机会，降低他们寻求帮助的门槛，使更多的学生能够获得心理健康服务。在打破地域限制方面，人工智能技术使得心理健康与咨询服务能够覆盖到更广泛的地区。通过在线平台，即使是寒暑假时间，在偏远山区、海岛等交通不便、缺乏专业心理咨询师的地区，学生们也能享受到专业的心理健康与咨询服务。

（二）提供个性化服务

每个人的心理状况和需求都是独特的，传统的心理健康与咨询服务往往难以满足个体的个性化需求。而人工智能技术凭借其强大的数据处理和分析能力，能够深入挖掘学生的心理特征和需求，为学生提供高度个性化的咨询和治疗方案。

人工智能系统通过多渠道收集学生的数据，包括心理测试结果、社交媒体活动、日常行为模式、生理指标等。通过分析这些数据，系统能够全面了解学生的心理状态、情绪变化、认知模式等信息。例如，利用自然语言处理技术分析学生在社交媒体上发布的内容，可识别学生的情绪倾向和心理压力源；通过可穿戴设备收集学生的心率、睡眠质量等生理数据，可辅助判断学生的心理状态。基于这些数据，人工智能系统运用机器学习算法，建立学生的心理模型，预测学生可能出现的心理问题，并制定个性化的干预方案。

在心理咨询过程中，智能聊天机器人能够根据学生的实时反馈和对话历史，动态调整咨询策略。如果学生在咨询过程中提到近期学习压力大，机器人会针对性地询问学习压力的具体来源，如学习任务难易程度、导学关系等，然后提供相应的应对建议，如时间管理技巧、沟通技巧等。在心理治疗方面，人工智能可以根据学生的具体情况，为其推荐个性化的治疗方法和资源。对于患有轻度抑郁症的患者，系统可能推荐认知行为疗法相关的在线课程、自主练习，同时结合冥想、放松训练等方法，帮助学生缓解症状。

（三）辅助专业人员工作

人工智能技术在心理健康与咨询领域的应用，为专业心理咨询师提供了有力的辅助支持，有效减轻了他们的工作负担，提高了工作效率和质量。

在数据处理方面，心理咨询过程中会产生大量的数据，如咨询记录、心理测试结果、患者反馈等。传统的人工处理方式耗时费力，且容易出现疏漏。而人工智能技术可以快速、准确地对这些数据进行分析和整理，提取有价值的信息。通过自然语言处理技术对咨询记录进行文本分析，可自动提取学生的主要问题、情绪变化、治疗进展等关键信息；利用机器学习算法对心理测试数据进行统计分析，能够生成直观的报告，帮助咨询师更全面、更深入地了解学生的情况，为制定治疗方案提供科学依据。

在初步诊断方面，人工智能可以作为辅助工具，帮助咨询师提高诊断的准确性和效率。智能心理评估系统通过分析学生的多维度数据，利用预训练的模型对心理问题进行初步判断和分类，为咨询师提供诊断建议。在面对大量的患者时，人工智能系统可以快速进行初步筛查，识别出可能存在严重心理问题的学生，优先安排专业咨询师进行深入诊断和治疗。这不仅节省了咨询师的时间和精力，还能确保学生得到及时地关注和治疗。此外，人工智能还可以为咨询师提供治疗方案的参考建议，帮助咨询师借鉴以往的成功案例和最佳实践经验，制定更有效的治疗方案。

二、挑战与问题

（一）伦理与法律问题

在数据隐私保护方面，心理健康与咨询领域涉及大量敏感的个人数据，如学生的心理状态、个人经历、家庭背景等。人工智能系统在收集、存储、传输和使用这些数据时,面临着严峻的隐私保护挑战。数据泄露事件时有发生,一旦学生的心理健康数据被泄露,可能会对学生的生活、工作、社交等方面造成严重的负面影响,如遭受歧视、病情加重等。数据收集过程中可能存在过度收集的问题,一些人工智能应用可能会收集超出实际需求的数据,增加了数据泄露的风险。数据存储和传输过程中的安全防护措施若不到位,也容易导致数据被黑客攻击窃取。

责任界定是人工智能在心理健康与咨询应用中面临的另一个重要问题。当人工智能系统给出的诊断结果或治疗建议出现错误,导致学生受到伤害时,很难明确责任主体。责任主体是人工智能系统的开发者、使用者,还是数据提供者应该承担责任,目前尚无明确的法律规定[①]。在智能心理评估中,如果评估结果不准确,误导了学生或医生,引发了严重后果,难以判断是算法的缺陷、数据的偏差,还是其他因素导致的问题,从而使得责任难以界定。

人机交互伦理问题也不容忽视。智能聊天机器人在与学生交流时,虽然能够提供一定的心理支持和建议,但缺乏真正的情感理解和同理心。它们只是按照预设的算法和程序进行回应,无法像人类心理咨询师那样给予学生真正的情感关怀和理解。这可能会导致学生在交流过程中感到失望和无助,甚至加重学生的心理负担。过度依赖智能聊天机器人进行心理咨询,可能会削弱学生与他人面对面交流的能力,影响学生的社交技能和人际关系发展。

(二) 对传统咨询模式的冲击

在情感理解方面,尽管人工智能在情感识别技术上取得了一定进展,但仍难以真正理解人类情感的复杂性和多样性。人类情感往往受到文化、个人经历、社会环境等多种因素的影响,具有高度的情境性和主观性。人工智能系统很难像人类一样,深入理解这些背景因素对情感的影响,从而准确把握学生的情感状态。在面对学生复杂的情感表达时,人工智能可能

---

① 闫行棋. 人工智能治理的行政法问题研究 [D]. 河北经贸大学, 2024.

只能识别表面的情绪，而无法理解其深层次的情感需求。当学生用隐晦、隐喻的方式表达情感时，人工智能系统可能无法准确理解其含义，导致回应不准确或不恰当。

人工智能在处理简单的心理问题时表现出一定的优势，但对于复杂的心理问题，如多重心理障碍共病、涉及深层次心理创伤的问题等，其能力有限。复杂心理问题往往需要综合考虑多个因素，进行深入的分析和判断，而人工智能系统目前还难以具备这种全面、深入的分析能力。在面对患有抑郁症和焦虑症共病的学生时，人工智能可能无法准确判断两种病症之间的相互关系，以及如何制定综合的治疗方案。人工智能在处理涉及人类价值观、道德观念等方面的心理问题时，也存在局限性，因为这些问题往往没有明确的标准答案，需要根据具体情境和个体差异进行判断和处理。

人工智能的发展对传统心理咨询师的角色和职业发展产生了一定的影响。一方面，人工智能的应用使得一些简单的心理咨询工作可以由智能系统完成，这可能会导致部分传统心理咨询师的工作机会减少。一些轻度心理问题的咨询，学生可能更倾向于选择更便捷的智能聊天机器人。另一方面，人工智能也对心理咨询师的专业能力提出了更高的要求。心理咨询师需要掌握更多的人工智能技术知识，以便更好地与人工智能系统协作，利用人工智能提供的数据分析和辅助诊断结果，为学生提供更优质的服务。心理咨询师还需要更加注重提升自己的情感理解、人文关怀和沟通能力，以弥补人工智能在这些方面的不足。

为了应对人工智能带来的挑战，传统心理咨询师需要积极转型和提升自己的能力。加强与人工智能技术的融合，学习如何运用人工智能工具辅助咨询工作，提高工作效率和质量。不断提升自己的专业素养，深入学习心理学理论和实践知识，提高对复杂心理问题的诊断和治疗能力。注重培养自己的创新能力，探索新的咨询模式和方法，以适应市场的需求。另外，心理咨询行业也需要加强规范和管理，明确人工智能在心理咨询中的角色和定位，制定相关的行业标准和规范，保障用户的权益和安全。

第四节 人工智能技术在心理健康与咨询领域的发展趋势

一、技术融合与创新

随着科技的不断进步，人工智能技术在心理健康与咨询领域将呈现出更加深入的技术融合与创新趋势，为心理健康服务带来全新的变革。

自然语言处理、机器学习、情感计算等技术的融合将进一步提升人工智能在心理健康领域的应用效果。自然语言处理技术将更加智能地理解学生的语言表达，结合机器学习算法对大量心理健康数据的分析，能够更准确地识别学生的心理问题和情绪状态。通过情感计算技术，人工智能可以更深入地感知学生的情感变化，实现更具情感共鸣的交互。在心理咨询中，智能聊天机器人可以利用自然语言处理技术理解学生的问题，通过机器学习算法分析学生的历史数据和行为模式，结合情感计算技术感知学生的情绪，从而提供更个性化、更贴心的心理支持和建议。这种技术融合还将体现在心理评估和诊断中，通过多技术协同，提高评估的准确性和全面性。综合分析学生的语言数据、行为数据以及生理数据，利用自然语言处理技术提取语言特征，机器学习算法进行模式识别，情感计算技术分析情感状态，从而更精准地判断学生的心理状况。

量子计算技术的发展有望为心理健康数据分析带来质的飞跃。量子计算具有强大的计算能力，能够在极短的时间内处理海量的心理健康数据，加速心理疾病的预测和诊断模型的训练。利用量子计算技术，可以对大规模的心理健康数据库进行快速分析，发现潜在的心理问题模式和关联，为心理治疗提供更科学的依据。边缘计算技术也将在心理健康领域发挥重要作用。边缘计算可以在靠近数据源的设备上进行数据处理，减少数据传输延迟，提高心理健康服务的实时性。在智能可穿戴设备中应用边缘计算技术，能够实时分析用户的生理数据，如心率、血压、睡眠质量等，及时发现学生的心理状态变化，并提供即时的心理干预。

人工智能与生物技术的融合也将为心理健康与咨询服务带来新的机遇。通过对基因数据、神经影像数据等生物技术数据的分析，结合人工智能算法，能够更深入地了解心理疾病的发病机制和遗传因素，为个性化的心理治疗提供更精准的方案。利用基因检测技术和人工智能分析，可以预测个体患抑郁症、焦虑症等心理疾病的风险，并能根据个体的基因特征制定针对性的预防和治疗措施。

二、人机协作模式的深化

未来，人工智能技术在心理健康与咨询领域的发展将更加注重人机协作模式的深化，充分发挥人类咨询师和人工智能各自的优势，为学生提供更优质、高效的心理健康服务。

在心理健康评估方面，人工智能可以快速处理大量的数据，运用机器学习算法对心理测试结果、行为数据、生理指标等进行分析，生成初步的评估报告。人工智能系统可以通过分析用户在社交媒体上的言论、日常行为模式以及睡眠监测数据等，快速识别出可能存在的心理问题倾向，并给出风险评估。而人类咨询师则凭借其丰富的专业知识和临床经验，对人工智能生成的评估结果进行审核和补充。人类咨询师可以与学生进行面对面的交流，深入了解学生的情感体验、生活背景和心理困扰的具体情况，从而对评估结果进行修正和完善，确保评估的准确性和全面性。这种人机协作的评估模式，既提高了评估的效率，又保证了评估的质量，能够为后续的心理咨询和治疗提供更可靠的依据。

在心理咨询过程中，智能聊天机器人可以作为前端服务，为学生提供即时的情感支持和初步的问题解答。当学生遇到情绪困扰时，智能聊天机器人能够随时回应，倾听学生的倾诉，运用预设的话术和策略，帮助学生缓解情绪，提供一些常见问题的应对建议。而对于复杂的心理问题，人类咨询师则可以介入，进行深入的心理咨询。人类咨询师能够与学生建立良好的信任关系，运用专业的心理咨询技术，如精神分析、人本主义疗法等，深入挖掘学生问题的根源，帮助学生解决深层次的心理问题。人工智能还可以辅助人类咨询师，通过分析学生的咨询历史和行为数据，为咨询师提供个性化的咨询建议和策略，帮助咨询师更好地理解学生需求，提高咨询效果。

在心理治疗环节，人工智能可以为治疗师提供个性化的治疗方案建议。通过对大量治疗案例数据的分析，人工智能可以发现不同治疗方法对不同类型心理问题的有效性，结合学生的具体情况，为治疗师推荐最适合的治疗方案。对于患有抑郁症的学生，人工智能可以根据学生的症状严重程度、病史、遗传因素等，推荐认知行为疗法、药物治疗或其他综合治疗方案，并提供具体的治疗步骤和时间安排建议。人类治疗师则根据自己的专业判断和学生的实际反应，对治疗方案进行调整和优化。在治疗过程中，人类治疗师能够给予学生情感上的支持和鼓励，增强学生的治疗信心，促进治疗的顺利进行。

为了实现更有效的人机协作，需要加强人类咨询师与人工智能之间的沟通和协作机制建设。开发专门的人机协作平台，使人类咨询师能够方便地获取人工智能提供的数据分析结果和建议，同时也能够将自己的专业意见反馈给人工智能系统，促进人工智能的不断学习和优化。加强对人类咨询师的人工智能技术培训，提高他们运用人工智能工具的能力，使其能够更好地与人工智能协作。培养跨学科的专业人才，既懂心理学又懂人工智能技术，能够在人机协作模式中发挥桥梁和纽带作用，推动心理健康与咨询服务的创新发展。

三、服务模式的拓展

人工智能技术的发展为心理健康与咨询服务模式的拓展提供了广阔的空间，有望实现从单一的咨询服务向全流程、全方位的心理健康服务体系转变。

在心理健康预防方面，人工智能可以通过对学生的行为数据、社交媒体信息、生理指标等多源数据的分析，提前预测学生可能出现的心理问题，实现早期干预。通过分析社交媒体上学生的发言内容、情绪表达以及社交互动模式，利用自然语言处理和机器学习技术，识别出学生是否存在焦虑、抑郁等心理问题的潜在风险。结合可穿戴设备收集的心率、睡眠质量、运动步数等生理数据，更全面地评估学生的心理状态。对于发现的高风险学生，人工智能系统可以及时告知辅导员、班主任学生潜在的风险，同时还可以给学生推送个性化的心理健康教育内容、心理调适技巧等，帮助其预防心理问题的发生。

在康复跟踪方面，人工智能可以为有心理疾病的学生提供持续的康复支持和跟踪服务。学生在完成治疗后，通过智能可穿戴设备、手机应用程序等工具，能持续记录自己的日常生活行为、情绪变化、心理状态等信息，并实时上传至云端。人工智能系统对这些数据进行分析，评估学生的康复进展，及时发现可能出现的复发迹象。如果发现学生的情绪波动较大、睡眠质量下降等异常情况，系统会自动提醒学生和医生，医生可以根据情况及时调整康复方案，提供进一步的心理支持和治疗建议。人工智能还可以为学生提供个性化的康复训练计划和心理辅导课程，帮助学生巩固治疗效果，提高心理健康水平。

第五节 人工智能技术在心理健康与咨询领域的应用案例

一、心理健康服务平台案例

中国科学院院士、北京大学第六医院院长陆林指导研发的 AI 心理服务机器人"北小六"（见图7-5），是高校使用人工智能解决心理问题的典范。"北小六"通过对话、咨询等方式为用户提供心理支持和治疗建议，旨在帮助人们自助式地解决心理问题，防止病情加重。它的出现使得心理健康服务更加便捷和普及化，有效缓解了专业心理咨询师资源紧张的问题。用户可以通过与"北小六"的互动，获得个性化的心理健康建议，从

第七章 心理健康与咨询工作中的数智能力和应用方法

而在日常生活中更好地管理自己的情绪和压力。

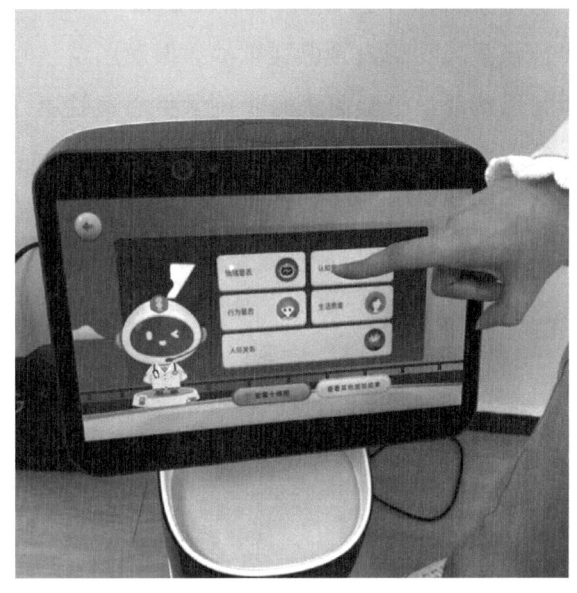

图7-5 AI心理服务机器人"北小六"

泰安三中新校引进了 AI 心理咨询机器人，放置在"AI成长加油站"内，为学生提供心理测试、学习天地、校园测评、放松解压、心灵百科、心事解忧等服务。华中师范大学公益心理援助平台引入人工智能技术，开发了智能心理健康评估系统。该系统通过大数据分析，能够快速、准确地进行心理评估，并提供个性化的心理疏导建议。平台还整合融媒体技术，实现了文本和语音的多媒体互动，能够同时支持1000线的呼入量，可满足大规模、分布式的心理咨询需求。自平台成立以来，高峰日呼入量超过1万人次，累计服务求助者超过30万人次。中北大学学生成功开发国内首款多角色 AI 心理疗愈大模型以及 AI 心理情感服务平台——"心悦"（Xinyue1.0）。开发团队选择 ChatGLM3-6B 作为基座模型，通过模型微调、心理学知识图谱搭建、改进 RAG 框架等方法，部署开发多角色 AI 心理疗愈大模型，可提供多角色、高质量的心理咨询服务，能准确捕捉用户的心理情况，实现对大模型更加优质的引导性对话。重庆电子工程职业学院学生创业团队研发出非接触式 AI 心理健康检测系统，体验对象只要在该产品高帧率摄像头前停留 6 秒，系统就会自动实时采集人脸部的视频流进行动态分析，快速分析出体验者 12 个维度的情绪状态指标，并智能生成心理检测报告。该系统利用人脸识别技术和振动影像技术，实现心理生理特征智能分析，可帮助学校全面快速开展学生心理健康筛查，建立学生心理健康档案，实现自动预警和分级管控。清华大学 CoAI 课题组与聆心智能联手推出的心理疗愈机器人 Emohaa 也在心理健康领域展现出巨大潜力（见图 7 - 6）。通过持续的心理干预，Emohaa 能够明显改善用户的焦虑、抑郁、消极情绪及睡眠质量。

图 7 - 6　清华大学心理疗愈机器人 Emohaa

天津师范大学的"认知与情感计算"跨学科融合创新团队，依托天津市学生心理健康与智能评估重点实验室，积极探索"人工智能 + 心理"的创新模式。他们通过整合多源数据，利用先进的算法和模型，为学生心理健康问题的解决提供了有力支持。

在抑郁症精准评估和早期干预方面，该团队与天津市安定医院携手合作。他们采用队列研究调查方法，收集了百余名符合诊断标准患者的步数、睡眠、主观报告、语音等数字表型信息。基于这些丰富的数据，团队构建了基于深度学习的抑郁状态识别模型，其识别准确率高达 90%。这一成果意义重大，能够在早期就精准地发现潜在的抑郁症患者，为及时干预争取宝贵时间。

在抑郁情绪识别领域，团队针对语音信号的时序特性，提出了一种联合并行卷积神经网络和自注意力残差卷积网络，搭配连接主义时间分类损失函数的语音情感识别方法。这种创新方法有效提升了情感识别性能，为基于语音的抑郁症精准检测提供了关键手段。通过分析学生日常交流中的语音信息，就可以捕捉到他们潜在的抑郁情绪，从而实现早期预警。

在基于脑电的情绪识别方面，团队创新性地探究了不同受试者脑电信号之间的共性特征表示，提出了基于领域对抗网络方法的脑电信号情绪识别模型，情感识别准确率达 92.44%。该模型成功解决了抑郁情绪识别中脑电信号的个体差异问题，使得通过脑电信号来准确判断学生情绪状态成为可能。

通过这些人工智能技术的应用，天津师范大学在学生心理健康管理方面取得了显著成效。学校能够更及时、准确地发现存在心理危机的学生，并为他们提供个性化的干预方案。专业的心理辅导老师会根据人工智能提供的评估结果，对学生进行一对一的心理疏导和帮扶。对于一些轻度心理问题的学生，学校会安排线上的心理课程和自助训练，帮助他们自我调节；而对于问题较为严重的学生，则会制定全面的治疗计划，包括专业心理咨询、药物治疗等。

二、危机事件预警案例

在荷兰阿姆斯特丹自由大学，人工智能学者黄智生开发了一款名为"树洞机器人"的 AI 程序。这款程序能够自动抓取网络上的留言，并根据紧急程度进行分级，然后组织志愿者进行救援行动。2019 年，一名患有抑郁症的中国学生李凡在微博上留下了自杀倾向的言论，被"树洞机器人"迅速识别并触发了救援行动。志愿者们迅速响应，最终成功救下了李凡。这一案例展示了 AI 在自杀预防中的重要作用。

在国内，好心情人工智能研究院院长黄智生教授发起并创立的"树洞救援"公益项目，通过人工智能算法识别、筛选、分析社交媒体上的疑似自杀风险信息,帮助找出具有自杀倾向的抑郁症患者,并进行及时干预。这个项目自2015年发起至今,已成功救助6000多名自杀人群。中国科学院朱廷劭研究员及其团队通过人工智能手段,实现了对用户心理特征的有效识别,并为站在自杀边缘的人提供心理援助。他们利用机器学习技术,通过用户的行为数据和心理特征指标,建立相关模型,对用户的行为和心理进行识别,及时进行危机干预。

第八章
网络思想政治教育工作中的数智能力和应用方法

高校辅导员开展网络思想政治教育具有多维度的战略价值。数字时代青年学生的认知建构与价值形塑已深度嵌入网络空间，传统线下思政教育模式面临传播力衰减、话语权稀释的风险。辅导员通过构建网络思政矩阵，能够实现三个关键突破：其一，抢占意识形态主阵地，借助大数据分析捕捉学生网络行为轨迹，及时识别泛娱乐化历史虚无主义等思潮渗透，以青年化语态进行价值纠偏；其二，重塑教育主客体关系，利用短视频、虚拟社区等新媒体载体，将单向灌输转化为沉浸式对话，在热点事件讨论中嵌入马克思主义立场观点方法；其三，拓展精准育人路径，通过智能平台动态监测学生思想波动，结合算法推荐实现理论教育的分众化供给，使社会主义核心价值观教育融入学生的数字化生存场景。这种教育范式的数字化转型，既是应对西方意识形态渗透的必然选择，也是实现思想政治教育供给侧改革、培育时代新人的实践进路。

第一节 网络思想政治教育资源智能推荐

一、网络思想政治教育的核心内容

（一）明确教育目标

开展网络思想政治教育伊始，首先需要明确网络思想政治教育的目标，包括培养大学生的网络道德意识、提升他们的网络素养、引导他们形成正确的网络价值观等。这些目标与大学生的实际需求和社会发展的要求紧密结合，旨在提升大学生在网络空间的信息敏感度，提升自我负责意识。

（二）分析大学生网络行为特点

了解大学生的网络行为特点是开展网络思想政治教育的基础。要了解他们在网络上获取信息的方式、交流互动的模式、关注的话题以及可能存在的网络问题（如沉迷网络、网络欺凌等）。通过深度辅导、深度参与、深入研究，全方位了解大学生的网络行为，可以更有针对性地设计教育内容和方法。

（三）构建教育内容体系

根据教育目标和学生网络行为特点，构建一套全面、系统的网络思想政治教育内容体系。其中应该包括网络安全教育、网络伦理教育、网络法治教育、网络心理健康教育等多个方面。同时，要注重内容的时效性和趣味性，以吸引学生的注意力和兴趣。

（四）选择教育方法与手段

选择适合大学生的教育方法和手段是提高网络思想政治教育效果的关键。可以利用网络平台、社交媒体、在线课程等多种渠道进行教育，同时结合案例分析、角色扮演、小组讨论等互动方式，增强教育的参与感和实效性。其中,应充分发挥人工智能技术优势,准确抓取学生网络行为特点,开展有针对性的网络育人工作。

(五) 实施教育计划

网络信息虽然呈现"碎片化"趋势,但网络思想政治教育要有详细的教育计划,并按照计划逐步实施。在实施过程中,要注重与学生的沟通和互动,及时了解他们的反馈和需求,以便调整和优化教育内容和方法。同时,要加强教育过程的监督和管理,确保教育目标的实现。

(六) 评估教育效果

对教育效果进行评估是检验网络思想政治教育成效的重要环节。可以通过问卷调查、访谈、观察等方式收集学生的反馈意见和数据,对教育的效果进行客观、全面地评估。根据评估结果,可以总结经验教训,为后续的教育工作提供参考和改进方向。

(七) 持续改进与优化

网络思想政治教育是一个持续的过程,需要不断改进和优化。要根据评估结果和学生的实际需求,及时调整教育内容和方法,提高教育的针对性和实效性。同时,要加强与教育部门的沟通和协作,共同推动网络思想政治教育的创新和发展。

二、提升网络思想政治教育能力的主要途径

(一) 加强理论学习,提高政治站位

1. 深入学习党的理论

高校辅导员要深入学习党的理论,包括马克思主义理论、党的路线方针政策等,以确保网络思想政治教育的正确方向。特别是习近平总书记关于教育的重要论述,教育部关于开展数字教育的相关要求等。

2. 提高政治敏锐性

高校辅导员要加强对时事政治的关注,提高政治敏锐性和鉴别力,能够准确判断网络信息的政治倾向和价值导向。

（二）提升网络素养，增强信息处理能力

1. 培养信息素养

高校辅导员需要具备较高的信息素养，包括信息获取、信息分析、信息传播等方面的能力。通过培训和学习，提高对网络信息的筛选、整合和利用能力。

2. 掌握新媒体技术

高校辅导员应熟悉并掌握新媒体技术的运用，如社交媒体、短视频平台等，以便更有效地开展网络思想政治教育。

（三）创新教育方法，提高教育效果

1. 开设网络思政课程

利用网络平台开设网络思政课程，如在线课程、微课程等，突破时间和空间的限制，让学生随时随地进行学习。

2. 采用多样化教学方法

通过视频教学、案例教学、互动教学等，提高学生的学习兴趣和参与度。

3. 线上线下融合教学

结合线上教学和线下实践，增强思想政治教育的交互性和实效性。

（四）加强师生互动，建立良好师生关系

1. 及时回复学生留言

高校辅导员和思政课教师要及时回复学生的网络留言，解答学生的问题和困惑，增强师生之间的信任和尊重。

2. 开展网络交流活动

通过网络平台开展师生交流活动，如网络主题班会、网络辩论赛等，增进师生之间的了解和互动。

（五）完善保障机制，推动网络思想政治教育持续发展

1. 建立领导机制

高校要建立网络思政育人领导机制，明确网络思政育人的领导机构和

工作职责。

2. 建立考核机制

高校要制定网络思政育人的考核内容和考核标准，对辅导员和思政课教师的网络思政教育能力进行定期考核。

3. 建立激励机制

高校应对在网络思政育人工作中表现突出的辅导员和思政课教师进行表彰和奖励，激发他们的工作积极性和创造性。

（六）加强网络监管，净化网络育人环境

1. 完善网络监管机制

加大对网络信息的监管力度，及时清理不良信息，为学生营造一个健康、积极的网络环境。

2. 引导学生自我管理

教育学生加强网络使用的自我管理，增强他们的网络自律意识。

三、网络思想政治教育资源获取

（一）官方网络平台

1. 国家教育资源公共服务平台（http：//www.eduyun.cn）

该平台涵盖了小学到高中各个科目的优质资源，包括备课资源、教学设计、教学课件等，可以搜索到与思想政治教育相关的资料。

2. 新华思政学堂（https：//www.xinhuaedu.org.cn/c/index.html#）

其是新华社新闻信息中心和新华社音视频部联合制作的视频节目，集德育、思政、爱国主义和社会主义核心价值观教育等内容为一体，是获取思想政治教育资源的重要平台。

3. 国家中小学智慧教育平台（https：//basic.smartedu.cn）

该平台提供了包括专题教育、课程德育在内的多类资源，涵盖小学到高中各个学段，可以获取到丰富的思想政治教育课程资源。

4. 教育部全国青少年普法网（https：//qspfw.moe.gov.cn）

其是针对青少年学生的法治教育资源整合平台,提供权威的法治教育内容和交流平台。

(二) 专业网站与论坛

1. 中国教研网 (http://www.zgjiaoyan.com)

其是由教育部课程教材研究所指导的教研网络平台,提供丰富的教学资源和权威的资讯,包括政策文件、课程改革经验等,可以获取到与思想政治教育相关的教研信息和资源。

2. 中国记协 (相关公众号)

其提供时政、社会等新闻资讯,有助于了解国家政策和形势,增强政治敏锐性。

(三) 社交媒体与移动应用

1. 学习强国 App

其"教育频道"提供了大量思想政治教育相关的教学资源,可以随时随地学习,实现碎片化学习。

2. 新华社微信公众号

其作为党的中央级新闻舆论宣传机构,提供时政、社会等新闻,有助于了解党的声音和主张。

3. 人民日报微信公众号

其是党的机关报的新媒体平台,发布国内外重要新闻资讯,解读国家政策方针,是获取思想政治教育资源的重要渠道。

(四) 在线教育平台与电子资源

1. 人民教育出版社 (http://www.dxzy163.com)

其提供了各种考研、小学到大学的免费视频教学课程,包括思想政治教育相关的课程。

2. 电子课本网 (http://www.dzkbw.com)

其提供国内正在使用的教材的电子版本,可以方便地找到思想政治教育相关教材的电子版。

（五）其他途径

1. 学校官网与图书馆

很多学校官网会提供思想政治教育相关的课程资源和学习材料，同时图书馆也收藏有大量的思想政治教育书籍和期刊，是获取资源的重要途径。

2. 专业论坛与社区

如知乎、豆瓣等社区，有许多关于思想政治教育的讨论和分享，可以从中获取到有用的信息和资源。

第二节 整合思想政治教育知识图谱

一、知识图谱的发展

知识图谱的发展历程是一个从简单到复杂、从理论到实践、从局部到全局的演进过程。随着技术的不断进步和应用场景的不断拓展，知识图谱将在未来教育工作中继续发挥重要作用并推动相关领域的发展。

（一）起源阶段（1955—1977年）

1955年，加菲尔德提出了将引文索引应用于检索文献的思想。

1965年，普赖斯在《Networks of Scientific Papers》一文中指出，引证网络（科学文献之间的引证关系）类似于当代科学发展的"地形图"，从此分析引文网络开始成为一种研究当代科学发展脉络的常用方法，进而形成了知识图谱的概念。

1968年，奎林（J. R. Quillian）提出语义网络，最初作为人类联想记忆的一个明显公理模型提出，随后在AI中用于自然语言理解，表示命题信息。语义网络是一种以网络格式表达人类知识构造的形式，是人工智能程序运用的表示方式之一。

(二) 发展阶段（1977—2012 年）

1977 年，在第五届国际人工智能会议上，美国计算机科学家 B. A. Feigenbaum 首次提出知识工程的概念。知识工程是通过存储现存的知识来实现对用户的提问进行求解的系统，其中最典型和成功的知识工程的应用是基于规则的专家系统。此后，以专家系统为代表的知识库系统开始被广泛研究和应用。

1980 年，本体论（Ontology）哲学概念"本体"被引入到人工智能领域用来刻画知识。本体是共享概念模型的明确的形式化规范说明，该定义体现了本体的四层含义：概念模型、明确、形式化、共享。本体是实体存在形式的描述，往往表述为一组概念定义和概念之间的层级关系，本体框架形成树状结构，通常被用来为知识图谱定义知识体系（Schema）。

1998 年，万维网之父 Tim Berners - Lee 提出语义网。同时，随着链接开放数据（Linked Open Data）的规模激增，互联网上散落了越来越多的知识元数据。

2002 年，机构知识库的概念被提出，知识表示和知识组织开始被深入研究，并广泛应用到各机构单位的资料整理工作中。

(三) 繁荣阶段（2012 年至今）

2012 年，谷歌提出 Google Knowledge Graph，知识图谱正式得名，谷歌通过知识图谱技术改善了搜索引擎性能。

在人工智能的蓬勃发展下，知识图谱涉及的知识抽取、表示、融合、推理、问答等关键问题得到一定程度的解决和突破，知识图谱成为知识服务领域的一个新热点，受到国内外学者和工业界的广泛关注。

知识图谱强调语义检索能力，关键技术包括从互联网的网页中抽取实体、属性及关系，旨在解决自动问答、个性化推荐和智能信息检索等方面的问题。

目前，知识图谱技术正逐渐改变现有的信息检索方式，如谷歌、百度等主流搜索引擎都在采用知识图谱技术提供信息检索，一方面通过推理实现概念检索（相对于现有的字符串模糊匹配方式而言）；另一方面以图形化方式向用户展示经过分类整理的结构化知识，从而把人们从人工过滤网页寻找答案的模式中解脱出来。

二、知识图谱在当代教育中的应用

知识图谱在当代教育中的应用十分广泛，它以其强大的信息建模能力和高效的推理特性，给教育领域带来了深刻的变革。

（一）满足学生的个性化学习需求

知识图谱可以根据学生的学习进度和兴趣，为他们提供个性化的学习路径和推荐内容。通过对知识点及其相互关系的结构化表达，知识图谱能够整合和分析来自不同来源的大量学习资源和学习者行为数据，帮助构建动态的学习资源库。同时，基于知识图谱的智能教育助手可以通过自动化的方式为学生提供个性化指导和实时答疑，显著提高学习效率。

（二）辅助知识点关联与系统化学习

知识图谱能够清晰地展示各个知识点之间的关系，有助于学生系统地掌握知识。例如，在数学教学中，知识图谱可以展示不同数学概念之间的关系，帮助学生建立系统的知识体系。在语言学习中，知识图谱可以关联词汇、语法和语境，提高学生的语言理解和运用能力。

（三）促进教学资源整合与共享

利用知识图谱可以将各种教学资源进行整合，方便学生查找和使用。知识图谱能够将不同来源和类型的教育内容连接起来，形成一个全面的知识网络。这不仅有助于学生更好地理解和记忆知识点，也为教师提供了一个强大的教学辅助工具。

（四）提升教学评估与反馈准确性

知识图谱可以帮助教师更全面地了解学生的学习情况，为教学评估提供数据支持。同时，它还可以支持自动化评估，利用实时生成的反馈引导学生调整学习策略，从而优化学习路径并提升学习效果。

（五）提供可视化教学手段

将知识图谱以可视化的方式呈现，能更直观地展示知识结构，提高学生的学习兴趣。知识体系会表现出"全景生态、知识导向、快速迭代、灵活应用"的全新特征，有助于学生更好地理解和掌握知识。

（六）为跨学科学习与研究提供便利

知识图谱可以揭示不同学科之间的关联，促进跨学科的学习和研究。它有助于学生在多个学科之间建立联系，形成更全面的知识体系。便于学生培养多学科交叉知识体系，增强大局意识。

（七）丰富智慧教育实训平台教育内容

在智慧教学实训平台中，知识图谱与人工智能技术的结合为学情精准诊断与个性化学习路径设计提供了强大的支持。例如，北京欧倍尔推出的知识图谱智慧教学实训平台，通过大数据分析和人工智能技术，从知识、技能、问题等维度对学生的学习情况进行全面、实时的诊断，进而定制个性化的动态学习路径。

三、运用知识图谱提升网络思想政治教育效果

（一）提高网络思想政治教育质量

一是提高网络思想政治教育系统性。知识图谱通过图的形式表示知识的结构和关系，其核心在于"实体—关系—属性"的三元组结构，能够将碎片化的知识点系统地整理与分类，并将之转化成为结构化的数据和关系，实现知识的可视化和资源间的有效链接。这有助于教师和学生清晰地看到教育内容的层次结构和关联关系，从而更好地把握教育重点和进度，提升教育效果。

二是提高网络思想政治教育互动性。知识图谱平台通常配备智能答疑辅导系统，使学生可以随时随地向 AI 系统提问，获得及时的解答和反馈。这极大地改善了沟通体验，增强了教育的互动性。同时，学生之间也可以通过知识图谱平台进行交流和分享，共同解决问题，培养合作意识和团队

协作能力。

三是提高网络思想政治教育时效性。知识图谱技术为教师提供了全新的教学方式和方法。教师可以通过知识图谱平台创建丰富多样的教学资源，如教学视频、课件、案例和试题等，并将其以图的形式展示给学生。此外，教师还可以利用知识图谱进行思想动态调查，了解学生的思想动态和实际需求，从而调整沟通教育策略和方法，实现精准教育，提升教育质量和效率。

（二）促进网络思想政治教育手段创新

知识图谱能够有效整合网络思想政治教育中的多种资源，如纸质书籍、在线课程、视频讲座等，并将这些分散的资源联系起来，形成一个统一的、易于查询和学习的知识体系[1]。这种结构化的表示方式使得教育思路更加清晰、有条理。在网络思想政治教育中，教师可以利用知识图谱将教育内容系统化、逻辑化地呈现出来，帮助学生更好地理解教育的内涵和逻辑关系。例如，可以将中国近现代史、马克思主义基本原理、社会主义核心价值观等内容联系起来，形成跨学科的知识网络，使学生能够基于图谱中的节点快速找到所需的学习资源，有效提升学习效率和深度。

知识图谱还能够分析学生的学习历史、偏好和行为数据，构建学生画像，并为学生提供个性化的学习路径和资源推荐。在网络思想政治教育中，这种个性化的学习方式可以帮助学生根据自己的实际情况和学习进度，选择适合自己的学习内容和方式，从而提高学习的针对性和有效性。同时，知识图谱还可以智能分析学生的学习问题和答疑情况，自动更新和优化学习内容，确保教育内容的及时性和前瞻性。

（三）提高学生高阶思维能力

高阶思维能力通常包括批判性思维、创新能力、问题解决能力等，这些能力对于学生的学习和未来发展至关重要。学生在构建知识图谱的过程中，需要不断地分析和思考知识点之间的关系，这有助于他们形成更加深

---

[1] 裴蓉．人工智能技术赋能网络思政教育［N］．新华日报，2024－05－24（013）．

入和全面的理解。同时，知识图谱的呈现方式也鼓励学生质疑和反思，从而促进他们批判性思维的发展。知识图谱不仅展示了知识点本身，还揭示了它们之间的联系和脉络。在构建知识图谱的过程中，学生可以自由地探索和组合知识点，形成新的理解和见解。这种探索和组合的过程本身就是一种创新的过程，有助于学生培养创新思维和创新能力。知识图谱通过可视化的方式呈现了学习的路径和重难点，有助于学生清晰地看到学习的方向和步骤。这种可视化的学习路径有助于学生更加高效地解决问题。在解决问题的过程中，学生可以利用知识图谱来梳理和整合相关信息，形成解决问题的思路和方法。同时，知识图谱还可以帮助学生识别问题的关键点和难点，从而有针对性地采取措施进行解决。

第三节　沉浸式互动学习体验

一、沉浸式互动学习特点

一是高度参与性。学生在沉浸式学习中，不再是被动接受知识的对象，而是成为积极参与、主动探索的主体。他们通过角色扮演、互动游戏、虚拟场景等方式，深入地参与到思想政治教育的内容中，与学习内容产生强烈的情感共鸣。

二是深度互动性。沉浸式学习强调学生之间的互动与合作，通过团队协作、共同解决问题等方式，增强学生的集体意识和协作能力。同时，学生还可以与教师进行实时互动，及时反馈学习心得和困惑，得到教师的指导和帮助。

三是情感投入。沉浸式学习通过逼真的虚拟场景和丰富的情感体验，激发学生的学习兴趣和好奇心。学生在这种环境中，能够更容易地产生情感共鸣和认同感，从而加深对思想政治教育内容的理解和记忆。

二、沉浸式学习体验的实现方式

一是要充分利用虚拟现实技术。通过 VR 技术，可以创建逼真的虚拟场景，如历史事件的重现、革命战争的模拟等。学生可以在这些场景中自由探索、互动交流，从而获得身临其境的学习体验。

二是着力开发互动游戏。设计具有教育意义的互动游戏，如"红色剧本杀""党史知识问答"等。这些游戏不仅具有娱乐性，还能让学生在游戏中学习到相关的思想政治知识。

三是同步构建在线学习社区。建立在线学习平台或社区，为学生提供交流、分享和合作的空间。学生可以在这个平台上发布自己的学习心得、作品和疑问，与其他同学和教师进行互动和讨论。

三、沉浸式学习体验的优势

一是可以提高学习效率。沉浸式学习通过逼真的场景和丰富的情感体验，能够激发学生的学习兴趣和动力。学生在这种环境中更容易集中注意力，从而提高学习效率。

二是可以增强学习效果。学生在沉浸式学习中能够获得更加全面、深入的学习体验。他们不仅能够学习到相关的思想政治知识，还能通过实践体验加深对知识的理解和记忆。

三是可以培养综合能力。沉浸式学习强调学生的参与和互动，能够培养学生的团队协作能力、沟通能力、独立解决问题的能力。同时，学生在这种环境中还能够锻炼自己的创新思维和实践能力。

第四节 应用案例——人工智能技术辅助思想政治教育知识图谱制作

一、知识图谱赋能：具象化大庆铁人精神，传承红色力量

石油精神是新中国革命文化的重要组成部分，第一批被纳入中国共产党人精神谱系。构建石油精神知识图谱对促进石油红色文化的知识共享，传承与弘扬石油精神具有重要意义，也为红色革命文化的多维语义建模提

供参考。

而大庆铁人精神作为石油精神的重要组成部分,体现了石油人崇高的爱国情怀、坚定的理想信念、顽强的不屈意志、无私的大局意识和忘我的奉献精神。因此,依托知识图谱将大庆铁人精神具象化,对于开展爱国主义教育和传承红色基因具有重要意义。

图8-1所示为知识图谱制作流程。

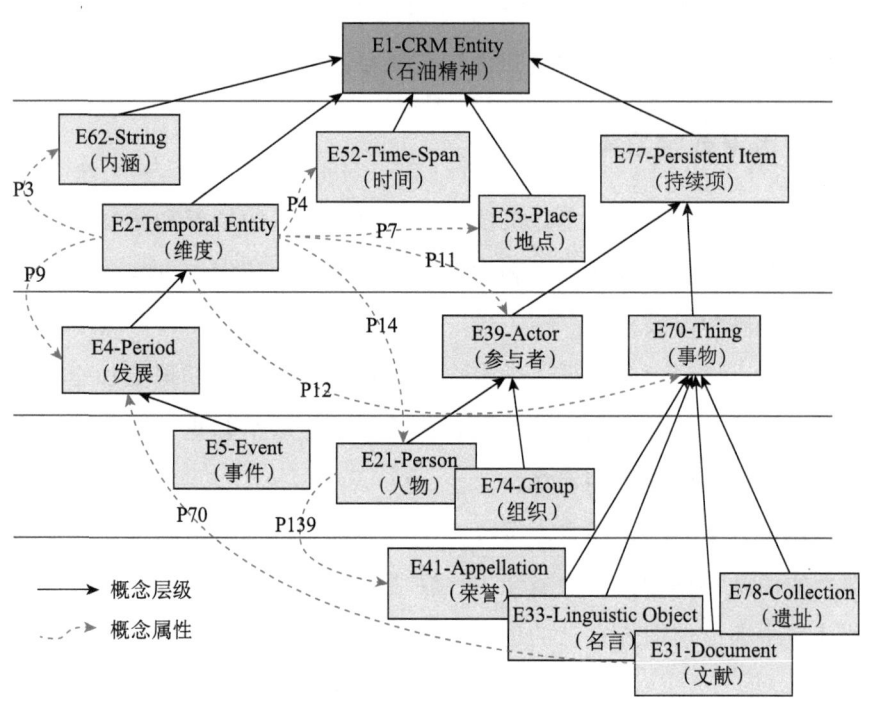

图8-1 知识图谱制作流程

通过构建石油精神概念模型、梳理"人、物、事、魂"要素框架、存储数据并进行可视化设计,打造大庆铁人精神知识图谱。

在这个知识图谱中,我们可以将大庆铁人精神作为一个核心实体,它代表了那些在艰苦环境下,以钢铁般的意志和无私奉献的精神,为我国石油事业作出巨大贡献的英雄们。通过关系和属性的描述,我们可以将大庆铁人精神的各个方面进行具象化。

进而,还可以通过第三方工具,例如,NRD Studio、Protégé等进行动态可视化设计，激发观众兴趣，沉浸式感受大庆铁人精神谱系。

因此，通过这样一个知识图谱的构建，大庆铁人精神不再是一个抽象的概念，而是变成了一个有血有肉、具有丰富内涵的形象。有助于我们更好地传承和发扬这种伟大的精神，激发我们在新时代的奋斗中，为实现中华民族伟大复兴的中国梦贡献自己的力量。

二、基于铸魂育人知识图谱的思政实践育人模式探索与实践

哈尔滨工业大学为进一步落实立德树人根本任务新格局，学校系统化图谱化建立思政实践育人认知体系，推动落实"时代新人铸魂工程"。

一是突出思政实践必修课程的核心作用。以 6 门思政课程为支撑，立足学生所在专业开发模块化、多元化的 2 学分 32 学时思政实践必修课程群，梳理理论知识点 531 个，抽取形成思政实践主题 67 个。

二是建设"三模块"思政实践全知识图谱。以"红色资源、国之重器、行业楷模"三个模块构建知识图谱，形成涵盖 549 个爱国主义基地、50 个国防航天等重大成果、101 名产业专家的丰富育人资源。以图谱串起知识点与实践点，实现低年级学生感受认知、价值塑造，高年级学生专业学习引导，毕业生人生选择引航。

三是重视知识图谱自迭代。注重课程内容与时俱进自迭代，引导学生加入图谱共建中。学生在教师指导下学理论、定选题；用图谱找资源、组团队、论方案，到基地亲身体验；通过探究式学习将学思践悟成果做成视频，上传至平台，成为图谱新资源，在平台共享。每届学生新增图谱资源 2000 余个。

三、知识图谱在思政课中的应用与实践

温州大学尝试进行知识图谱在思政课中的应用探索，将其作为推进思政课教学实践进一步完善的重要举措，在更好地完成思政课教学任务中发挥了重要意义。

(一) 课程体系构建：知识图谱助力思政课系统整合

利用知识图谱技术对思政课的知识点进行系统化的梳理和整合是一个复杂而细致的过程，需要明确目标、构建框架、填充内容并进行有效的教学应用与评估反馈，从而充分发挥知识图谱技术的优势和作用，提高思政课程的教学质量和效果。利用知识图谱可以将思政课程中的核心概念、基本原理、重要事件等知识点之间的内在联系和逻辑关系更为清晰地展现出来。在知识图谱中，思政课程中的各个知识点作为节点出现，并用线条和箭头表示它们之间的关系，这些构成了知识图谱的骨架，使得各个知识点之间能够相互连接、相互支撑，清晰明确地展现思政课的教学任务。知识图谱的构建将思政课知识通过图形的方式系统地呈现出来，对思政课知识进行了系统的梳理和整合，对于构建逻辑清晰，层次分明的课程体系具有重要意义。一些研究表明，对于某些特定学科或学习任务，知识图谱可能有助于学生更好地理解和记忆知识点。知识图谱以实体、关系、属性等结构化方式组织信息，便于计算机处理和查询；通过节点和边界的连接，展现知识点之间的关联性和网络结构；以图形化的方式呈现，有助于直观理解知识的分布和联系。通过知识图谱的可视化展示，学生可以直观地了解课程的结构和知识点之间的联系，从而更好地把握学习重点和难点①。

(二) 教学内容优化：知识图谱提升思政课内容的针对性与实效性

知识图谱可以通过图形化的方式展示知识点之间的关联和层级结构，由于这一特点，学生可以清晰地看到知识的走向和发展脉络。在此基础上，教师可以通过与学生的互动和交流，从具体实例中分析不同个体对思政课内容需求的差异，这有助于教师进一步了解不同学生的学习需求和兴趣点，并据此明确教学任务、开展更加有效的教学实践，从而提升思政课内容的针对性②。此外，通过收集和分析学生在图谱上的学习数据，教师

---

① 刘陈平. 知识图谱在数智化教育时代中的创新研究——以建筑类"建筑构造"课程教学为例[J]. 现代职业教育，2024 (28)：133 – 136.

② 刘陈平. 知识图谱在数智化教育时代中的创新研究——以建筑类"建筑构造"课程教学为例[J]. 现代职业教育，2024 (28)：133 – 136.

可以深入了解学生的学习特点和问题所在。针对这些问题，教师可以明确教学任务中相对于学生来说的重点、难点和热点，从而调整自己的教学任务，结合学生的实际需求，运用更贴合实际的教学方法去提升思政课教学的实效性和针对性。同时，知识图谱的数据分析功能也有利于教师更为客观地观察学生对于每一部分思政知识的掌握情况，是形成高效教学反馈机制必不可少的工具。知识图谱使思政知识可视化后重点更为突出，学生可以尽快了解到各部分知识的脉络概况，从而梳理思路并进行有针对的、有目标的学习，有益于提升思政课的实效性。无论从何种方面来看，知识图谱的配合使用都对提升思政课教学质量和实效大有益处。

（三）教学方法创新：知识图谱引领思政课个性化教学新风尚

知识图谱可以促进线上线下教学的深度融合，它支持线上线下混合式教学模式。在线上教学中，教师可以利用知识图谱为学生提供预习材料和学习资源，引导学生自主学习；线下教学则侧重于对知识点的深入讲解和讨论，以及对学生学习情况的反馈和指导。这种教学模式既发挥了线上教学的便捷性和灵活性，又保留了线下教学的互动性和针对性。此外，知识图谱能够利用大数据掌握学生的学习情况和兴趣偏好，根据学生在知识图谱学习平台上的学习轨迹和知识掌握情况，为学生提供个性化的学习建议。对于在某一思政知识点理解困难的学生，可以为其推荐个性化的学习资源和学习路径，帮助学生巩固和深化对知识的理解。这有助于激发学生的学习兴趣和积极性，提高学习效果。同时，教师还可以利用知识图谱对学生的学情进行精准研判，及时发现学生的学习问题和困难，并给予针对性地指导和帮助。知识图谱作为新工具，对于助力思政课教学创新发展具有重要作用，通过有效应用知识图谱，可以优化思政课教学内容、改进教学方法、满足学生个性化学习需求，引领思政课个性化教学新风尚，从而提升思政课的教学质量，培养具有更高思想政治素养的学生。

（四）教学评价与反馈：知识图谱为思政课教学效果提供科学依据

知识图谱在教学评价与反馈中发挥着至关重要的作用。它以图形化的方式表达知识及其相互关系，通过节点和边的三元组形式构建起复杂的网状知识结构。教师可以通过分析学生在知识图谱上的学习路径，识别学生可能遇到的困难点，以便调整教学策略，以提高学习效果。基于知识图谱的分析，教师可以预测学生未来的学习结果。通过识别学生可能的学习路径和发展趋势，教师可以提前采取干预措施，以避免学习困难或挫折。根据基于知识图谱的评估结果，教师可以对课程中的问题点进行教学改进和优化。例如，重新调整知识点的讲解顺序、设计更有趣的学习活动或提供更丰富的教学资源，以提高学生的参与度和学习效果。知识图谱在教学评价与反馈中具有显著的优势和应用价值。它能够帮助教师更深入地了解学生、优化教学设计、提供个性化教学支持。知识图谱通过整合资源、分析学习路径和评估理解程度等功能，助力教师优化教学过程，实现思政课立德树人的根本目标，为思政课教学效果的提升提供了科学有效的途径。

第九章
校园危机事件应对工作中的数智能力和应用方法

近年来,高等院校校园危机事件频发,如校园暴力、突发疾病、自然灾害以及公共卫生事件等,不仅严重威胁到师生的生命安全与身心健康,也对校园正常教学秩序造成极大的冲击[①]。尤其是在移动互联网和新媒体发展日新月异的今天,一旦校园危机事件未能得到妥善处理,往往会发酵引起更大范围的危机,不但会影响学校正常的教学科研秩序,还会对高校的公众形象产生严重负面影响,甚至引起大规模群体性事件,影响政治安全与社会稳定。因此,基于维护高校秩序稳定与持续发展的校园危机事件的应对策略成为当前国内各大高校亟待研究与解决的重大课题。

传统的校园危机事件应对方式,主要依赖人工巡查、经验判断以及简单的应急措施。但在面对复杂多变的危机事件时,这些方式

---

① 王印杰,吴洪峰,杨云英,等. 和谐社会视野下的高校危机管理体系构建 [J]. 河北师范大学学报(教育科学版),2011,13 (8):95-97.

往往显得力不从心。人工巡查存在时间和空间上的局限性，难以做到全方位、实时地监控；经验判断缺乏科学性和准确性，容易导致误判和漏判；简单的应急措施在面对影响较大、充满不确定性的危机事件时，无法及时有效地控制事态发展，降低损失。人工智能技术赋能高校辅导员校园危机事件应对的核心价值，在于通过数据驱动机制重构传统应急管理模式。辅导员发挥数智能力构建智能监测系统，实时采集学生行为数据、网络舆情等数据，运用机器学习算法识别潜在危机信号，将事后被动处置转化为事前预警干预。同时，新质思政工作能力的培育使辅导员能运用智能诊断工具进行危机溯源分析，通过数字孪生技术模拟事件演化路径，动态生成响应策略。在危机处置阶段，智能平台精准匹配心理疏导资源、法律支持团队及舆情引导方案，形成"监测—研判—处置—修复"的全周期闭环管理。这种技术赋能的危机治理模式，既突破传统经验决策的认知局限，又通过人机协同增强应急响应的科学性与时效性，为维护校园稳定构筑智能化防线。

第一节 校园危机事件动态预警

一、校园危机事件的定义及分类

校园危机事件是指在无预警的情况下,在校园内或与校园紧密相关的环境中突然爆发,构成严重消极影响的一系列紧急状况[①]。这些事件犹如一块投入平静湖面的巨石,可能直接或间接地对学校正常的教育教学秩序造成严重威胁,导致教学活动被迫中断、教学计划无法顺利执行等;还会带来诸多不良后果,例如,对学校师生的生命安全和身心健康造成伤害,破坏学校的教学设施,损害学校的形象和声誉,甚至引发社会的广泛关注和不安,需要调动各方力量、整合多种资源来共同应对。校园危机事件涵盖范畴广泛,类型多样,学术界尚未形成统一的界定,但可以根据成因、性质、影响范围分为以下几类:

(一)按事件的成因分类

1. 自然灾害类

自然灾害类危机是由自然力量引发的突发性灾害,如地震、台风、洪水、极端天气等。这些灾害往往具有不可预测性和强大的破坏力,给校园带来巨大的威胁。例如,因暴雨引发山体滑坡,导致某校教学楼受损,严重影响了正常的教学秩序。

2. 公共卫生类

公共卫生类危机是指威胁群体健康的疾病传播或健康风险事件,如传染病暴发、食品安全事故、环境污染等。这类危机具有传播速度快、影响范围广的特点,容易引发师生的恐慌。例如,学校食堂细菌感染致百名学生腹泻,不仅影响了学生的身体健康,也给学校的管理带来了巨大挑战。

---

① 刘明耀. 新时代校园学生危机管理指导与实践[M]. 沈阳:辽宁大学出版社,2021.

3. 社会安全类

社会安全类危机是由人为因素导致的人身安全威胁或社会冲突，主要包括暴力事件、财产侵害和外部侵入等。暴力事件如校园欺凌、持械伤人等，严重威胁师生的生命安全；财产侵害如盗窃、纵火等，给学校带来经济损失；外部侵入如社会人员闯入校园滋事，破坏了校园的正常秩序。例如，校外人员混入校园持刀伤人，给师生的生命安全造成了极大威胁。

4. 心理危机类

心理危机类危机是指个体或群体因心理问题引发的极端行为或情绪失控，主要包括学生自杀/自残、群体恐慌、创伤后应激障碍等。这类危机往往隐藏在日常学习生活中，不易被察觉，但一旦爆发，后果不堪设想。例如，考试压力导致学生跳楼未遂，给学生本人和家庭带来了巨大的痛苦，也给学校敲响了警钟。

（二）按事件性质分类

1. 事故灾难类

事故灾难类危机是因管理疏忽或操作失误导致的意外事故，主要包括实验室爆炸、体育课重伤、校车交通事故、踩踏事件等。此类危机往往在不经意间发生，给师生生命安全和校园秩序带来严重冲击。例如，在一次化学实验课上，由于学生未遵守操作规范，引发了火灾，火势迅速蔓延，虽未造成人员伤亡，但实验器材和教室设施遭到严重破坏，正常教学活动被迫中断。

2. 网络与舆情类

网络与舆情类危机是因信息传播失控引发的声誉危机或群体性事件，主要包括学生隐私泄露、网络欺凌、谣言扩散等。在信息飞速传播的时代，这类危机传播速度极快，影响范围广泛，可能在短时间内对学校声誉造成严重损害。例如，学生的不实视频被恶意传播，瞬间引发全网声讨，使得学校陷入舆论漩涡，形象大打折扣。

3. 教育教学类危机

教育教学类危机是与教学管理直接相关的冲突或丑闻，包括教师体罚/性侵学生、考试集体作弊、招生舞弊、学术不端等。这类危机严重违背教育的本质和原则,损害学生利益,破坏学校的教育生态。例如,教师辱骂学生录音被曝光,引发家长集体抗议,不仅伤害了学生的身心健康,也引发了社会对学校教育质量和师德师风的质疑。

(三) 按影响范围分类

1. 个体危机

个体危机指的是单个学生或教师受到影响的危机事件。此类危机影响层级聚焦于个人,如学生突发心脏病、教师遭遇网络暴力等。个体危机的特点在于其影响的局限性,主要冲击的是特定个人的学习、工作与生活。

2. 局部危机

局部危机的影响层级限定在班级、年级或部门范围内,例如,某班级爆发水痘、实验室事故等都属于此类。局部危机的影响范围相对集中,虽不至于波及整个学校,但对受影响的局部区域影响显著。

3. 全校性危机

全校性危机意味着整个校园秩序陷入瘫痪状态。大规模食物中毒、火灾导致停课等都是典型案例。这类危机影响层级广泛且深刻,严重干扰学校的正常运转。

4. 社会联动危机

社会联动危机的影响层级不仅局限于校园,还会波及家庭、社区,甚至引发广泛的社会舆论。校园欺凌致死案就是此类危机的典型代表。当这样的事件发生后,受害者家庭遭受巨大痛苦,社区居民也会对此高度关注,进而引发社会舆论的强烈反响。社会各界会对校园安全、教育管理等方面提出疑问和反思。这种危机对学校声誉和社会形象的影响巨大。

表9-1所示为校园危机事件按影响范围的分类。

表9-1　　　　校园危机事件按影响范围分类

类型	影响层级	典型案例
个体危机	单个学生/教师受影响	学生突发心脏病、教师遭遇网络暴力
局部危机	班级/年级/部门受影响	某班级爆发水痘、实验室事故
全校性危机	整个校园秩序瘫痪	大规模食物中毒、火灾导致停课
社会联动危机	波及家庭、社区或引发社会舆论	校园欺凌致死案引发全民讨论

二、校园危机事件的特点

（一）突发性

校园危机事件往往是在毫无征兆的情况下突然发生的，令人猝不及防，学校管理人员和教师根本来不及作出充分的准备。由于校园人员密集，学生年龄差异大，心理和行为特点各不相同，稍有不慎，就可能引发危机事件。如学生之间的矛盾冲突、教师的不当管理方式等，都可能成为危机事件的导火索。

（二）破坏性

无论是何种类型和规模的校园危机事件，都会对当事人造成一定的伤害。例如，火灾可能烧毁教学楼、实验楼；地震可能使校园建筑坍塌，造成巨大的财产损失；校园暴力事件可能导致学生受伤、致残；校园伤害事件可能对受害者的身心健康造成长期的负面影响等。危机事件还会严重影响学校教学秩序，导致教学活动无法正常进行，学生的学习和成长受到阻碍，如群体性事件可能导致学校停课、罢课，影响学生的学业进度。

（三）敏感性

校园作为文化教育的重要场所，汇聚了众多思想活跃、关注社会动态的学生。他们对社会上的各种变化和矛盾极为敏感，一旦社会上出现热点问题或矛盾激化，学生很容易受到感染和影响，迅速作出反应。这些反应可能会在校园内迅速传播和扩散，引发连锁反应，导致危机事件的升级和扩大。例如，某高校学生因对学校食堂的饭菜质量和价格不满，在社交媒体上发布相关言论，引发了其他学生的共鸣和关注，进而演变成一场大规模的罢餐事件，引起了社会的广泛关注，给学校的管理和声誉带来了巨大的压力。

（四）紧迫性

校园危机事件发生后，往往需要在极短的时间内作出决策和采取行动，以控制事态的发展，减少损失。如果不能及时有效地应对，危机事件可能会迅速恶化，造成更加严重的后果。要防止小事件演变为大危机。

（五）复杂性

校园危机事件的引发因素多种多样，涉及学校管理、师生关系、社会环境、家庭背景等多个方面。这些因素相互交织、相互影响，使得危机事件的处理变得异常复杂。例如，在校园欺凌事件中，可能涉及欺凌者的家庭教育缺失、学校管理不到位、被欺凌者的性格特点以及同学之间的关系等多种因素。在处理这类事件时，需要综合考虑各个方面的因素，采取针对性的措施，才能有效地解决问题。

三、人工智能重构校园危机事件动态预警范式

校园危机事件的动态预警是校园安全管理的核心环节。传统预警模式依赖人工经验与事后响应，存在信息滞后、覆盖不全等瓶颈。人工智能通过多源数据融合、实时分析预测及自适应学习，可重构预警范式，实现"感知—分析—决策—反馈"闭环升级。

图9-1所示为即梦AI生成的校园危机事件动态预警范式。

图9-1 即梦AI生成的校园危机事件动态预警范式

（一）核心逻辑：从"被动响应"到"主动预测"

在过去，面对校园危机事件多采用被动响应模式。这种模式下，往往是在危机爆发后才匆忙采取行动。响应速度迟缓，从危机发生到相关人员到达现场，已经造成了较大的影响。而且，传统模式缺乏前瞻性，仅仅着眼于当下发生的危机，没有对可能出现的类似危机进行预判和预防。学校在处理完此次危机后，并没有深入分析背后的原因，也没有采取针对性措施，导致后续类似的冲突事件仍有发生。

主动预测模式借助先进的技术手段和科学的分析方法，对校园内的各种信息进行实时监测和分析。它的发展趋势是利用大数据、人工智能等前沿技术，构建全面、精准的危机预测体系。这种模式能够通过提前发现潜在危机，极大地提高危机应对效率①。学校可以在萌芽阶段就采取措施，将危机化解。比如，通过对学生日常行为数据和心理状态数据的分析，能提前发现可能存在心理问题的学生，及时进行心理干预，避免因心理问题引发的极端事件。同时，主动预测模式还能提升应对效果，减少危机带来的损失，为校园营造更加安全稳定的环境。

（二）多源数据采集

人工智能在校园危机预测中，数据收集与整合是关键基础。校园危机事件的动态预警离不开多源数据的支撑，数据的质量和多样性直接影响预警模型的准确性和可靠性。因此，数据收集与处理是构建人工智能校园危机事件动态预警模型的关键环节。

校园内有丰富多样的数据来源，学生行为数据涵盖课堂表现、考勤记录、社交活动等方面。通过校园一卡通系统，能精准记录学生的消费地点、时间和金额，从侧面反映其日常活动轨迹；课堂上的互动情况、作业完成质量等信息，也能借助在线教学平台进行收集。网络舆情数据同样不容忽视，社交媒体、校园论坛上学生的言论、情绪表达，都可能隐藏着危

---

① 杨澜，郑伟. 大数据背景下高校危机管理模式创新的内容、理念与原则［J］. 湘潭大学学报（哲学社会科学），2013（6）：49-52.

机线索。

图9-2所示为金智教育学生安全动态感知与介入业务流程。

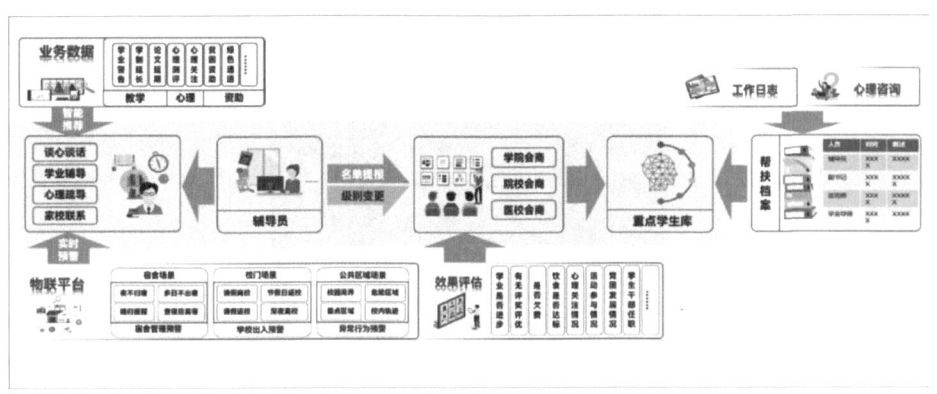

图9-2　金智教育学生安全动态感知与介入业务流程[①]

在数据采集方面，人工智能技术能够整合多源数据，打破数据孤岛。校园内分布着众多的监控摄像头、传感器、智能设备以及各类信息管理系统，这些设备和系统每天都会产生海量的数据。人工智能可以通过数据接口和网络通信技术，将来自不同数据源的数据进行收集和整合。利用物联网技术，将校园内的环境传感器、门禁系统、考勤系统等设备连接起来，实时采集温度、湿度、人员出入、学生考勤等数据；通过数据抓取技术，从学校的教务管理系统、学生管理系统、图书管理系统等平台获取学生的学习成绩、行为记录、借阅信息等数据。

图9-3所示为即梦AI生成的多源数据采集模型。

（三）模型构建与算法优化

人工智能能够利用计算机视觉、语音识别、自然语言处理等技术，对校园中的图像、声音、文本等信息进行识别和分析。在校园监控视频中，通过计算机视觉技术识别出学生的异常行为，如打架、奔跑、摔倒等；利用语音识别技术，对校园广播、师生对话等语音信息进行识别和分析，发

---

① 来源：https://mp.weixin.qq.com/s/iOpV8fxcdL2yjlS8iXsQ4A。

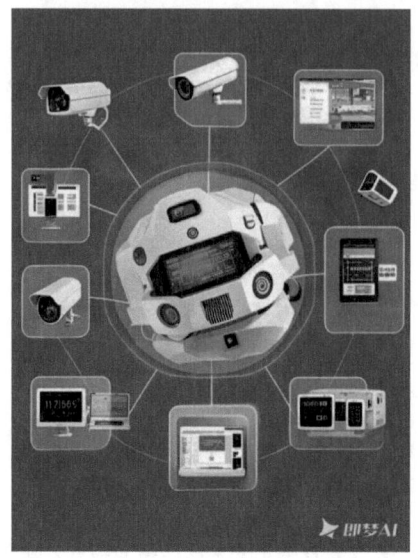

图 9-3 即梦 AI 生成的多源数据采集模型

现潜在的危机信号；通过自然语言处理技术，对学生在社交媒体、在线论坛、电子邮件等平台上发布的文本内容进行情感分析和语义理解，及时发现学生的情绪问题和潜在的危机事件。

1. 机器学习模型及算法

（1）决策树算法：可以对校园危机相关数据进行规则提取和分类，例如，根据学生的成绩波动、旷课次数、社交行为等特征构建决策树，判断学生出现心理危机或其他危机的可能性。它的优点是可解释性强，能直观地展示哪些因素对危机预测起关键作用；缺点是容易过拟合，对复杂数据的拟合能力有限。

（2）支持向量机（SVM）：在处理非线性可分的数据时表现出色，可用于对校园危机数据进行分类和回归分析。比如，在区分有暴力倾向和无暴力倾向的学生时，通过寻找最优分类超平面来实现准确分类。其优点是在小样本数据上也能有较好表现，泛化能力强；缺点是计算复杂度高，对大规模数据处理效率较低。

（3）随机森林算法：由多个决策树组成的集成学习算法，通过对多个决策树的结果进行综合来提高预测的准确性和稳定性。可以用于分析校园

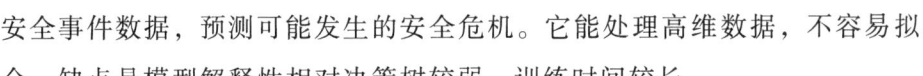

安全事件数据,预测可能发生的安全危机。它能处理高维数据,不容易拟合,缺点是模型解释性相对决策树较弱,训练时间较长。

2. 深度学习模型及算法

(1) 卷积神经网络(CNN):在图像和视频数据处理方面有强大的能力,可用于校园安全监控视频中的危机行为识别,如打架、欺凌等行为的检测。通过卷积层、池化层和全连接层等结构,自动提取图像中的特征。其优点是特征提取能力强,能处理复杂的视觉信息;缺点是需要大量的数据进行训练,计算资源需求高。

(2) 循环神经网络(RNN)及其变体LSTM、GRU:适合处理序列数据,如学生的心理健康状况随时间的变化、学习行为的序列等。LSTM(长短期记忆网络)和GRU(门控循环单元)能更好地处理长期依赖问题,可用于预测学生在一段时间内可能出现的心理危机或学业危机。它们可以捕捉数据中的时间序列信息,但训练难度较大,容易出现梯度消失或爆炸问题。

(3) 生成对抗网络(GAN):可以用于生成合成数据,以扩充校园危机数据的样本量,也可用于异常检测。例如,通过学习正常校园行为数据的分布,生成的对抗网络可以检测出与正常分布差异较大的异常行为,从而预警潜在的危机。不过,GAN的训练不稳定,需要精细地调优。

3. 其他模型及算法

(1) 朴素贝叶斯算法:基于贝叶斯定理,假设特征之间相互独立,常用于文本分类等任务,在校园危机预测中,可以用于分析学生的文本数据,如社交媒体发言、心理调查问卷答案等,判断是否存在潜在的危机倾向。它计算简单,对小规模数据效果较好,但特征独立性假设在实际中往往难以满足。

(2) 关联规则挖掘算法:如Apriori算法,可以发现校园数据中不同事件或特征之间的关联关系,例如,发现经常旷课的学生与成绩较差以及出现心理问题之间的关联,从而为危机预测提供依据。能发现数据中的隐藏关系,但可能会产生大量的冗余规则,需要进行筛选和评估。

(四) 动态预警机制设计

在完成数据收集与处理后,构建人工智能校园危机事件动态预警模型的关键在于选择合适的预警模型,并对其进行有效的训练和优化,以实现对校园危机事件的准确预测和及时预警。在构建人工智能校园危机事件动态预警模型的基础上,设计一套科学合理、高效可行的动态预警机制至关重要。该机制能够确保预警模型充分发挥作用,及时、准确地发现校园危机事件的潜在风险,并采取有效的应对措施,最大限度地降低危机事件对校园安全和师生生命财产的威胁。

1. 实时监测与分析

(1) 构建实时监测系统是实现校园危机事件动态预警的基础。该系统借助先进的传感器技术、物联网技术和大数据采集技术,对校园内的各类数据进行持续、全面地收集。通过在校园的各个关键区域,如教学楼、图书馆、食堂、宿舍、操场等,安装高清摄像头、智能传感器等设备,实现对校园人流量、学生行为、设施设备运行状态等信息的实时采集。利用物联网技术,将这些设备连接成一个有机的整体,实现数据的快速传输和共享,确保监测数据的及时性和准确性。

(2) 实时分析采集到的数据是发现异常情况的关键。运用人工智能算法和大数据分析技术,对校园人流量数据进行分析,能够及时发现人员聚集、拥堵等异常情况。通过对一段时间内教学楼入口处的人流量数据进行分析,当发现某一时间段内人流量突然大幅增加,超过正常阈值时,系统可以判断可能存在人员聚集的情况,如学生在课间休息时集中在某一区域,可能会引发拥挤踩踏等安全事故。此时,系统可以及时发出预警信号,提醒学校管理人员采取措施进行疏导,如安排安保人员前往现场维持秩序,通过校园广播引导学生有序疏散等。

(3) 学生的情绪指标也是监测的重要内容。通过分析学生在社交媒体、论坛等网络平台上的言论,以及课堂表现、人际交往等方面的数据,利用自然语言处理技术和情感分析算法,对学生的情绪进行评估,判断学生是否存在焦虑、抑郁、愤怒等负面情绪。当发现学生在网络上频繁发布消极言论,或者在课堂上表现出注意力不集中、情绪低落等情况时,系统可以及时识别出学生可能存在的心理问题,并将相关信息推送给学校的心理咨询老师,以便老师及时与学生进行沟通和辅导,帮助学生缓解负面情绪,预防因心理问题引发的校园危机事件。

(4)设施设备的运行状态同样不容忽视。通过对校园内的水电设备、消防设施、电梯等设备的运行数据进行实时监测,利用机器学习算法建立设备运行状态模型,当设备出现异常时,如水电设备的电压、电流异常,消防设施的压力、温度异常,电梯的运行速度、故障报警等,系统能够及时发出预警,提醒维修人员进行检修,确保设备的正常运行,避免因设施设备故障引发安全事故。

实时监测与分析是一个动态的过程,需要不断地对监测数据进行更新和分析,及时发现新出现的异常情况。同时,要根据实际情况对监测指标和分析算法进行优化和调整,以提高监测和分析的准确性和有效性。通过持续的实时监测与分析,能够及时捕捉到校园危机事件的早期信号,为后续的预警和应对工作提供有力支持。

2. 阈值设定与预警触发

阈值设定是预警机制的关键环节,它直接影响预警的准确性和及时性。根据历史数据和专家经验,对校园危机事件相关的各项指标进行深入分析,确定合理的预警阈值。对于校园暴力行为的识别,通过分析以往校园暴力事件的发生频率、行为特征等数据,结合专家对校园暴力行为的界定和判断标准,设定相应的行为指标阈值,如打斗动作的持续时间、攻击强度、参与人数等。当监测到的行为数据超过这些阈值时,系统即可判断可能发生了校园暴力事件,从而触发预警。

在设定校园暴力行为识别阈值时,可参考以下步骤:首先,收集大量的校园暴力事件案例和正常行为数据,建立数据集。其次,利用机器学习算法对数据集中的行为特征进行提取和分析,确定能够有效区分校园暴力行为和正常行为的关键特征。通过对这些关键特征进行统计分析,结合专家意见,确定每个特征的阈值范围。例如,对于打斗动作的持续时间,经过数据分析发现，在正常情况下，学生之间的肢体冲突持续时间一般不超过 10 秒，而在校园暴力事件中，打斗动作的持续时间往往超过 30 秒。因此，可以将打斗动作持续时间的预警阈值设定为 30 秒，当监测到学生之间的肢体冲突持续时间超过 30 秒时，系统触发预警。

预警触发后，系统需要及时、准确地将预警信息传递给相关人员。通过短信、邮件、校园广播、应急指挥平台等多种渠道，将预警信息发送给学校管理人员、教师、安保人员等，确保他们能够第一时间获取预警信息，并采取相应的应对措施。同时，预警信息应包含详细的事件描述、发生地点、时间、可能的危害程度等内容，以便相关人员能够快速了解情况，作出准确的决策。当预警系统检测到某教学楼某教室发生校园暴力事件时，系统立即通过短信向学校安保负责人发送预警信息，内容应包括"［具体时间］［教学楼名称］［教室编号］发生校园暴力事件，有多名学生参与打斗，请立即前往处理"。同时，通过校园广播向全校师生通报该事件，提醒周边学生远离现场，避免受到伤害。

在预警过程中，还需要对预警信息进行分级管理，根据危机事件的严重程度和可能造成的影响，将预警分为不同的级别，如一级预警（严重）、二级预警（较严重）、三级预警（一般）等。不同级别的预警对应不同的应对措施和响应流程，以便学校能够根据实际情况合理调配资源，高效应对危机事件。对于一级预警，学校应立即启动应急预案，组织专业的应急救援队伍进行处置，同时向上级教育部门和相关政府机构报告；对于二级预警，学校应加强安保力量，组织教师进行现场处理，并密切关注事件的发展态势；对于三级预警，学校可安排班主任或辅导员进行调查和处理，及时化解矛盾，避免事件升级。

阈值设定与预警触发是动态预警机制的核心环节，通过科学合理地设定阈值，及时准确地触发预警，并进行有效的信息传递和分级管理，能够确保学校在校园危机事件发生时迅速作出反应，采取有效的措施进行应对，最大限度地减少损失和影响。

第二节 校园危机事件应对辅助决策

当前，智慧校园安全管理已全面迈入"人机协同治理"新范式。2024年，教育部联合应急管理部发布的《教育系统智能应急能力建设指南（2024—2027年）》指出，我国将在三年内实现AI辅助决策系统在县域及以上学校全覆盖，重点构建基于多模态数据融合的智能预警中枢和自动化响应机制。

辅助决策是指利用各种技术手段和方法，为决策者提供信息支持、分析工具和决策建议，以帮助决策者作出更加科学、合理的决策。在校园危机事件应对中，辅助决策的目标是在复杂多变的危机情境下，为辅导员提供准确、及时的决策依据，协助其快速制定有效的应对策略，最大限度地降低危机事件对学生和校园的负面影响。辅助决策系统通常由数据收集与处理模块、模型分析模块、决策支持模块等组成，通过对多源数据的整合与分析，运用各种决策模型和算法，为决策者呈现多种可行的决策方案，并对方案的效果进行评估和预测。

人工智能辅助决策在校园危机应对中展现出显著优势。首先，极大提高决策效率。传统决策方式需要人工收集、整理和分析信息，耗时费力。而人工智能凭借强大的数据处理能力，能瞬间处理海量信息，快速生成决策建议。例如，在校园突发公共卫生事件时，人工智能系统可迅速收集师生健康数据、校园环境信息等，短时间内为学校提供防控策略，使学校能快速响应，有效控制疫情传播。

其次，增强决策准确性。通过对大量历史数据和实时信息的学习分析，人工智能能挖掘出潜在的规律和趋势，避免人为因素干扰。例如，在预测校园设施故障时，依据设施运行数据建立的模型，能精准判断故障可能性和位置，提前安排维修，减少因设施故障引发的安全事故。

最后，提供全面信息支持。人工智能可整合校园内多源异构数据，涵盖教学、管理、安全等各个方面,为决策者呈现完整的校园状况图景。例如,在处理校园欺凌事件时,综合学生行为数据、社交关系网络和过往记录,为制定针对性的干预措施提供全面依据,提升决策科学性和有效性。

一、人工智能在校园危机辅助决策中的关键技术

(一) 大数据分析技术

大数据分析在校园危机辅助决策中扮演着重要角色。它通过多种渠道收集校园内各类数据,涵盖教学管理系统中的学生成绩、考勤记录,校园一卡通系统的消费信息,以及监控系统的视频数据等。这些数据来源广泛、类型多样,为全面了解校园状况提供了丰富素材。

收集整合后,大数据分析开始挖掘数据规律。例如,通过分析学生的行为数据,包括课堂表现、社交活动频率、网络使用习惯等指标,构建学生行为画像。若发现某学生近期考勤异常、社交活动减少且网络搜索出现特定负面关键词,可能预示着该学生存在心理或行为问题,有引发校园危机的潜在风险。又如,分析校园设施设备的运行数据,如电力消耗、设备故障维修记录等,可提前发现设施老化或故障隐患,预防安全事故发生,为校园危机预防提供有力支持。

(二) 机器学习算法

机器学习算法是人工智能辅助决策的核心驱动力之一。它通过对历史危机数据的学习,不断优化决策模型,以提高决策的准确性和及时性。以监督学习算法中的决策树算法为例,将历史校园危机事件的相关特征作为输入,如事件类型、发生时间、地点、影响因素等,对应的处理结果作为输出。算法通过学习这些数据,可以构建出一棵决策树模型。

在面对新的危机事件时,该模型能够根据输入的当前事件特征,快速给出相应的决策建议。比如,在处理校园欺凌事件时,决策树模型可根据欺凌行为的严重程度、涉及人员关系、过往类似事件处理结果等因素,给出最合适的应对策略,如调解、纪律处分或心理辅导等。此外,像神经网

络算法这类深度学习算法，能够自动从海量数据中提取复杂特征，进一步提升模型的学习能力和决策精准度，使决策更加贴合实际情况，为校园危机应对提供高效、准确的决策支持。

（三）自然语言处理

自然语言处理技术在校园危机应对中发挥着独特作用。在处理校园危机相关文本信息方面，它能够对来自社交媒体、校园论坛、学生反馈等渠道的文本进行分析。例如，通过舆情分析，实时监测校园内关于危机事件的舆论动态。利用情感分析技术，判断公众对事件的态度倾向，是积极、消极还是中立；通过关键词提取和主题建模，快速掌握舆论焦点和核心问题，帮助学校及时了解师生和社会对危机事件的看法和关注点。

在实现智能沟通与协作方面，自然语言处理技术可用于自动回复学生和家长的咨询，解答常见问题，缓解人工客服压力。同时，在信息发布环节，能够将学校的应对措施、通知公告等内容以清晰、易懂的语言进行编辑和推送，确保信息准确传达给相关人员，促进校园内各方在危机应对中的有效沟通与协作，提升整体应对效率。

二、人工智能在校园危机各阶段辅助决策的应用

（一）危机预防阶段

在危机预防阶段，人工智能借助数据分析成为校园潜在危机的"洞察者"。通过对学生行为数据的深度剖析，能够精准预测校园欺凌等不良行为。例如，某学校引入人工智能系统，该系统收集了学生在课堂互动、课间活动、线上交流等多方面的数据。经过一段时间的学习与分析，系统发现部分学生在社交关系上出现异常，存在小团体孤立个别同学的迹象，且这些被孤立同学的学习成绩和情绪状态也有明显波动。基于此，学校提前介入，对相关学生进行心理辅导和教育引导，成功避免了校园欺凌事件的发生。

同时，利用设施监测数据预防安全事故也是人工智能的重要应用。校园内的各类设施设备，如电梯、消防系统等都应安装智能传感器，实时收

集运行数据。人工智能通过分析这些数据，能够提前察觉设备的潜在故障。例如，某高校的人工智能系统监测到图书馆一部电梯的运行参数出现异常，及时通知维修人员进行检查，发现关键部件存在磨损隐患，避免了可能发生的电梯故障事故，保障了师生的安全。

图 9-4 所示为宁波大学学生安全预警帮扶机制。

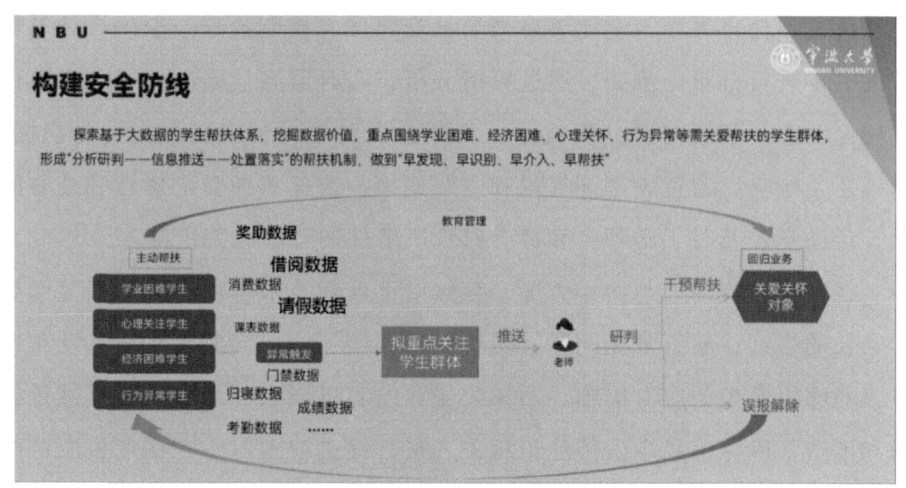

图 9-4 宁波大学学生安全预警帮扶机制①

（二）危机发生阶段

在危机发生阶段，人工智能迅速转变为实时信息收集与决策建议的"中枢"。智能监控系统成为危机现场的"敏锐眼睛"，利用先进的图像识别技术，能够快速识别异常行为。例如，在一次校园突发火灾事件中，安装在教学楼内的智能监控摄像头，第一时间识别出烟雾和人员的慌乱逃窜行为，并将信息实时传输至学校应急指挥中心。

同时，智能算法发挥强大作用，为应急救援规划最佳路线。以某高校在举办大型校园活动期间发生的拥挤踩踏事件为例，人工智能系统根据现场人员分布、通道状况等信息，快速生成多条疏散路线建议。学校应急指挥中心参考这些建议，及时引导师生有序疏散，避免了更严重的伤亡情

---

① 来源：https://mp.weixin.qq.com/s/iOpV8fxcdL2yjlS8iXsQ4A。

况。此外，人工智能还能通过对现场声音、图像等多维度信息的分析，实时评估危机的严重程度，为后续救援力量的调配提供科学依据，确保救援行动高效、有序进行。

（三）危机恢复阶段

在危机恢复阶段，人工智能化身为评估危机影响和制定恢复策略的"智慧参谋"。通过分析学生心理状况，制定心理干预方案是其重要功能之一。例如，在经历一场校园暴力事件后，学校借助人工智能系统对涉事学生和受影响学生进行心理评估。系统收集学生在问卷调查、心理咨询会话等过程中的文本数据，运用自然语言处理技术分析学生的情绪状态、心理压力源等。基于评估结果，为不同学生制定个性化的心理干预方案，帮助他们尽快走出心理阴影。

对于设施损坏情况，人工智能同样能发挥作用。利用图像识别技术对受损设施进行拍照评估，结合设施的历史数据和相关标准，准确判断损坏程度，进而规划合理的修复计划。例如，某校园遭遇自然灾害后，人工智能系统快速评估出教学楼、操场等设施的损坏情况，为学校制定修复预算、安排施工顺序提供了详细准确的依据，助力校园尽快恢复正常教学秩序。

第三节　教育舆情合理应对处置

在信息时代，教育舆情作为社会舆情的重要组成部分，对教育政策的制定、学校形象的塑造以及师生权益的维护都有着深远的影响。教育舆情反映了社会公众对教育的期望、评价和诉求，是教育部门、学校等决策的重要依据。

随着互联网和社交媒体的普及，网络成为公众表达意见、交流观点的重要平台，教育话题作为社会热点，经常引发广泛关注和讨论，网络教育舆情的传播速度更快、范围更广、影响力更大。网络信息的真实性难以保障，虚假信息对教育舆情产生负面影响；网络舆论的多元性和复杂性也增加了教育舆情管理的难度。教育部门和学校在应对网络教育舆情时，需要提高响应速度和应对能力。

与此同时，人工智能技术作为一种新兴的技术手段，已经在各个领域取得了显著的成果，其在网络舆情治理方面的应用也日益受到关注。通过对大量网络舆情数据的学习、分析和处理，人工智能技术可以帮助教育部门和学校更准确地识别和预测网络舆情的发展趋势，为教育舆情治理提供有力的支持，促进教育舆情监测自动化、研判智能化、引导精准化。

教育领域人工智能伦理与治理工作委员会2023年报告显示，合理应用人工智能技术可使舆情响应效率提升40%①，但需警惕过度依赖技术导致的"治理空心化"。未来发展方向应着力构建"人机共治"新范式，在保持教育温度的同时提升治理效能。

人工智能通过"技术理性"与"教育规律"的结合，正在重塑教育舆情的应对范式。未来，随着多模态大模型（如融合文本、图像、语音）的成熟，人工智能将更深度介入教育公共治理，推动舆情管理从"灭火式应急"转向"防火式智治"。

一、教育舆情的定义

教育舆情是指社会公众对教育领域的事件、政策、现象等所表达的态度、意见和情绪的总和②。它是社会舆情的重要组成部分，反映了公众对教育的关注和期望。教育舆情的主体包括学生、家长、教师、教育研究者、媒体以及其他关心教育的社会公众；客体则是教育领域中的各种事件、政策、现象等，如教育改革、学校管理、教师待遇、学生权益等。其可以划分为正面舆情和负面舆情两类③。

---

① 数据来源：教育部学校规划建设发展中心《人工智能教育治理白皮书》、清华大学智媒研究中心《教育舆情年度报告》。

② 李昌祖，杨延圣. 教育舆情的概念解析［J］. 浙江工业大学学报（社会科学版），2014（3）：241-246.

③ 李四清. 校园舆情信息对高校教育管理的预警［J］. 新闻战线，2015（5）：185-186.

二、教育舆情的特点

教育舆情具有以下特点：一是敏感性，教育涉及千家万户，关乎每个人的切身利益，因此教育舆情往往容易引发公众的高度关注和强烈反应。二是传播迅速，随着互联网和社交媒体的普及，教育舆情能够在短时间内迅速传播，形成广泛的社会影响。三是复杂性，教育舆情的主体和客体都具有多样性，公众的观点和意见也各不相同，因此教育舆情往往呈现出复杂的态势。四是持续性，一些教育问题可能长期存在，相关的舆情也会持续发酵，对教育领域产生持续的影响。

三、人工智能在教育舆情处置的应用现状

在当今数字化时代，人工智能技术在教育舆情应对领域的应用日益广泛，为教育管理部门和学校提供了新的手段和方法，有效提升了教育舆情应对的效率和质量，具体表现为[1]：

一是通过发挥技术优势，为高校网络舆情监测自动化提供全新的方法手段，增加高校网络舆情治理的效度。网络舆情监测是开展网络舆情治理的首要步骤，如何便捷地收集数据，提高数据信息的全面性和准确性，是高校网络舆情监测工作的关键。目前，我国高校对于网络舆情信息的收集是以购买舆情监测服务为主，这种监测服务主要针对高校相关的主流网站、微博、论坛、客户端、微信、数字报等进行数据采集，具有舆情监测、全文搜索、舆情分析、舆情简报等功能。人工智能具有超强的计算机推理能力和综合信息系统的优势，可以快速、海量、完整地收集舆情的全部数据，而不是简单地抽样采集数据；可以记录舆情不同时期的数据，关注舆情发展的整体状况，对高校相关舆情事件进行长时间储存并标志主题特征。人工智能还可以对舆情相关数据进行专业化处理与挖掘，将静态和无价值的数据转化为动态和高价值的信息，对不同数据库信息进行集成，

---

[1] 吴奕. 人工智能时代高校网络舆情治理的机遇、挑战与对策[J]. 江苏大学学报（人文社会科学版），2024（7）：115–124.

由此为舆情监测提供更具针对性的信息，以数据决策极大地赋能高校网络舆情监测，为舆情过程即时化、分析智能化、决策科学化奠定基础。

二是通过构建深度联系，为高校网络舆情研判智能化提供"火眼金睛"，以提升高校网络舆情治理的精度。舆情研判是舆情应对的重要前提，研判越准确，越有利于舆情处置工作。从信息传播的角度看，在网络舆情研判中，信息收集是开始，信息分析是关键，信息编报是过程，信息控制是效果。在大数据时代，高校舆情在网络上的痕迹可以被完全保存，这使得利用数据对高校网络舆情进行深度联系构建和全景式研判成为可能。但是，用户不等同于账户，网络用户也不等同于所有公众，因此数据分析研判具有一定的模糊性。语义识别技术、机器视觉、情绪分析技术等人工智能相关技术，可以不断地自我学习，高速高效解读用户发布内容，分析其中蕴藏的情感倾向；可以判断用户的态度，了解他们的心理和情绪，敏锐地洞察发布内容背后隐藏的社会心理描绘、社会关系呈现以及社会话语表达，探寻师生话语表达背后的心理、行为、动机、诉求等多维度信息，从而有效建立高校网络舆情预警模型。而人工智能的知识图谱技术可以强化系统智能分析的能力，进行事件分析、用户分析和舆情可视化分析，构建舆情主题知识图谱、舆情演变事例图谱，以及关键组织或人物图谱，为高校网络舆情研判提供系统知识管理、检索和服务，从抽样式模糊研判评估转向综合式精准研判评估，从而实现高校网络舆情研判工作从就事论事的应急式向统揽全局的跟踪式转变。

三是通过智能用户画像，为高校网络舆情引导精准化提供决策支持，体现高校网络舆情治理的温度。舆情引导是舆情治理的重要手段。借助学校官方新媒体进行舆情响应与信息互动，已成为当前高校舆情引导的主要方式之一。面对不同的舆情，高校可以改变"通稿式"引导模式，基于数据挖掘与算法推荐，对受影响的师生受众推出私人定制的引导方案。在内容上，可以利用人工智能自动计算出用户对象的内容偏好和信息发布习惯，借用"技术+数据"，更灵活地使用全息3D、H5等技术，通过文字、图片、视频、动画等多模态话语，以师生喜闻乐见的内容和形式开展有针对性的引导。在平台上，可以打造基于算法推荐的智能舆情服务平台，根据不同时节、不同地区、不同对象的媒介使用场景进行画像，以"一人一策""千人千面"式样进行引导信息的精准推送和投喂，借助新技术的力量，将最有价值的信息送到最需要这些信息的人面前。此外，在精准推送的信息中植入社会主义核心价值观，强化舆情事件所体现的社会责任感，在提供信息的同时为高校师生构建"仪式空间"，可以充分唤醒师生对学校的情感认同、身份认同和价值认同，从而实现对网络舆情积极有效的正面引导[①]。

第四节 应用案例——校园危机评估指标体系和预警机制

一、"数字化+AI"织密校园安全防护网

无锡市梁溪区"梁溪智脑"上线智慧用电监管平台，配合各学校配电室、教室办公区等重点区域部署的1.2万余个智能传感器，对全区146个中小学、幼儿园进行全覆盖改造，让安全管理从被动响应转向主动预防，为师生筑起智能安全防护墙。

智慧用电监管平台依托物联网、大数据、云计算等技术，通过实时监测线路温度、电流负荷、电压电弧等数据，分析设备的运行状态，AI预测过载、漏电等风险，实现对用电情况的全面掌握。同时，运用AI大模型对电流指纹进行识别，建立设备电气特征库，精准研判大功率用电设备，如热水器、取暖器、电动车等，如遇到故障问题，平台将自动切断故障线路并推送预警信息，避免潜在火灾事故隐患。对于高级别风险，还可一键报警至区公安分局，区公安分局可通过视频监控对现场进行实时跟踪和前期处置，弥补公安机关接警到出警过程的空白期，是联通警校力量，共建

---

① 吴奕. 人工智能时代高校网络舆情治理的机遇、挑战与对策[J]. 江苏大学学报（社会科学版），2024，26（4）：115-124.

校园安全治理模式的重要载体。

此外，平台基于深度学习技术构建了 AI 安全管理大模型，聚合近十年校园安全政策、文件、典型事例、管理制度等资源，形成动态更新的安全知识库，可识别如学生聚集异常、设施设备故障等 20 余类隐患，并自动形成分级预警报告。

图 9-5 所示为无锡市梁溪区教育局一张图。

图 9-5　无锡市梁溪区教育局一张图①

二、智慧校园防欺凌报警系统

智慧校园防欺凌报警系统是基于大数据、云计算和人工智能技术的一套新系统，系统由 AI 语音识别一键报警终端、App、云平台、电脑管理软件等构成。防欺凌 AI 语音识别一键报警终端部署在学校卫生间、宿舍、教室、楼道、操场等区域，实时 AI 分析设备区域内的音频信息，若识别出欺凌常发的"救命、打架、着火"等关键词时，则现场触发预警语音自动报警干预，同时报警消息可通过手机 App、云平台、电脑端等实时通知相关管理人员，相关人员收到预警后，可通过观看实时视频监控、语音监听对讲等方式来判断现场情况，并快速干预。系统同时支持一键报警、语

---

① 来源：https://mp.weixin.qq.com/s/B8sYhMXWNs0AMteV3mH3Xw.

音广播、远程开闸、报警录像、电子地图定位、联动探测器防盗报警、联防报警等功能拓展。

图9-6和图9-7所示分别为智慧校园防欺凌报警系统架构和特色功能。

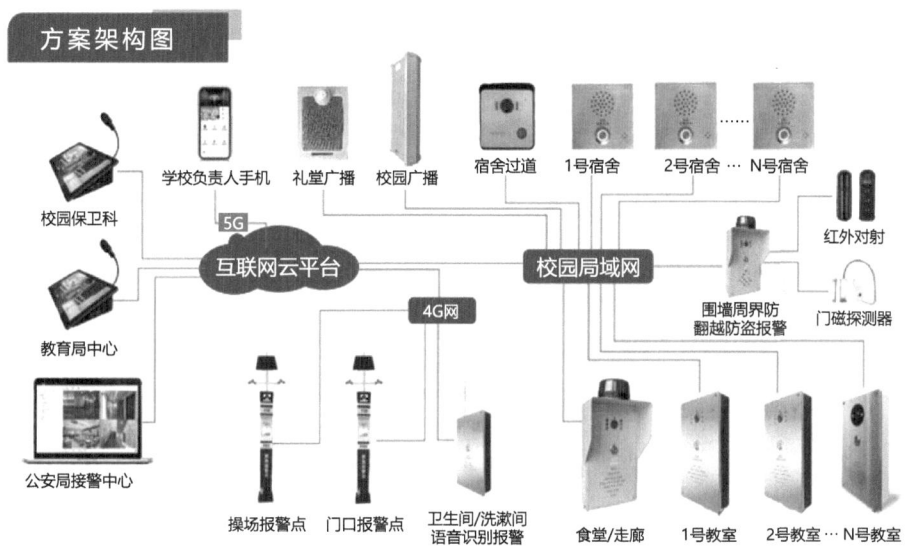

图9-6 智慧校园防欺凌报警系统架构①

图9-7 智慧校园防欺凌报警系统特色功能②

---

① 来源：https：//mp.weixin.qq.com/s/KwgVfC55lUaxxf2_ XczJ4Q.
② 来源：https：//mp.weixin.qq.com/s/KwgVfC55lUaxxf2_ XczJ4Q.

三、"奥孚图+旷视"平安校园解决方案

奥孚图与旷视科技携手,结合各自在 AI 和语音识别领域的专长,推出平安校园解决方案(见图 9-8),旨在通过人工智能技术提高校园安全水平,预防欺凌行为,保障师生安全。

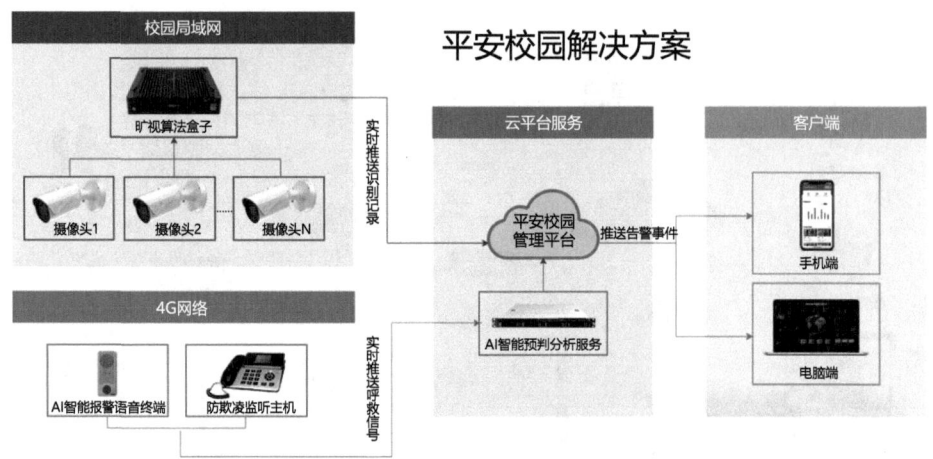

图 9-8 "奥孚图+旷视"平安校园解决方案①

智能安防系统利用 AI 前端、大数据、智能算法等先进技术,实现事件预警、实时响应和高效管理,弥补了传统安防系统依赖人力、事后查证难、预警能力差的不足。

长沙市雨花区教育局和武汉市教育局分别在其下属学校实施平安校园项目,通过部署 AI 智能分析设备,实现了校园安全事件的事前预警、事中干预和事后快速查询。华南师范附中深化智慧校园建设,采用旷视科技的解决方案,通过面板机、抓拍机、访客机等设备,构建了一套全面的校园安全管理体系。见图 9-9。

---

① 来源:https://mp.weixin.qq.com/s/rbY9SwFdYshqosEA8FpxcA。

第九章 校园危机事件应对工作中的数智能力和应用方法

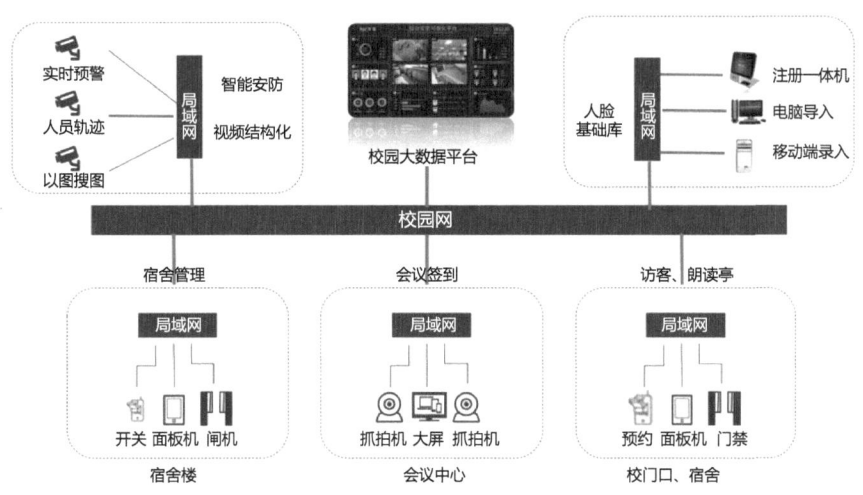

图 9-9 华南师范附中校园安全管理体系①

四、中国石油大学（北京）大数据预警系统

中国石油大学（北京）通过对近些年发生的危机事件进行总结梳理，归纳出危机事件处置的相关经验与启示。一是重视既往病史和休学后复学学生的心理健康。对于出现过自伤、自残、自杀等倾向，以及因为个人原因（心理问题、病理问题、学业问题、参军入伍等）休学后复学的学生，要给予持续的关注、关心、关怀。二是打通危机预防干预的"最后一公里"。宿舍同学是突发事件和危机事件干预的最后一道防线，适当安插"眼线"能够从细微处发现识别异常情况并及时上报。三是建立多部门协同工作机制，保持信息畅通。学工处、学院、保卫处、校医院等多部门建立协同机制，明确工作程序和职责，相互支持，做到信息及时互通，程序简单清晰。其中，大数据集成管理和分析预警模块，在确保网络安全和维护学生隐私的前提下，"挖掘分析、可视呈现、预测研判、预警提示"，为学校的教育管理决策、人员的潜能发挥和学生的精细管理、精准思政、危机预警提供科学依据。

---

① 来源：https://mp.weixin.qq.com/s/rbY9SwFdYshqosEA8FpxcA.

图 9－10 所示为中国石油大学（北京）大数据预警系统。

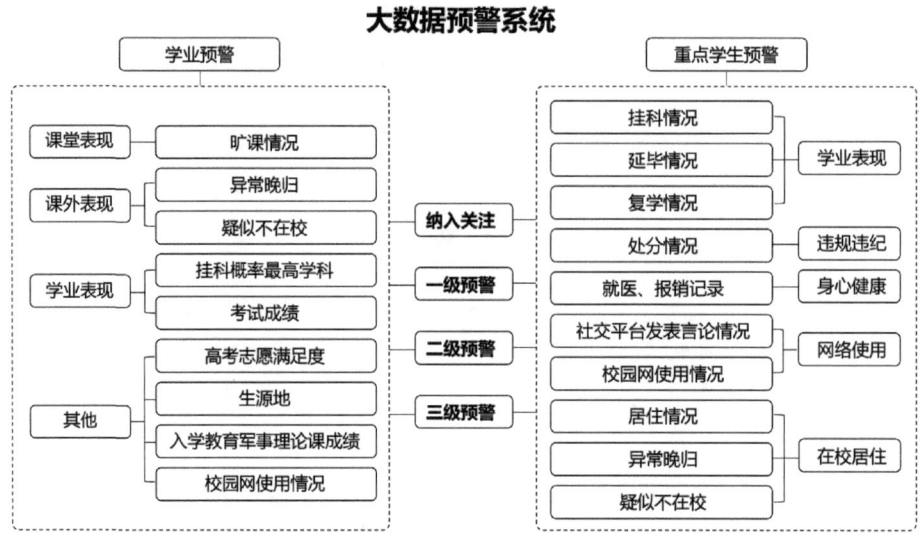

图 9－10　中国石油大学（北京）大数据预警系统

五、AI＋行为分析——校园智慧安防解决方案

智能 AI 行为分析预警系统，基于 AI 神经网络的视频分析算法，赋予监控系统智能行为分析的能力，从而能准确识别场景的特殊事件，实时高效响应突发情况。利用高清网络摄像机抓拍勾勒出人体骨架图形，通过后台大数据分析计算，能判断出人的运动轨迹，结合系统设定的参数值，识别出人的行为动作，并通过后台预警、弹窗、智能语音提示，从而达到主动预防和提前预判的目的。AI 行为分析技术，通过监控摄像机拍摄回来的画面分析场景下的异常行为，然后主动预警。在校园监控局域网中架设一台服务器，就可以轻松完成升级改造。能通过系统准确识别校园发生打架、跌倒、攀爬、闯入、求救、徘徊、滞留、离岗、睡岗、缺岗、落水、人数异常、人员统计、声强突变等异常行为，及时发现问题，主动预警给保安室、学校领导、教导主任、教委相关领导等，有效解决校园安全问题。

图 9－11 所示为智能 AI 行为分析预警系统架构。

第九章 校园危机事件应对工作中的数智能力和应用方法

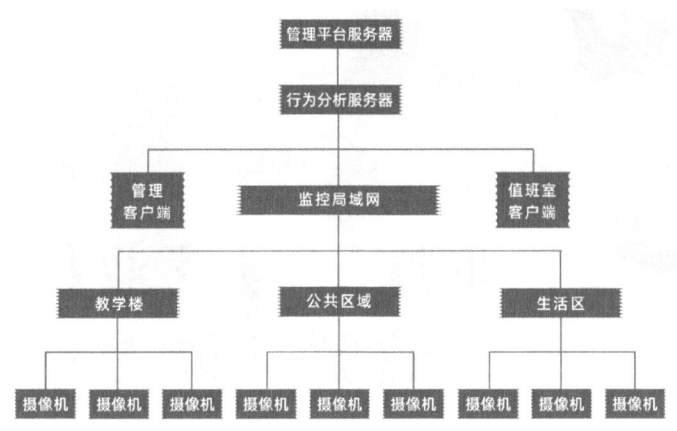

图 9-11 智能 AI 行为分析预警系统架构①

AI 行为分析技术监控，其核心技术是行为分析技术。通过 AI 神经网络的视觉分析算法，把人的主要活动骨架结构化，根据人的运动轨迹，定义各种异常动作行为，当监控摄像机拍摄到这些异常行为时，立即预警。

图 9-12 所示为智慧校园重点区域及行为分析技术原理。

图 9-12 智慧校园重点区域及行为分析技术原理②

---

① 来源：https://mp.weixin.qq.com/s/IR4hcbPRoI1lVP5zaEAwUA.
② 来源：https://mp.weixin.qq.com/s/IR4hcbPRoI1lVP5zaEAwUA.

第十章
职业规划与就业指导工作中的数智能力和应用方法

高校辅导员在大学生职业规划与就业指导中发挥着重要作用，尤其在新质生产力加速重构就业生态的背景下更具现实紧迫性。随着新兴产业崛起，传统职业结构向数字化、平台化方向转变辅导员需以数智能力为支撑，构建三层赋能体系：其一，通过产业人才需求大数据分析，动态解析新质生产力驱动的职业图谱变化，引导学生锚定智能制造、数据科学等新兴领域，培育复合型数字素养；其二，运用智能工具评估学生能力矩阵，结合区域产业链升级需求定制个性化成长路径，破解"技能供给—产业需求"的结构性错配；其三，依托新质思政工作能力创新就业育人模式，在职业价值观塑造中融入科技创新伦理、绿色就业责任等维度，使职业选择与国家"双碳"战略、数字经济布局同频共振。这种深度融合产业变革趋势的生涯教育，既是应对就业市场范式转换的必然选择，更是为新发展格局输送高质量创新型人才的关键路径。

第一节 智能化职业生涯规划指导

职业生涯规划指导是高校就业指导教育中的重要组成部分，也是未来就业指导和大学生生涯辅导的发展方向，但传统的职业生涯规划指导工作中有着职业规划精准度不高、个性化服务不足、指导人工成本和时间成本较高等缺点。随着工业 4.0 时代所带来的深度变革，人工智能技术在教育教学的各个环节都展现出强大的生命力，有望解决传统就业指导模式下难以突破个性化教育和教学分析的快速、高效化等问题，提升育人质量与效率。在职业生涯规划指导中应用人工智能技术，能够引导传统职业规划和就业指导理念升级为精准化、自动化、全面化。

一、人工智能职业测评

通过人工智能算法，对学生进行职业兴趣、性格、能力和价值观等方面的测评，从而更准确地了解学生的个性特点和职业倾向。常见的职业性格测试有 MBTI、大五人格测试、九型人格测试、DISC 性格测试等，常见的职业兴趣测试有霍兰德职业兴趣测试、斯特赖克职业兴趣测试等，常见的能力测试有各类智力测试、各类职业技能测试等，常见的职业价值观测试有田崎仁职业价值观测试、施恩职业锚测试等。大多数职业测试均采用问卷方式进行测评，通过体系化的评分对受试者进行量化打分，用以描述其职业测试结果。而利用人工智能辅助进行职业测评可以提升效率、准确性和个性化。

（一）人工智能辅助个性化职业测评

当前常用的测试方法所使用的基础模型均发源自 20 世纪，并且由西方国家发源及设计，某些部分并不适用于新时代的中国大学生，并且这些模型并不能根据测试者的特点进行个性化定制。

人工智能可优化各类职业测试的问题描述，让其更符合中国文化和职业发展特色，让职业测试更加实用、人性化。人工智能可将测评体系中的客观选择题目转化为开放式问题，利用自然语言处理（NLP）技术，自动识别受试者的回答，进行分析得出测试结果。同时，通过分析受试者的回答，动态调整题目难度和描述风格，确保测评精准。人工智能可创建虚拟工作场景，评估受试者的应对能力。

人工智能结合综合物联网和大数据等手段，可全面抓取学生数据，科学聚类分析学生特性，根据分析结果建立学生画像模型，针对不同特点、不同水平的学生给出针对性问卷或问题，简化测评过程，高效完成测评分析。

（二）智能化测评结果分析

人工智能可以分析受试者在职业性格测试中的回答，并基于预先设定的算法和模型，提供详细的人格类型分析。传统的职业测评往往依赖于用户主观选择，容易受到认知偏差的影响，利用 NLP 技术，对受试者语言描述进行深度分析，除了可以分析其职业测评结果，还可给出受试者对于不同职业的情感倾向，如热爱、向往、犹豫、排斥等。结合受试者的情感倾向和职业特征，系统可以预测受试者在不同职业中的潜在幸福感，帮助受试者选择更能获得成就感和满足感的职业。

人工智能还可以将受试者的性格特质、兴趣类型、能力优势、价值观等因素进行多维度的评估分析，提供更加全面、个性化的职业建议。基于海量职业数据，人工智能可构建较为全面的职业画像库，涵盖工作内容、技能要求、发展前景等多个维度。通过将受试者的测试结果与职业画像进行匹配，人工智能能够推荐高度契合的职业方向。与此同时，职业世界瞬息万变，新兴职业不断涌现，传统职业也在不断演变。利用人工智能对网络数据的抓取，可实时更新职业数据库，同步最新市场动态，确保推荐职业的时效性和前瞻性。

（三）智能测评优化和数据可视化

除了辅助测评运算体系，人工智能也可通过对受试者测评期间的答题时间、答案修改记录等过程数据进行智能分析，了解受试者对不同问题的反应，分析受试者的情绪以及不同题目的关联性，修正测评结果；通过机器学习技术不断学习新的数据和反馈，优化其测评模型和推荐算法，提高测评的准确性和推荐的有效性。

人工智能可根据受试者的性格类型提供个性化的反馈和建议，利用智能图表，将测评结果可视化，并自动调整图表布局、颜色、字体等元素，突出重点内容，使图表更加美观、易读；通过自动更新图表，确保受试者始终看到最新、最准确的可视化结果；受试者通过点击、拖拽等操作，深入探索图表中的数据细节，利用互动式阅读过程让学生能够更加深入、客观、准确地理解测评结果，了解自身，并探索适合的职业。人工智能还可以与 VR 技术和 AR 技术有机结合，让受试者在实际体验中了解自己的兴趣和适应性。

二、人工智能辅助就业指导课程

就业指导课程是高校进行系统性职业生涯规划和就业指导的重要阵地，当前的就业指导课程通常以课堂教授的方式开展，部分课程结合了互动式教学、翻转课堂、演练实训等方式开展。利用人工智能可将数字化与信息化技术与课程教学深入融合，可构建个性化、互动式教学模式，帮助学生更好地理解就业指导课程教学内容。见图 10-1。

（一）个性化学习路径

通过人工智能的辅助，打造"AI 学伴"，学生可进行自适应学习。通过分析学生的背景、兴趣、技能和职业目标，人工智能可以为学生制定个性化的职业发展路径，推荐最适合的学习路径。个性化的学习内容和进度可以最大限度地提高学生的学习效率，使他们能够在更短的时间内掌握更多的知识和技能。

人工智能系统可根据学生对于数字教材或教学视频的学习情况，以及完成作业、讨论等学习任务的情况，综合分析学生的学习进度，通过作业完成时间、提交作业文字风格等分析学生的学习风格；结合作业和测试所

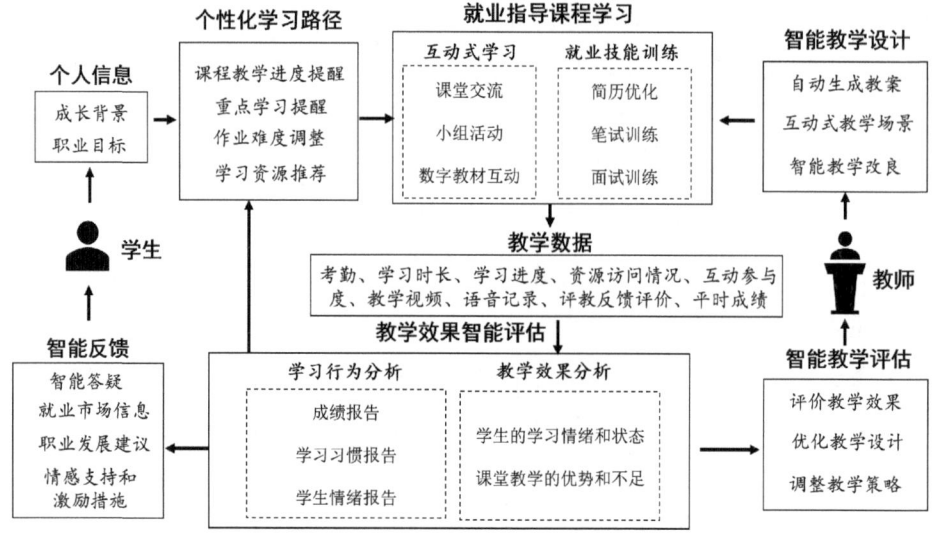

图 10-1　人工智能强化就业指导课程

反馈的知识水平，人工智能系统可动态调整学习内容和难度，帮助学生补齐就业知识和技能短板，引导学生深入探索感兴趣的领域，智能推荐相关的学习资源，如在线课程、文章、视频和行业专家讲座等。人工智能系统还可以进行动态调整课程教学进度提醒、作业难度调整等自适应操作。

（二）智能辅助教师备课

目前生成式人工智能已可以做到根据使用者的描述来生成文字、图片、视频等内容，教师可通过与人工智能体的互动来了解最新的就业信息和生涯规划知识，利用人工智能分析就业数据和最新就业政策文件，更新教学内容。人工智能还可以根据教学内容和原理生成教学过程中的图片、练习题，自动检索生涯案例，进而生成教案和教学设计，自动制作教学课件。

根据教育学原理，互动式教学可以有效提升学习效率，人工智能可以生成互动式教学方案，设计互动式教学环节，自动生成模拟场景。人工智能还可以借助互动式教学平台收集学生学习习惯、成绩图谱等教学数据，基于历史数据训练模型，为授课教师提供课程难度调整、内容篇幅、教学重点优化等教学改良方案，指导教师迭代教学内容，提升教学质量。

第十章 职业规划与就业指导工作中的数智能力和应用方法

（三）智能互动式学习

互动式教学是一种以学生为中心的教学方法，强调师生之间、学生之间的互动和交流，与传统单向灌输式的教学方式相比，互动式教学可以提升学生学习兴趣与参与度，促进学生对知识的深入理解和应用，帮助学生提升自身综合素质。

利用人工智能技术可放大互动式教学优势，通过教学过程中的师生交流、生生交流、团队活动、数字教材学习等互动形式，学生可以更深入地学习和理解就业指导课程中的相关理论与应用工具。通过将学习过程游戏化、情境化，提高学生的学习动力和参与度，强化学生独立思考、分析问题和解决问题的能力，形成自主学习和自主探索能力。

图 10-2 所示为互动式数字教材在就业指导课程中的应用。

图 10-2　互动式数字教材在就业指导课程中的应用

针对学生在课程学习中的疑问，任课教师的答疑过程对于知识的扎实掌握有着非常重要的作用。利用人工智能技术可将答疑过程自动化，将就业指导课程的知识点导入到智能体中，学生可通过与智能体的交互学习来获得即时的问题解答。

(四) 智能反馈与评价

人工智能可通过在线学习平台、移动应用等渠道,采集学生的学习行为数据,如学习时长、学习进度、资源访问频率、互动参与度、评价反馈等,分析学生的学习习惯和偏好。根据以上数据,人工智能还可以辅助评估就业指导课程的效果,为课程改进提供数据支持,帮助授课老师了解目前课程教学的优势和不足。

人工智能还可以深度分析教学过程中的视频和语音记录,通过语音和面部表情分析学生情绪,为评价教学效果、优化教学设计、调整教学策略提供数据支持。根据学生的学习情绪和状态,提供相应的情感支持和激励措施,如发送鼓励信息、推荐成功案例、提供心理辅导资源等。

人工智能可以根据学生的学习需求和兴趣,推荐相关的书籍、文章、视频等学习资源,实时推送行业新闻、就业趋势和岗位需求信息,帮助学生了解最新的就业市场情况。结合学生在课程学习中展现出的职业兴趣、性格特点,结合就业市场趋势,人工智能还可以提供个性化的职业发展建议,如推荐适合的职业方向、技能提升路径、实习机会等。

(五) 智能化技能训练

就业指导课程中包含简历制作、笔试、面试等多项就业技能的教学内容,单纯的课堂讲解技巧并不足以对学生的就业技能达到有效提升的目的,学生需要通过训练与实践才能有效提升自身的就业技能。

人工智能技术可作为学生的课程"陪练",在简历制作及优化过程中,人工智能可以辅助学生识别岗位需求的关键词、技能、经验等信息,提供针对性的修改建议;在笔试训练中辅助学生进行试题批改,并进行错题分析,得出应试能力短板,给出针对性训练建议;在面试训练中充当面试官,分析求职者的面试表现,如情绪变化、语言表达、肢体语言、得分点等,帮助学生矫正面试中的错误表达、提供改进建议、评估面试成功率等。

三、人工智能就业咨询服务

就业咨询服务是高校日常个性化辅导的重要内容，学生在成长和求职过程中因自身实际情况和需求不同，有着不同的咨询需求，因此需要更为个性化的个体辅导。个性化就业咨询一直以来是高校就业指导中较为消耗人力成本和时间成本的内容，实际工作中需要大批就业指导教师及工作人员，而人工智能在个体交互上有着天然的优势，可利用 NLP、情绪识别、机器学习等人工智能技术辅助就业咨询，提高就业咨询的效率和覆盖面。

（一）智能化职业规划咨询

通过大数据手段和智能化测评技术，可有效识别学生的技能与目标职位的差距，生成详细的职业测评报告，并基于学生的技能差距、学习目标和学习风格，生成个性化的训练计划，辅助学生做好成长规划。利用自然语言处理和机器学习算法，人工智能算法可以分析学生的兴趣、技能、价值观和性格特质，进而进行岗位匹配和职业发展建议。

利用人工智能对学生提出的知识类、政策类、时事类等问题进行解答，为学生的职业生涯规划、就业指导、就业政策的相关咨询服务，可以让简单问题的咨询更加高效，并节省人力资源。人工智能可以模拟真实的职业教练，为学生提供个性化的职业发展建议、面试辅导、简历优化等服务。根据学生的描述，人工智能还可以推荐与学生兴趣和能力高度匹配的职业选择，并提供目标职业的职责、所需技能、薪资范围和未来发展前景等详细信息。

图 10-3 所示为人工智能答疑系统。

（二）人工智能辅助情感分析

兴趣是职业选择的重要驱动力，而情感则影响着我们的职业满意度和幸福感。智能化职业测评引入情感分析技术，能帮助学生更深入地了解自身情感倾向，作出更符合自身实际感受的职业选择。人工智能通过分析学生的语言风格、用词习惯等，能够识别学生对不同职业的热爱、向往、犹

图 10-3 人工智能答疑系统

豫、排斥等情感倾向，并根据不同的情感倾向提供相应的引导和建议，例如，利用网络信息或数据库信息，为学生提供类似情况中的就业案例，帮助学生进行职业决策。结合学生的情感倾向，以及人工智能对职业的未来发展预测，人工智能还可以预测学生在不同职业中的潜在幸福感，帮助学生选择更能获得成就感和满足感的职业。人工智能还可以与人体感官数据收集设备相结合，提供压力管理建议，帮助学生应对求职压力。

（三）人工智能辅助人工咨询

人工智能还可对学生提出的复杂就业相关问题，以及前置问题进行分析，给下一步的人工咨询提供初步的分类与建议，帮助学生轻松预约相关领域特长的就业指导咨询师。人工智能作为前置咨询不仅具有即时性、时效性、准确性等优势，还可以进行"7×24 小时"全天候咨询，满足学生的咨询需求，解放大批的高校就业指导人力资源。

经过人工智能分配后的人工咨询，不仅更有针对性，就业指导咨询师也可通过学生与人工智能的交互记录，提前了解学生的困惑与痛点，借此提高就业指导的效率，并满足学生的个性化需求。咨询过程中就业指导咨询师还可以借助人工智能辅助对学生进行分析，对咨询细节进行记录，丰富人工智能数据库中的学生数据画像，人工智能还可为就业指导咨询师反馈分析结果，以佐证其的分析判断结果。

第二节　职业能力的智能评价与跟踪

人工智能的一大特征是可以通过机器学习构筑学生的个人画像，依据个人需求和能力特点提供推送与服务。人工智能技术手段应用于高校职业能力评价与跟踪，一方面有助于学生增强自我认知，满足个性化需求；另一方面，可以让高校就业指导人员，如辅导员、导师、就业指导部门职员等，系统地了解学生能力与个性特点，给出更具个性化的就业指导和职业生涯规划方案。

一、人工智能学生职业数字画像

学生数字画像不仅可以有效辅助高校就业指导和职业测评，还可以量化展示学生职业能力，实时记录学生成长轨迹，可以做到实时跟踪与分析，为学生职业能力成长提供更多维度、更加量化的数据支持，以数据驱动学生个性化发展。见图 10 - 4。

（一）多维度智能数据采集

学生画像刻画的精准程度取决于数据的全面性，为确保这一特性，数据采集渠道包括以下方面：物联网设备数据、软件数据以及移动互联网数据。需要注意的是，数据采集工作要事先做好学生意愿调研工作，充分秉

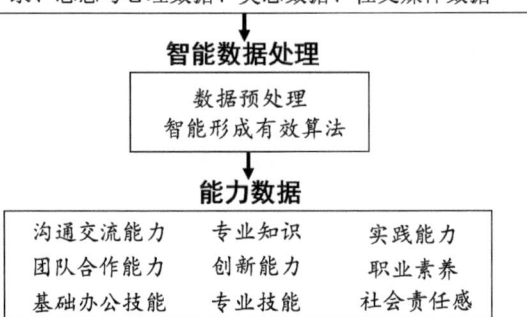

图 10-4 学生职业数字画像

承学生自愿原则,在学生知情的情况下开展。

物联网设备包括经学生授权的摄像头、门禁设施、校园卡交互设备、教学实验设备等。在就业指导课程上,利用人脸识别技术通过教室摄像头采集学生情绪信息,同时采用录播技术捕捉教学内容,将二组数据结合用于对课业学习情况、专业知识兴趣度等作出判断。

软件数据来自校方系统,包括教务系统、线上学习系统、校园生活系统和学工相关系统。教务系统获取学生学业数据,包括成绩数据、评估数据等,进而构建学生知识图谱。线上学习系统获取学生线上学习数据、线上教学交互数据、热门点击数据等,构筑学生学习习惯图谱。校园生活系统提供学生上网时长、校园住宿情况、进出校园及设施情况、校园消费情况等学生校园活跃度相关数据,构建学生校园生活习惯图谱。学工相关系统提供学生学历信息、学生籍贯、民族、性别等基本人口统计学信息,以及学生心理健康、校园活动参与情况、社会活动参与情况、奖惩情况等数据，构建学生思想状况图谱。

移动互联数据采集包括测试数据、日志数据与网页浏览数据。一是学生通过填写就业成长平台提供的测试留下的后台数据，即测试数据；二是学生在使用就业成长平台过程中捕捉到的行为信息，即日志数据包括历史浏览记录、网页行为轨迹等；三是其他经学生授权的客户端和网页，即网页浏览数据，如浏览器、公众号、相关求职 App 或淘宝等软件中提取得到的数据。

（二）智能数据分析

上述多维度收集的数据，整理分类为学生的学习数据、校园行动记录、课外活动记录、实习实践记录、思想与心理数据、奖惩数据、社交媒体数据等内容，作为衡量学生职业能力的基础数据。收集到的数据可能存在缺失值、异常值等问题，需要进行清洗和预处理，人工智能可以高效完成数据清洗，并借此形成有效算法。经过数据清洗后即可对学生数据画像的基础数据进行智能分类和分析。

经过智能分析后的学生行为数据，可描述学生的沟通交流能力、团队合作能力、基础办公技能、专业知识、创新能力、专业技能、实践能力、职业素养、社会责任感等职业能力。职业能力的相关测评往往只能反映学生答题时的能力水平，并且不能排除学生在答题时的夸大和偏差，而学生行为方式与个体个性密切相关，因此这些数据能够更全面地挖掘学生性格，使学生画像更加贴近学生的真实客观存在。随着学生的成长和发展，人工智能可以持续收集数据，实时分析和更新学生的画像数据，确保画像的准确性和时效性。基于学生的反馈和职业发展情况，人工智能还可以不断优化、迭代画像模型，提高画像的精准度和实用性。

二、个性化职业能力发展建议

基于测评结果或学生数据画像，人工智能可以为学生提供个性化的职业规划建议，如推荐适合的专业方向、职业发展路径、实习机会等。在学生的发展过程中，人工智能也可以跟踪学生的职业发展路径，提供定期的反馈和建议，帮助学生不断调整和优化职业规划。

（一）职业发展智能跟踪与反馈

职业发展路径有着个性化、时代化、动态化、资源依赖等特点，进行职业发展路径规划是一项非常复杂且充满不确定的过程。人工智能恰好可以协助解决复杂问题，通过对历史就业数据与学生画像的关联分析，可得出学生个人发展与学生个性的关联数据库，基于对个体职业兴趣、能力和职业目标的评估，人工智能可以为个人定制个性化的职业发展路径。学生画像可根据学生日常数据进行动态调整，以此为基础可分析学生实时的发展特点，根据个人的职业发展需求和兴趣，以及学生能力测评结果，人工智能可以推荐相关的学习资源，如在线课程、书籍、研讨会等。人工智能可以自动化跟踪个人的职业发展进展，定期提供反馈报告，帮助学生了解自己的优势和不足，并制定改进计划。通过分析个人的职业社交网络，人工智能可以帮助其发现潜在的合作伙伴、导师和职业机会。通过分析职业发展数据、时事新闻、招聘信息等数据，人工智能可以预测行业趋势和职业前景，为当下的职业发展路径提供有价值的参考。

（二）自动化反馈与就业指导

就业指导自动化主要体现在以下方面：一是能够实现教师与学生的就业指导活动在物理空间上的分离，学生通过线上的、自主化的操作平台，获得自身个性化信息和发展路径指导，完成大规模个性化的自主成长；二是平台的自动设计功能，能够根据所获取的学生行为数据，实现自适应学习资料推送和就业能力成长路径设计，人工智能还可以根据学生数字画像的实时变化，推荐个性化的学习内容和学习路径，帮助学生持续提升职业竞争力；三是对教师的解放，传统职业规划指导中，学生通常在有需要的时候主动寻找指导老师的帮助，在教师比例未达到理想的状态，借助人工智能可以检测到学生的需求[1]，及时反馈给高校就业指导教育系统，为指

---

[1] 薛倩. 基于人工智能的高校学生职业规划推荐系统设计研究 [J]. 黑龙江科学，2025，16 (1)：98 - 100 + 104.

导教师或咨询师提供有效的帮助与指导。

第三节 就业信息的智能化收集与展示

当前的"00后""05后"大学生,是互联网的"原住民",他们的学习历程始终与互联网息息相关,习惯利用互联网信息来解决实际问题。互联网技术的高速发展在给大学生的学习与生活带来便利的同时,也使网络信息量增长速度远超过大学生的接收与理解能力,使大学生难以从大量且快速传播的就业信息中作出准确选择以满足日常需求,网络中的就业信息也是随着就业市场流动性增多而逐渐膨胀。人工智能算法拥有快速、高效地从海量信息中识别、过滤需求信息的功能,在过滤超负荷的信息与提供个性化服务方面发挥着越来越重要的作用,被广泛运用于各类网站平台,能够在帮助高校学生准确获取需求信息的同时,为高校学生提供个性化服务。

一、人工智能就业信息收集模型

职业信息的智能化整理和展示主要是为了实现如下目标:协助学生建立职业生涯规划认知,了解职业环境,加深专业与职业的认识;构建职业认识全局观念,避免职业认知狭隘;明确适合自身实际情况的职业方向,及时调整专业方向;树立正确的价值取向与职业取向,初步做好职业生涯规划工作。

图 10-5 所示为人工智能就业信息收集与应用流程。

职业数据的获取要保证渠道的多元化、信息的广泛性与全面性,信息来源要注意权威性和真实性,例如,国家统计局、中国公共招聘网、各省公共就业服务信息平台、用人单位官方网站或人力资源部门网站发布的招聘信息等官方公开信息源,同时利用人工智能主动屏蔽诈骗信息和过时信息。应用人工智能众包、智能网络爬虫以及人工采集等相关形式,根据学

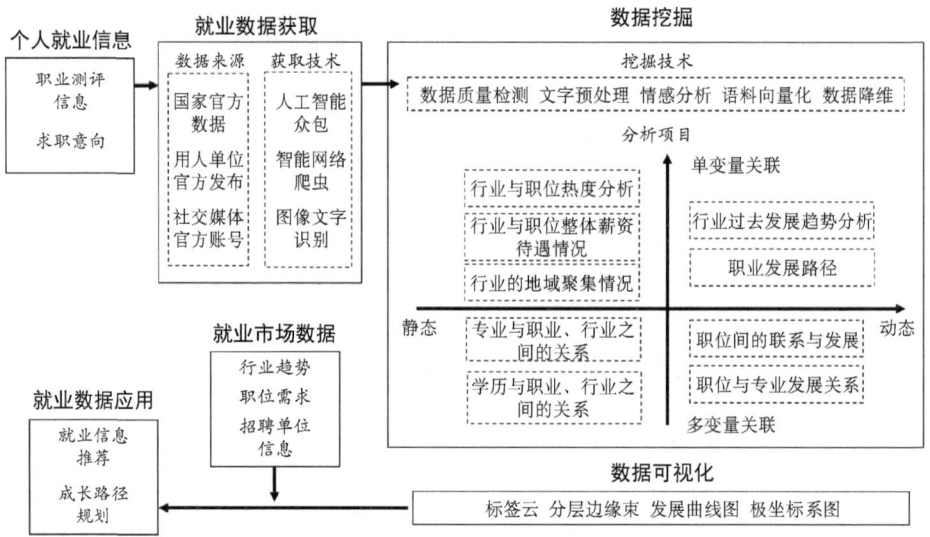

图 10-5　人工智能就业信息收集与应用流程

生的智能职业测评结果和求职意向,提取职位招聘有关变量,存储为结构化信息格式,得到包含一系列变量的多元分类数据,其值由一组离散的类别组成。

职业数据挖掘是就业信息智能收集的关键,探究变量间的相关关系,是人工智能需要解决的核心目标,通过数据质量检测、文字预处理、情感分析、语料向量化以及数据降维等一系列过程实现。人工智能可以实时分析就业市场的数据,包括行业趋势、职位需求、招聘单位信息等,帮助学生了解市场需求,从而作出更明智的职业选择。

经过就业数据的智能挖掘,智能展示与职位智能关联推荐是就业信息智能收集的输出端,需要满足清晰、易理解、指导性强等条件,将职业数据挖掘阶段的项目分析结果可视化呈现出来,按照数据特性可使用标签云、分层边缘束、发展曲线图及极坐标系图等方式展示。

二、就业数据智能获取

人工智能在数据收集方面有着巨大优势,利用人工智能爬虫可定向抓取招聘平台和就业信息网站上的招聘信息,包括职位描述、企业信息、技能要求、福利待遇等信息,还可通过对招聘企业、单位的官方社交媒体公开数据的智能分析,生成求职者关注点、企业形象等信息,还可以将不同渠道获取的海量求职信息去重。人工智能还可对接国家统计局、人社部开放的就业数据接口,或企业 HR 系统 API,获取部分就业市场的宏观数据,如失业率、行业人才缺口等。

除了部分求职招聘网站对就业信息进行了结构化的整理,网络上的就业信息多数是以非统一标准的数据结构来呈现的,经过收集的信息并不能直接生成结构化数据。利用人工智能可将非结构化的招聘信息中的数据,提取成为结构化数据,统一信息描述方式,并为每条信息赋予相应的数据标签。利用人工智能图形识别技术,还可识别企业招聘海报或 PDF 文档中的图像信息,转化为可以利用的结构化数据。利用人工智能可根据求职者需求标注关键信息,利用 NLP 技术和情绪识别技术,人工智能可以理解岗位描述和需求信息中的隐含信息,如工作强度、工作氛围、工作压力等信息。

三、就业数据智能挖掘

构筑基于人工智能的职业信息收集展示模型,需要尽可能囊括全部行业信息与职位信息,提供足够详细的信息,便于理解的可视化手段,展示专业与职位间关系、行业发展状况、市场供求关系等要素,拓宽学生对于职业的选择视野,多领域了解未来就业途径,满足学生的个性化信息需求。

为使数据可视化和就业信息推荐更具针对性,可将上述关联方式与变量状态划分为四个象限,即单变量动态关联、单变量静态关联、多变量动态关联和多变量静态关联,各象限分别对应 2—3 个分析项目,总体分析项目如下:行业地域聚集情况;行业与职位整体待遇情况;行业与职位热度分析;行业过去发展趋势分析;职业发展路径;专业与职位/行业之间的关系(重点);学历与职位/行业之间的关系(重点);职位间的联系与发展;职位与专业发展关系(历史就业数据,不同专业和行业的就业前景信息)。利用人工智能算法对不同的岗位需求进行聚类分析,将网络获取的就业信息按上述四个象限进行分类[①]。

四、职业信息可视化与智能岗位匹配

在帕森斯匹配理论框架下,个人与职业的匹配是职业生涯规划的最终阶段,也是职业认知与自我认知的目的,可谓职业规划指导中最关键的一环。求职决策阶段,人职智能匹配双向推介的核心功能包括两个方面:智能匹配与精准推介。根据匹配结果,平台利用相关推荐算法分别向用人单位和学生推送人才信息以及岗位信息。

(一) 数据可视化主要形式

1. 词云

词云是一种根据频率、权重或相对于其他标签含义将文本以可视化方式呈现的工具,每个标签的重要性以字体大小或颜色显示。平台构建职位(行业)特征词云、行业热度与职位热度词云。在职位(行业)词云中显示发布的常用关键词,通过颜色链接到来源企业(行业);行业(职位)热度词云显示整个就业市场中的热门行业与行业中的热门职位,同样以颜色对不同标签进行区分。

2. 径向可视化

径向可视化可以用以描述不同实体之间的关系,解决在多维数据中变量间关系不显著的问题。分层边缘束是径向可视化的高级设计模型,适用于项目既定义了层次结构,同时存在项目间关系的情况,项目通过环状模块显示,环状层数取决于项目层次,内立放射状线条描述不同项目模块间的关系。

3. 发展曲线图

发展曲线图是一种简单的可视化手段,通过获取特定变量意向特征值的时间序列数据,以折线图的方式呈现变动趋势。以行业发展趋势为例,

---

① 刘帅瑶. 普通高校本科生职业规划指导效果及提升路径研究 [D]. 天津大学, 2021.

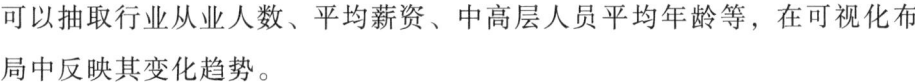

可以抽取行业从业人数、平均薪资、中高层人员平均年龄等,在可视化布局中反映其变化趋势。

4. 极坐标系图

极坐标系图也是一种径向可视化模式。图形中心表示为固定含义,在就业信息全局可视化平台中体现为查询的搜索词,图形中其他节点从中心径向外延伸,节点与中心的距离不一,反映两者间相关关系的强弱。一般极坐标系图显示截面时间主体间关系,处于静止状态,在显示多变量动态关系时,需要加入时间维度,使图形可显示时间发展状态下主体间关系变动趋势,可参考 Thinkmap 视觉词库。以职位间关系和发展为例,学生在用户面板搜索栏中输入意向职位,平台将显示以意向职业为中心的坐标图,出现节点是与意向职位相关的其他职位,学生可以参考职位间的相似度,调整职业意向或做更长远的生涯规划。

(二)人工智能岗位匹配与推荐

学生与岗位之间的匹配指数不仅包括学历、成绩等客观指标,还包括个性、期望、知识技能、能力潜力等综合指标。需要获取岗位信息、学生信息等多方数据,人工智能比对历史数据,科学确立权重,完成匹配过程。学生即可通过人工智能获取最适合自己的岗位信息,以此提升求职效率,节省大量搜索就业信息的时间成本,更加高效地进行求职活动。

向学生推介实习信息、就业信息、适合自身的能力锻炼计划、能力分析报告、职业规划路径等各类针对学生需求的信息;在学生同意的情况下,向企业推介与岗位匹配程度高的学生,扩充人才池。同时,向高校、企业和个人推介人才培养推荐路径、校企合作方案等有助于提升劳动力素质的信息。

人工智能还可以提供竞争力评估,通过自动识别岗位需求,为每项需求赋予竞争力权重,要求对比学生简历与目标岗位的匹配度,量化差距,将当前技能匹配度量化为百分比,方便学生进行岗位匹配度横向比对;同时给出需要补充的技能列表,构建技能图谱,通过知识图谱技术,如 Neo4j 技术,关联岗位、技能、证书的关系,为学生生成技能升级路径。

第四节 就业技能的智能化提升

就业技能主要包括求职过程中的简历制作、笔试和面试技巧，这三个方面的练习不同于专业知识学习，需要毕业生进行针对性训练，才能有效提高其技能水平。技能的训练通常要经过前期准备、练习与完善、实践与优化三个阶段，并且经过三个阶段周而复始的循环来不断提升能力。见图10-6。

	准备阶段	练习与完善阶段	实践与优化阶段
简历	简历内容准备	简历纠错与美化 简历内容优化	简历评分与持续优化
笔试	智能题库生成	智能评分与数据分析 智能答疑与学习路径分析	智能模拟考试
面试	自动生成面试问题	简历内容准备 提供面试训练策略建议	面试情境模拟

图10-6 人工智能辅助就业技能提升

一、个人简历的智能生成与优化

人工智能可以帮助学生优化简历，根据不同的职位要求，突出个人优势和特点，显著提升简历的精准度、专业性和适配性。通过分析职位需求、优化内容结构、匹配关键词，不仅简化了简历制作流程，还能帮助学生在竞争激烈的市场中脱颖而出。

（一）简历内容准备

学生可自行总结建立个人就业信息数据库，包括个人基本信息、教育背景、校园经历、实践经历、实习经历、获得奖项等分类，人工智能还可以自动从网络招聘门户网站抓取学生基本信息，自动检索学生在新闻、公示等公开信息中的网络留痕，综合补充就业信息数据库。在制作简历时可利用人工智能根据岗位需求抓取相关信息帮助学生生成简历的基本内容，生成简历初稿。

（二）简历纠错与美化

人工智能可自动检查简历中的语法错误和拼写错误，确保简历的内容准确无误。人工智能可根据不同的行业标准和职位要求，进行自适应模板推荐，为学生的简历提供格式优化建议；自动调整字体大小、间距，优化字体选择、布局设计等，确保电子版显示不会出现乱码或字体异常等现象，智能预览简历打印效果，避免出现简历在手机端阅读时的格式错乱；以提高简历的可读性和专业性。

（三）简历内容优化

人工智能通过分析岗位需求描述，解析招聘信息中的硬性要求和隐性要求，提出简历关键词，可提醒学生在简历中突出这些关键词，以提高简历与职位的匹配度。利用 NLP 技术，转化简历语态描述方式，突出学生的独特优势，以契合目标岗位的需求。智能识别简历中的模糊描述，并给出量化描述修改建议，同时还可以进行能力真实性评估，简历中描述的技能若无证书或项目等支撑，人工智能会提出补充支撑材料或降低描述强度等修改建议。通过人工智能的数据抓取，不断充实个人信息数据库，人工智能可以根据匹配度信息，不断修改和优化个人简历，做到实时进行最新、最匹配的简历生成。

（四）简历评分与持续优化

人工智能可以收集目标岗位的用人需求，对学生制作的简历进行评分，生成"匹配度报告"，提示学生缺失的关键词或冗余信息，指出其优点和不足，并提供改进建议。人工智能可以摸底 HR 对简历的浏览模式和路径（如通过眼动追踪设备），标记出简历中容易被忽略的区域，给出重点展示区域。人工智能还可以根据简历为学生自动制作应聘 PPT 或展示视频，并自动生成讲稿或讲解语音。经过人工智能对岗位信息的深度挖掘，可以根据简历内容为学生提供职业发展建议，如推荐后续的学习目标和实践项目，提升个人能力；推荐适合的职业领域、岗位，以匹配学生特点等。

图 10 - 7 所示为中国石油大学（北京）简历优化实验室。

图 10 - 7　中国石油大学（北京）简历优化实验室

二、笔试训练与辅导中人工智能的应用

结合人工智能技术工具和智能数据分析,可提升学生笔试训练的效率和精准度,加强复习的效果和效率。应用人工智能还可为学生提供数据驱动的决策支持,推动应聘准备工作的智能化、高效化。

(一) 智能题库生成

人工智能可根据学生的求职目标自动收集线上题目资源,分析常见题型、关键知识点、题目风格等,结合 NLP 技术分析招聘岗位的职位描述和需求,可提取关键词,自动生成不同难度、不同技能维度的模拟题,生成个性化的题库。人工智能还可以自动监测行业发展趋势,淘汰题库中与时代脱节的题目,更新专业方向中的新型技术和知识点,实现题库的智能更新。

在做笔试训练和模拟考试时,人工智能根据学生的性格特点、专业背景、复习进度、知识掌握情况、历史答题数据等信息,自动选择题库中的题目,人工智能还可以动态调整题目参数,例如,修改选择题选项顺序、编程题的输入数据,防止学生死记硬背或作弊,帮助学生有针对性地进行练习,并在练习过程中给出相应的题目解析。

(二) 智能评分与数据分析

人工智能可以自动批改学生的答题,提供即时的答题结果反馈,指出错误和知识点,同时记录历史答题数据,如练习频率、正确率、耗时等,动态标注题目难度,并推荐适合不同水平的题目。人工智能可以根据答题数据进行学生弱点诊断,标注考生在知识点掌握、逻辑思维能力等维度的薄弱环节。基于协同过滤算法,如矩阵分解,推送与学生当前水平匹配的练习题。

人工智能可辅助生成可视化报告,构建学生的技能图谱,生成学生能力画像,还可以通过聚类算法(如 K-means)将学生能力画像与目标岗位的性格画像进行比对,找出差距。在完成全部复习内容和训练计划后,

通过历史数据训练回归模型,预测学生在真实笔试中的得分区间,并提供冲刺复习建议。

(三) 智能答疑与学习路径分析

学生可根据已练习的题库训练生成智能体,利用个性化的智能体回答关于学习内容的问题,提供即时的帮助和支持,完成智能答疑过程。根据学生的历史训练数据,人工智能可以发现学生的学习习惯和问题,推荐合适的学习路径和资源,提供个性化的学习建议,帮助学生提高学习效率。人工智能也可以通过不断学习新的训练数据,优化其训练模型和算法,不断优化题库和学习计划,提高训练的准确性和效率。

(四) 智能模拟考试

人工智能可根据生成的学习计划和历史训练记录,生成模拟考试题,并通过计时和音频、视频监控等手段,模拟企业招聘笔试时的限时、防切屏等场景,为学生模拟考场环境,熟悉考试流程,提高应试能力,帮助学生适应高压环境。

三、面试训练与辅导中人工智能的应用

人工智能正逐步革新招聘面试领域,利用面部表情识别、NLP 等技术,可不需要面试官自动化开展面试。部分企业招聘已使用人工智能工具如 HireVue 进行首轮视频面试,快速筛选达标候选人,节省 HR 时间。学生可通过智能化模拟真实场景、提供实时反馈和个性化指导,提升面试表现。

(一) 人工智能在企业面试中的应用

在大规模招聘,特别是校园招聘和互联网公司的招聘中,部分招聘单位会选择使用人工智能面试来进行第一轮面试,使用视频分析技术、语音分析技术、深度语义理解技术、人脸特征识别技术、生理指标测量技术等,对应聘者的综合素质进行全面分析评估,最终对应聘者的画像进行解

析，以此来筛选人才①。也有招聘单位将视频面试形式与人工智能评价体系相结合，进一步节约筛选人才的时间和人力成本。AI 面试流程通常为：AI 面试官或通过题库随机出题，求职者录制视频回答。

AI 面试的特点在于其高度的自动化和标准化，能够为招聘过程带来效率和客观性，面试通常通过在线平台进行，可以是视频面试、聊天机器人互动或基于游戏的评估等多种形式。在 AI 面试中，求职者需要按照预设的指令回答问题或完成特定任务，而人工智能系统则会根据求职者的回答和行为数据进行实时分析，从而评估其技能、性格、潜力等多个方面的能力。人工智能系统会通过特定行业或职位相关的问题来评估求职者的专业知识水平；通过分析求职者的语言表达和回答问题的逻辑性来评价求职者的沟通能力；通过模拟工作场景或提供实际案例让求职者进行分析和解决，以此来评判求职者的问题解决能力；通过心理测评或行为倾向分析来评估求职者个性和适应性，以及是否符合企业文化。AI 面试的优势在于节省时间、降低成本、提高筛选效率，同时减少人为偏见，确保评估结果的客观性。然而，人工智能在面试方面也存在局限性，如可能无法完全模拟真实的人际互动，对求职者的情感和微表情识别有限，并且可能面临技术故障或数据隐私问题。

（二）模拟面试训练

就业技能中，面试是最难通过个人学习以获得经验的招聘环节，而进行面试训练则需要通过模拟和实践来积累经验。人工智能可以模拟面试官的角色，分析学生就业目标，自动生成有针对性的面试问题，驱动模拟面试进程，并根据学生的回答细节自动追问，帮助学生进行实战演练，提高面试技巧和临场反应能力。对于无领导小组讨论等群面形式，人工智能还可以充当队友角色，帮助学生练习群面过程中的沟通与交流过程。

AI 模拟面试训练有诸多优势，第一，节约人力成本和时间成本，学生

---

① 刘雨彦，蒋肖斌. 找工作遇到的第一个面试官，是 AI [N]. 中国青年报，2024-04-27(004).

不再受模拟面试官和同伴的限制，可随时随地个性化地开展面试训练；第二，人工智能可记录视频、语音等多媒体数据，在分析面试视频资料和自然语言处理方面有着特有的优势，可通过面试记录的积累进行训练，优化其模拟面试模型和算法；第三，人工智能的分析还具有实时性，可即时生成分析结果。人工智能能够实时分析学生的回答，提供反馈和建议，包括语言表达、内容相关性和充分性、表情和肢体语言表达等内容，检测回答是否符合 STAR 法则（Situation – Task – Action – Result），标记缺失环节，帮助学生提升面试技巧。基于学生的表现和目标岗位要求，在积累一定数据后，人工智能可以提供面试训练策略建议，例如，如何突出个人优势、如何应对压力提问、如何控制情绪和肢体动作等。通过与 VR 技术和 AR 技术的结合，人工智能还可以模拟真实的面试环境，提供沉浸式的面试体验。

图 10 – 8 所示为人工智能面试训练系统。

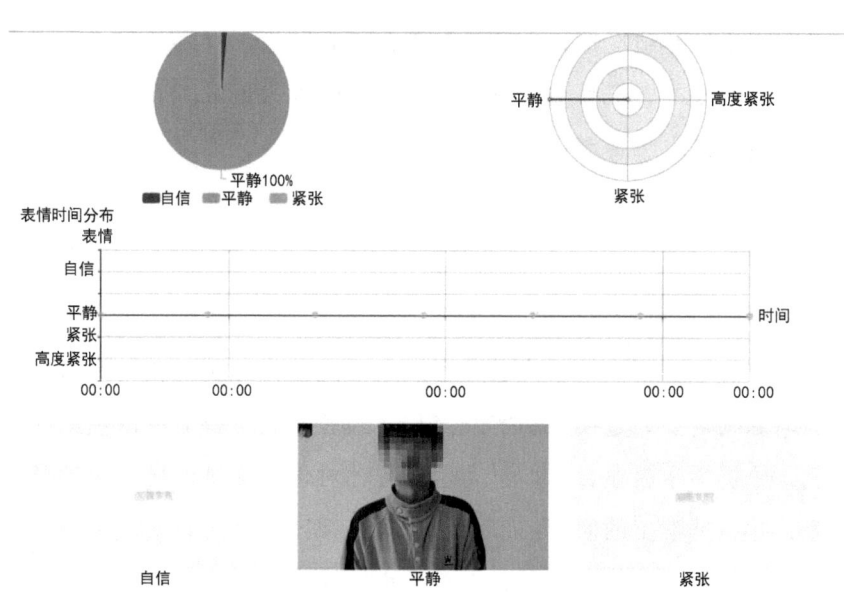

图 10 – 8　人工智能面试训练系统

第五节 应用案例——"能源动力行业智能就业指导"课程设计

一、课程背景与设计思路

(一) 课程目标

在价值观层面，教育学生牢固树立"让青春之花绽放在祖国最需要的地方"的就业观，将个人职业规划与国家社会需要紧密结合，以择业新观念打开就业新天地。在知识层面，学生掌握职业发展阶段特点、能源动力行业动态以及就业求职技巧，学会认识自我、了解就业形势，熟悉能源动力行业就业政策，明晰就业程序。在就业技能层面，掌握自我探索技能、信息搜索与管理技能、生涯决策技能、简历撰写与笔试面试就业技能等。通过线上线下相结合的教学互动和沉浸式就业场景体验，了解企业需求，有针对性地掌握行业就业技能。

课程共36学时，其中职业生涯规划部分大一第一学期开展，授课12学时，实践6学时；就业指导部分大三第二学期开展，授课12学时，实践6学时。内容覆盖"生涯规划—就业指导—职场实践"就业教育全过程，突出能源行业特色，强化实践教学，强调长远指导。

图10-9所示为课程设计图。

(二) 课程设计

习近平总书记高度重视高校毕业生就业工作，多次指出："就业是最大的民生。"本课程结合能源动力行业特色，基于TPACK（Technological Pedagogical And Content Knowledge）框架，数据驱动，按照"一核"，即将引导学生树立"让青春之花绽放在祖国最需要的地方"的职业发展观为价值内核；"两数"，即依托数智技术，开发数字教材和数字人等智能教学工具，"师—生—机"多元交互；"三结合"，即线上与线下相结合、真实情

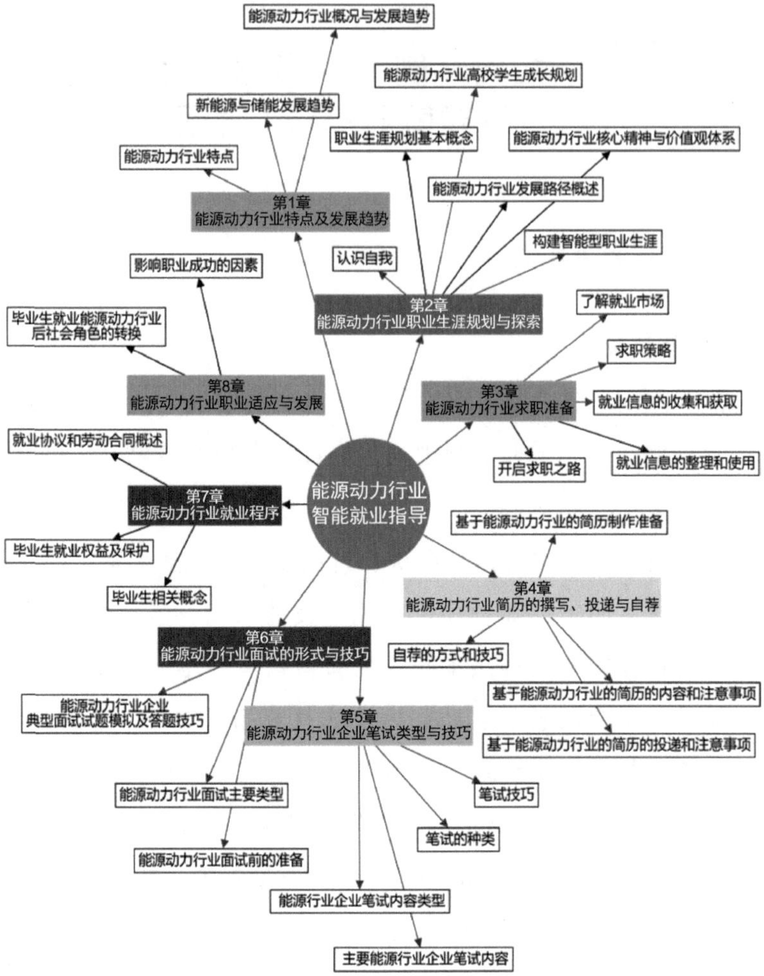

图 10 – 9 课程设计图

景与虚拟情景结合、真人和智能体结合的混合教学方式,促进学生自主学习和能力训练。构建基于 TPACK 的"一核两数三结合"的就业数智课。

二、课程数智创新措施

(一) 教学痛点

当前大学生就业存在择业新观念不强、就业技能不强、教学场景与求职场景脱节等问题。当代大学生就业预期过高;对能源动力行业就业存在误区和刻板印象，科学把握就业方向能力不强；个人职业发展规划与国家社会实际需要匹配度不高。对于就业市场新趋势认识不充分，就业信息获取能力弱；就业技能培养渠道单一，缺乏将就业知识转化为就业技能的能力；自我探索规划、自主创新思维、沟通协同技巧以及就业适应能力欠缺。常规就业指导课程对能源动力行业企业真实人才需求交流调研不足，教学场景中能源动力行业人才能力需求、工作情境、发展前景少；缺少在能源动力行业真实就业场景中的历练。

（二）创新理念

本课程以 TPACK（整合技术的学科教学知识框架理论）为指导，以就业课三个痛点为问题导向，以培育就业观的价值理性为核心，引导数字教材、数字人等智能教学工具的工具理性，线上与线下、真实情景与虚拟情景、真人和智能体相结合进行适配，从内容（CK）、技术（TK）、教学（PK）三个维度创新就业数智课。见图 10-10。

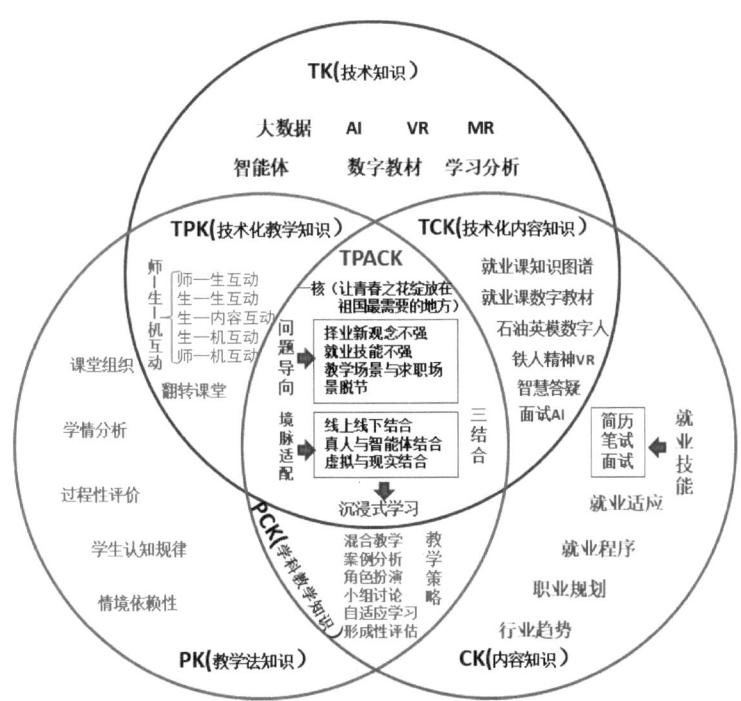

图 10-10　课程创新理念

具体来看,其一,学科教学知识(PCK)方面,将内容知识与教学法有机结合,运用线上线下混合式教学法,弘扬正确就业观,传授就业指导基本知识;其二,技术化内容知识(TCK)方面,将人工智能、大数据等数智技术与教学内容相融合,提升学生沉浸式学习体验;其三,技术化教学知识(TPK)方面,将技术知识与教学设计结合,以价值理性引领工具理性,探索"师—生—机"多元交互的课程设计,生成精准画像,为学生提供个性化指导。最终,整合技术的学科教学知识(TPACK)方面,将课堂教学各要素全面整合,形成"一核两数三结合"教学格局。

(三)数智课程具体措施

1. 深化学科内容知识(PCK)

关注能源动力行业就业最新趋势,丰富教学内容,培育学生正确就业观。采用混合式教学、案例分析、角色扮演、小组讨论等多种教学策略,提高课堂教学实效。加强学生自适应学习,过程性评估就业能力,综合提高就业能力水平。见图10-11。

图10-11 课堂活动与课后实践

2. 创新技术化内容知识(TCK)

通用就业能力与专业就业能力相结合,全面提高学生就业技能水平。编纂数字教材,集成富媒体教学资源,搭建"师—生—机"互动数字书平台,学生线上参与式主动学习,产生整体性学习(情感)体验;打造石油英模数字人,复活榜样人物,阐释行业精神;设计铁人精神VR、MR作品,多模态增强学生沉浸式学习体验感;打造就业指导泛在式智慧答疑系统,为学生解惑,为教师减负;上线面试 AI 系统,模拟能源动力行业面试,个性化指导,提升面试能力。见图 10-12、图 10-13、图 10-14、图 10-15、图 10-16。

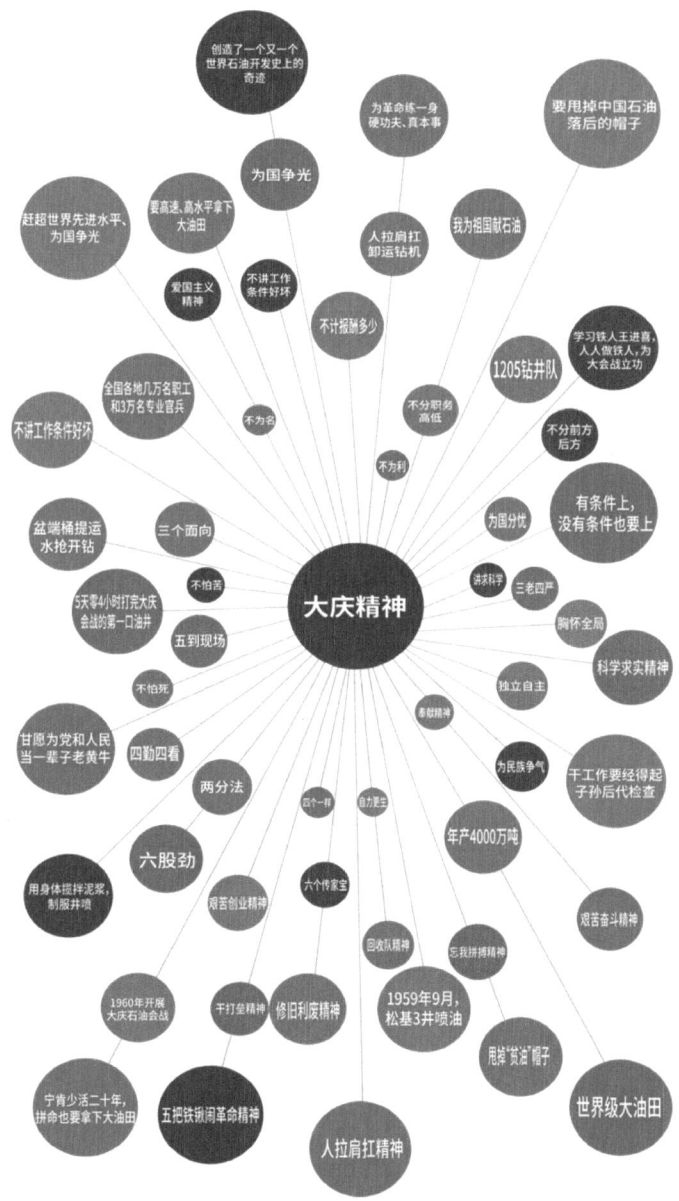

图 10-12 知识图谱

AI赋能高校辅导员：数智能力开启新质思政工作新范式

图 10-13 数字教材

图 10-14 石油英模数字人

图 10-15　石油发展史 VR 作品

图 10-16　石油精神具身学习案例——干打垒

3. 拓展技术化教学知识（TPK）

走访调研五大能源公司 80 余家基层单位，结合企业需求，综合运用数智技术，形成"师—生—机"互动教学模式，还原真实就业场景，为学生提供线上线下实习实践的综合平台。线上，基于数字教材和虚拟仿真教学平台，模拟职场环境，借助就业指导智慧答疑系统自主问答学习，提高就业能力；线下，组织学生服务能源动力行业企业校园招聘活动。见图 10-17。

图 10 – 17　职业价值观培育虚拟仿真平台

联动 41 个优质校外工程实践教育基地，2 个国家级工程实践教育中心，221 个企业工作站开展实习实践。教师通过学生学习行为伴随性数据采集，综合分析数据形成精准画像，实现即时性教学反馈，关注学生的学习特征和学习行为，突出学习的动态性、生成性和创造性。见图 10 – 18。

图 10 – 18　企业实习实践

三、课程特色与成效

（一）课程特色

一是以中国特色职业生涯规划体系支撑学生基层就业观培养，课程行业特色鲜明，价值引领与就业指导导向有机结合，积极培养学生基层就业观;二是内容知识技术化,数字教材和数字人应用成熟,提升学生沉浸式学习体验,学生就业能力显著提升;三是教学知识技术化,以"师—生—机"互动教学,促进知识和技能的"学以致用",精准分析学生学习行为数据,提供个性化学习资源与指导。见图10-19。

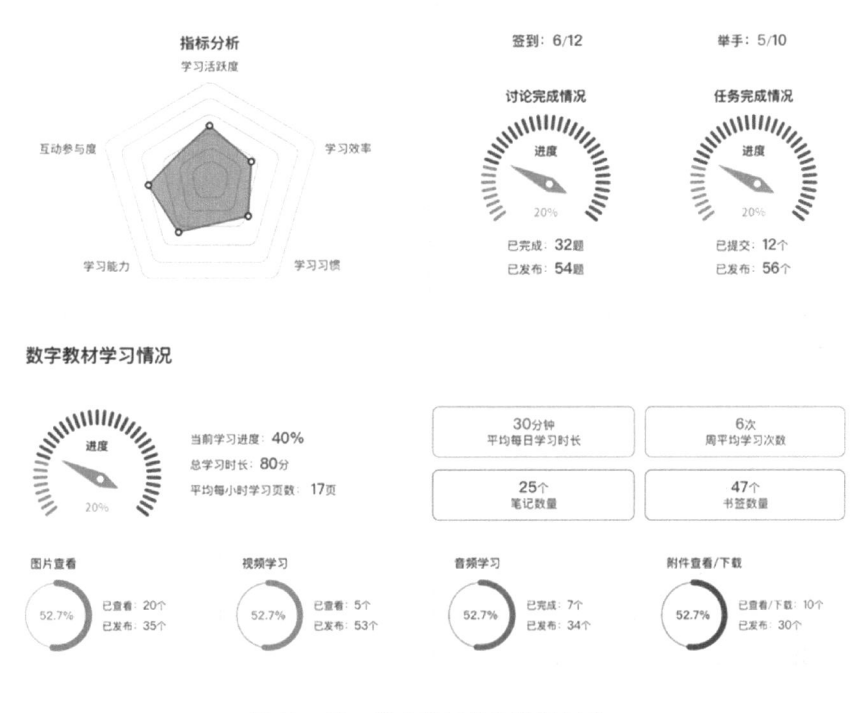

图10-19 学生学习行为数据画像

(二) 课程创新

一是以学生为中心的理念为指导,满足学生个性化需要,学生能部分控制学习的时间、地点、进度和路径;构建"师—生—机"共同体;促进学生自适应学习。二是生成式人工智能深度融入,用数字教材、数字人、知识图谱、智慧答疑、AI面试系统等智能化教学工具从技术维度赋能教学。三是深度混合式学习设计,增强沉浸式学习体验,从"学知识"向"强能力"为导向,创新线上与线下、真人与智能体、虚拟与现实相结合的教学设计,服务真实求职场景,提高教学效果。

(三) 育人成效

中国石油大学（北京）近5年毕业生赴石油石化行业、三大石油公司、西部就业人数和比例位居北京高校前列。见图10-20。

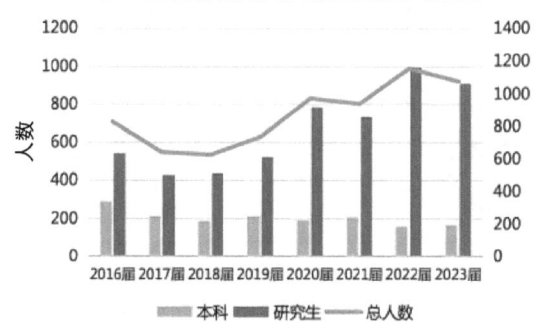

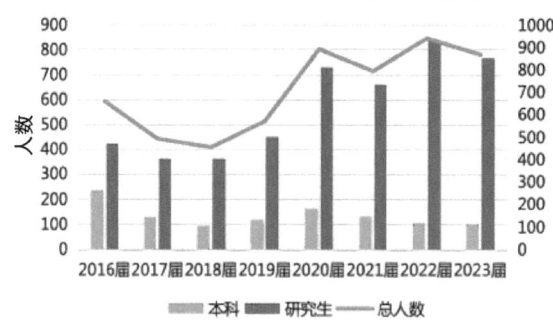

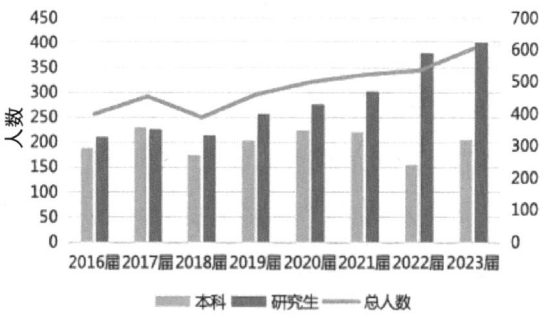

图10-20 中国石油大学（北京）近5年毕业生赴石油石化行业、三大石油公司、西部就业情况

第十一章
理论与实践中的数智能力和应用方法

高校辅导员作为落实立德树人根本任务的核心力量,面对人工智能技术引发的育人模式革新,既需把握人工智能技术带来的育人模式革新机遇,更需直面技术伦理、角色重塑与效能跃升的复合挑战。当前教育领域正经历双重变革的交织共振,更重塑着实践形态,催生出虚实融合的育人新场域。辅导员加强理论学习和实践能力,对学生成长和自身工作都有重要意义。现在的学生思想活跃,需求多样,社会发展又面临新技术、新产业的快速变革,辅导员必须"充电升级"才能跟上节奏。

本章系统阐述了人工智能在教育领域的创新应用,立足"三全育人"格局,系统探讨人机协同模式下辅导员的角色转型与核心素养重构,为辅导员在技术洪流中锚定育人初心、实现职业突破提供路径参考。

第一节　加速相关领域知识学习

一、理论知识学习方面

（一）提供个性化学习资源

人工智能技术能够根据辅导员的学习需求和兴趣，提供个性化的学习资源。通过分析辅导员的学习历史、偏好以及当前的学习目标，智能系统可以推荐相关的学习材料、课程或文章，帮助辅导员快速获取所需的理论知识。这种个性化的学习方式不仅提高了学习效率，还增强了学习的针对性和趣味性。

（二）辅助理解与记忆

人工智能技术中的自然语言处理和语义分析功能，可以帮助辅导员更好地理解和记忆理论知识。例如，智能系统可以解析复杂的概念和理论，以简洁明了的方式呈现出来，降低理解难度。同时，通过智能问答、知识图谱等，辅导员可以随时查询和回顾所学内容，巩固记忆。

（三）智能评估与反馈

人工智能技术能够对辅导员的学习成果进行智能评估，并提供即时的反馈。通过智能系统，辅导员可以了解自己对理论知识的掌握程度，发现学习中的薄弱环节，从而有针对性地调整学习策略。此外，智能系统还可以根据辅导员的学习表现，提供个性化的学习建议和改进方案，帮助辅导员不断提升学习效果。

（四）促进知识更新与拓展

人工智能技术能够实时跟踪和更新最新的理论知识动态，帮助辅导员保持知识的时效性和前沿性。通过智能系统，辅导员可以及时了解最新的研究成果、政策变化和行业动态，从而不断拓展自己的知识视野。同时，智能系统还可以根据辅导员的学习进展和需求,推荐相关的高级课程或研究领域,为辅导员的进一步深造和发展提供支持。

(五) 提升学习效率与体验

人工智能技术通过自动化和智能化的手段,可以显著提升辅导员的学习效率和体验。例如,智能系统可以 24 小时不间断地提供学习辅导和答疑服务,帮助辅导员随时随地解决学习中的困惑。此外,智能系统还可以根据辅导员的学习进度和时间安排,智能规划学习路径和时间表,确保学习的有序进行。

二、丰富教育手段方面

(一) 个性化教学方案的制定

人工智能技术能够通过大数据分析学生的学习习惯、兴趣和能力,为辅导员提供定制化的教学方案。这种个性化的教学方案不仅有助于满足学生的不同需求,还能激发学生的学习兴趣和动力①。辅导员可以根据这些方案调整教学内容和方法,从而更有效地指导学生。

(二) 智能化教学辅助工具的应用

人工智能技术为辅导员提供了多种智能化教学辅助工具,如智能导师、聊天机器人等。这些工具能够协助辅导员进行课程设计、作业批改和学习分析等工作,减轻辅导员的工作负担。同时,它们还能为学生提供即时的学习支持和反馈,帮助学生解决学习中的困惑。

(三) 创新教学模式的探索

人工智能技术推动了可扩展性、个性化及灵活适应的学习环境的发展,有助于辅导员打破传统的一刀切式教学模式。辅导员可以利用人工智能技术探索新的教学模式,如翻转课堂、混合式教学等,这些模式能够更加注重学生的主体性和实践性,提高教学效果。

---

① 邢澄. 新工科背景下大学生数智化思政育人研究 [J]. 改革与开放,2024 (19):66-72.

（四）知识生产与学习的自动化

人工智能技术能够赋能教育的知识生产，包括数据挖掘与分析、模式识别与预测、知识自动化等。这有助于辅导员快速获取和处理大量的教育资源，提高备课效率。同时，学生也可以利用这些技术进行自主学习和探究学习，培养高阶思维技能。

（五）教育游戏与模拟的应用

人工智能技术使得教育游戏和模拟成为可能，辅导员可以利用这些技术构建个性化的学习环境，提高学生的学习兴趣和参与度。通过场景模拟和角色扮演等方式，学生可以在互动中学习知识和技能，增强学习的趣味性和实效性。

（六）即时反馈与评估系统的建立

人工智能技术能够建立即时反馈与评估系统，帮助辅导员及时了解学生的学习进度和效果。通过自动化评分和数据分析等功能，辅导员可以迅速发现学生的学习问题和不足，并提供个性化的改进建议。这种即时的反馈机制有助于辅导员及时调整教学策略和方法，提高教学的针对性和有效性。

三、提升实践成效方面

（一）提高工作效率与精准度

人工智能技术中的大数据分析工具能够快速收集、整理和分析学生在学习、生活、社交等多方面的数据信息，如学习成绩变化趋势、网络社交言论倾向、校园消费行为习惯等。通过对这些数据的深度挖掘与分析，辅导员可以精准地了解学生的思想动态、心理状况、兴趣爱好以及需求困惑，从而提前发现潜在问题。人工智能技术还可帮助辅导员将日常事务管理自动化。智能管理系统可以协助辅导员完成诸如学生考勤管理、奖助学金评定、宿舍分配与管理等烦琐且重复性高的工作任务。以奖助学金评定为例，人工智能系统能够依据预设的评定标准，快速准确地对学生的学业成绩、综合素质测评分数、家庭经济状况等数据进行综合分析与排序，筛选出符合条件的学生名单，大大提高了评定工作的效率和公正性。

（二）增强思想政治教育效果

基于对学生的深入了解，辅导员可以为学生提供个性化的思想政治教育和引导，实现思想政治教育从"大水漫灌"向"精准滴灌"的转变。利用虚拟现实（VR）、增强现实（AR）等人工智能技术打造沉浸式、交互式的教学体验环境，让学生身临其境地感受历史事件、文化传统、社会现实等思想政治教育内容，增强思想政治教育的吸引力和感染力。

（三）优化学生管理与服务

人工智能技术可以对学生的思想动态和行为动向实现精准画像，有助于辅导员及时了解学生情况，梳理学生多元化、个性化学习生活需求。通过应用学习分析技术和文本情感分析技术，可以建立校园危机事件预测模型，为学校精准施策和因材施教提供强大的数据支持和技术支撑。还可以利用人工智能技术构建自助问答系统，解答学生的日常疑问，减轻辅导员的重复性工作压力。如杭州电子科技大学推出的 AI 辅导员"纽扣"，能够 24 小时为学生提供帮助，包括学习指导、心理支持等。

（四）促进辅导员个人成长与发展

辅导员在运用人工智能技术的过程中，需要不断学习新知识、新技能，提高自身的数字素养和科研能力。人工智能技术为辅导员提供了更多的学习资源和研究平台，有助于辅导员将理论知识与实践相结合，实现研学相长。

第二节　数据模型建构与优化

一、基于学生日常行为的大数据收集

（一）明确收集目的与范围

（1）确定收集目的：明确为何需要收集学生的日常行为数据，可能是

为了研究学生的学习习惯、社交行为、生活规律、消费模式等。

（2）界定收集范围：确定需要收集哪些方面的数据，如学习行为、消费行为、社交行为、健康行为等。

（二）选择合适的收集方法

1. 问卷调查

（1）设计问卷：根据收集目的设计问卷，包含封闭式问题和开放式问题，以获取定量和定性数据。

（2）发放问卷：通过线上（如电子邮件、社交媒体、学校网站）或线下（如课堂、校园活动）方式发放问卷。

收集与分析：收集问卷数据，并进行统计分析或文本分析。

2. 校园一卡通系统

利用校园一卡通系统记录学生的消费、门禁、图书借阅等行为数据。对数据进行清洗、整理和分析，以了解学生的日常消费习惯、出入校园的时间规律等。

3. 网络行为监控

通过校园网络监控系统记录学生的上网行为，如浏览网页、使用社交媒体等。注意保护学生隐私，避免收集敏感信息。

4. 观察法

教师或研究人员可以在课堂、图书馆、食堂等场所观察学生的行为，并记录相关数据。观察法适用于获取定性数据，如学生的课堂参与度、阅读习惯等。

5. 访谈法

选择部分学生进行深度访谈，了解他们的日常行为、观点态度等。访谈法可以获取更详细、更深入的信息。

（三）确保数据质量与隐私保护

（1）隐私保护：在收集、存储和分析数据过程中，严格遵守隐私保护法规，确保学生个人信息的安全。

（2）匿名化处理：对敏感信息进行匿名化处理，以保护学生隐私。

二、学生日常行为大数据分析

（一）数据清洗与预处理

（1）数据去重：剔除重复的数据记录，确保数据的唯一性。

（2）数据格式化：将不同来源的数据转换为统一的格式，便于后续的处理和分析。

（3）数据校验：对数据进行多次校验和数据比对，剔除错误数据，确保数据的准确性。

（4）缺失值处理：对缺失的数据进行合理处理，如填补缺失值或剔除缺失数据记录，确保数据的完整性。

（二）数据存储与管理

（1）选择合适的数据库：根据数据的规模和复杂性，选择合适的数据库系统，如关系型数据库（MySQL、PostgreSQL）或非关系型数据库（MongoDB、Cassandra）等。

（2）数据建模：根据数据的特点，设计合理的数据模型，以提高数据的存储效率和查询性能。

（3）数据备份与恢复：定期进行数据备份，确保数据的安全性和可恢复性。在数据丢失或损坏时，能够及时恢复数据。

（三）数据分析与挖掘

（1）描述性统计分析：对数据进行统计描述，如平均值、标准差、频数分布等，以了解数据的整体特征和分布情况。

（2）关联规则挖掘：挖掘数据中的关联规则，如哪些行为是相互关联的，哪些因素会影响学生的行为等。

（3）聚类分析：将学生划分为不同的群体或类别，以便更好地了解不同群体的行为特征和需求。

（4）预测分析：利用机器学习算法对学生的行为进行预测，如预测学生的学业成绩、消费趋势等。

（四）数据可视化与报告

（1）选择合适的可视化工具：如 FineBI 等数据分析工具，能够将复杂的数据以图表、仪表盘等形式直观地展示出来。

（2）设计美观易读的图表：根据数据的特点和分析目的，选择合适的图表类型，并设计美观易读的图表，以提高数据的可读性和视觉效果。

（3）撰写数据分析报告：将数据分析结果以报告的形式呈现出来，包括数据的收集、处理、分析结果以及结论和建议等。

三、运用数据模型解决工作难题的具体实践

（一）常州工程职业技术学院利用数据模型解决学生资助工作困难

常州工程职业技术学院致力于学生资助工作的精准化和高效化，面临的主要困难包括资助对象的精准识别、资助资金分配的合理性以及资助工作流程的优化。这些问题在传统的资助模式下难以得到有效解决，因此学校决定采用数据模型来改进资助工作。

1. 数据模型应用

（1）构建认定模型。学校参与了江苏省学生家庭经济信息采集量化指标体系的研发，并据此构建了数据标准。该标准涵盖基本信息、家庭类型、家庭成员情况等多个维度，为精准识别资助对象提供了基础。

基于上述数据标准，学校构建了家庭经济困难程度量化数据模型。该模型通过定量评价与定性评价相结合的方式，将申请平台计算的数值分成不同等级，分别对应特别困难、比较困难、一般困难和不予认定。这一模型有效解决了资助对象精准识别的问题。

（2）优化工作流程。学校利用信息化手段，如"智慧学工"信息平台，实现了资助工作流程的线上化、自动化。通过该平台，学生可以线上申请资助，学校可以快速审核并分配资金。学校还制定了包括绿色通道实施流程、学费减免申请流程等在内的 28 个资助工作流程，线上线下结合

记录相关过程,规范了资助工作,提高了工作效率。

(3)绘制数据画像。学校通过"智慧学工"信息平台收集学生的各类数据,包括学习成绩、消费行为、参与活动情况等,为学生绘制数据画像。数据画像可以帮助学生更直观地了解自己的优势和不足,从而制定个性化的提升计划。同时,学校也可以根据学生的数据画像进行精准资助和精准辅导。

2. 案例成果

(1)精准资助。通过数据模型的应用,学校实现了资助对象的精准识别,确保了资助资金的合理分配。同时,线上化的资助工作流程也大大提高了工作效率。在实际应用中,师生满意度明显提高,学校的资助工作得到了广泛认可。

(2)育人成效。学校利用数据画像进行精准辅导,帮助学生提升个人竞争力指数。例如,由退役大学生和困难学生为主要成员的创业团队在创新创业大赛中斩获金奖。学校还依托校友会在各地设立"服务站",组织带领受助学生集中开展回馈社会活动,实现了"解困—育人—成才—回馈"的良性循环。

3. 案例启示

(1)数据驱动决策。通过收集和分析学生的各类数据,学校可以更加精准地了解学生的需求和困难,从而制定更加有效的资助和育人策略。

(2)信息化手段助力。信息化手段如"智慧学工"信息平台的应用,大大提高了资助工作的效率和准确性。同时,线上化的流程也使得学生申请资助更加便捷。

(3)持续优化和改进。数据模型的应用需要持续优化和改进。学校根据实际情况不断调整和完善模型参数和流程设计,以确保资助工作的精准性和高效性。

(二)杭州电子科技大学 AI 辅导员应用案例

杭州电子科技大学(以下简称"杭电")在数字思政领域进行了"AI+思政"的转型探索,自主研发了 AI 辅导员。

1. 开发过程

杭电学工部组建师生团队,以精准思政一体化平台、多部门学生教育管理政策为语料基础,自主研发以真实人为原型的"辅导员化身",即AI辅导员,并以辅导员贾鹏飞老师为样板进行落地性测试。贾鹏飞老师多年来在微信公众号上以"树洞"的形式回答学生问题,深受学生喜爱,其文字材料为个性化AI辅导员的训练提供了"场景指导"与"语料支撑"。

2. 功能与应用

AI辅导员能够回答学生的各种问题,如学业、就业压力、平衡学业和社团工作关系等,成为学生的"知心大哥哥"。AI辅导员能帮助辅导员解决事务性、重复性工作,如发布通知、回答学生关于评选"十佳大学生"等相关要求的问题。AI辅导员可以作为谈心专家,为学生提供心理支持和安慰,通过自然语言处理、情感分析等技术,与学生进行深度对话,了解他们的需求和困惑,及时发现心理问题并提供个性化帮助。

3. 效果与影响

AI辅导员在倾听诉求和答疑解惑方面效果显著,提高了辅导员的工作效率,使学生能够得到更及时、更个性化的帮助。AI辅导员的出现是技术赋能教育的一个生动案例,体现了技术在教育领域中的创新应用和发展新趋势。

(三)重庆大学首推"润欣"人工智能辅导员

重庆大学在思政教育领域迈出了创新性的一步,全国首个采用"大模型+跨业务系统融合"技术的多智能体人工智能辅导员"润欣"全面上线。见图11-1。这一举措不仅标志着重庆大学在智慧思政领域的领先地位,更为全国高校思政教育改革提供了新的思路和方向。

"润欣"由重庆大学党委学工部牵头建设,引入具有国际领先水平的智谱全新一代教育行业大语言模型能力,探索用人工智能构建学生能用、易用、爱用的数字思政教育产品。学校还建立了人工智能辅导员名师工作室、学生创新团队,以及校内多部门协同、定期协调会议等工作机制。

第十一章 理论与实践中的数智能力和应用方法

图 11-1　重庆大学人工智能辅导员"润欣"形象

"润欣"采用"智能体+通用大模型+行业专属模型+公开知识库+学科专家知识库融合的数智人"模式构建，具备强大而全面的知识库，目前已建设的知识库包含常用制度文件、课程学习、日常事务、第二课堂、就业指导、心理健康、校史校情等20多个领域、超10000个知识点，并通过自主学习能力持续迭代，能够为学生提供涵盖入学报到、学习科研、文献检索、奖助学金、文体活动、入党入团、心理咨询、职业规划、校园生活等全方面的咨询与服务。

"润欣"联动重庆大学智慧学工平台，以及学校教务、党建、后勤、图书馆等多个业务平台，通过构建跨平台调用智能体，实现通过智能问答直接办理学生相关业务，提供了方便、快捷的一站式智慧服务。

图11-2所示为重庆大学人工智能辅导员"润欣"系统界面。

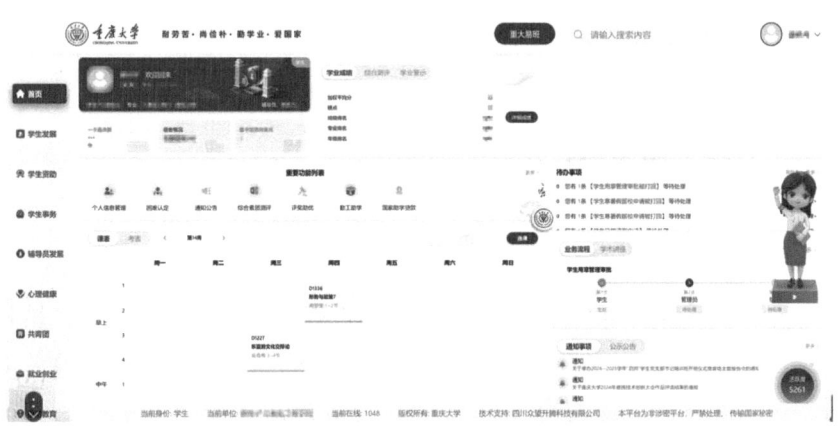

图 11-2　重庆大学人工智能辅导员"润欣"系统界面

每次登录系统时,"润欣"在界面上方会展示一条以彩色文字呈现的成长导言,提供满满的情绪价值。"润欣"的成长导言库中,包含了学习动力、情绪管理、目标设定、自我认知等多个成长领域,每次进入系统,成长导言都会更新,为学生补充情绪能量,继续大步向前。

第三节 人工智能助力辅导员开展科学研究

一、科研项目选题与立项支持

(一) 智能选题推荐

人工智能系统可以通过分析大量的科研文献、项目报告和数据,识别出当前的研究热点、趋势以及潜在的研究空白。这为辅导员在确定科研项目选题提供了有力的支持,帮助他们快速定位有研究价值且符合自身专业方向的课题。

(二) 立项可行性分析

利用人工智能技术,可以对拟立项的科研项目进行可行性分析。人工智能系统能够综合考虑项目的资源需求、技术难度、市场前景等因素,为辅导员提供科学的立项建议。这有助于避免盲目立项和资源浪费,提高科研项目的成功率。

二、科研文章撰写与修改辅助

(一) 文章结构优化

人工智能系统可以根据科研文章的写作规范和要求,对文章的结构进行优化。系统能够识别出文章的段落划分、逻辑层次等方面的问题,并提供相应的修改建议。这有助于辅导员撰写出结构清晰、逻辑严密的科研文章。

（二）语言润色与校对

在科研文章的撰写过程中，语言润色和校对是必不可少的环节。人工智能系统可以利用自然语言处理技术，对文章进行语言润色和校对，提高文章的语言质量。系统能够识别并纠正语法错误、拼写错误、标点错误等问题，还可以对文章的用词、句式进行优化，使文章更加流畅、易读。

（三）引用文献管理

科研文章通常需要引用大量的文献来支持作者的观点和论据。人工智能系统可以帮助辅导员高效地管理引用文献，自动提取文献信息、生成引用格式，并检查引用文献的准确性和完整性。这大大减轻了辅导员在文献管理上的负担，提高了科研文章的学术规范性。

三、科研成果评估与推广辅助

（一）科研成果评估

人工智能系统可以对科研成果进行量化评估，通过分析科研成果的影响力、创新性、实用性等指标，为辅导员提供客观的评估结果。这有助于辅导员了解自己的科研成果在学术界或工业界的地位和价值，为后续的科研方向和项目选择提供参考。

（二）科研成果推广

利用人工智能技术，可以对科研成果进行智能化推广。系统可以根据科研成果的特点和目标受众，制定个性化的推广策略，提高科研成果的知名度和影响力。例如，系统可以通过社交媒体、学术论坛等渠道自动发布科研成果信息，吸引潜在的合作者和读者。

四、科研团队协作与管理辅助

（一）团队协作优化

人工智能系统可以帮助辅导员优化科研团队协作流程，提高团队协作效率。系统能够实时跟踪团队成员的工作进度和任务完成情况，自动分配任务、提醒工作节点，并收集团队成员的反馈和建议。这有助于辅导员更好地掌握团队动态，及时调整协作策略，确保科研项目的顺利进行。

（二）科研项目管理

人工智能系统还可以用于科研项目的全过程管理。系统能够记录项目的立项、实施、验收等各个环节的信息和数据，为辅导员提供全面的项目管理视图。这有助于辅导员及时发现问题、解决问题，确保科研项目按时按质完成。

第十二章
人工智能技术赋能高校辅导员工作的挑战

2023年5月,习近平总书记在中共中央政治局第五次集体学习时强调:"提高网络育人能力,扎实做好互联网时代的学校思想政治工作和意识形态工作"。当算法开始介入价值引导,当数据流渗透育人过程,传统思想政治教育范式中的人本内核正面临前所未有的解构风险。我们既不能因噎废食地否定技术革新对教育效能的提升作用,更不能忽视智能技术应用中潜藏的意识形态渗透、隐私伦理失范、算法歧视加剧等系统性风险。

本章聚焦人工智能赋能辅导员工作的核心挑战,在技术应用的现实困境与教育育人的根本使命之间架设辩证思考的桥梁,如何构建既能发挥技术优势又能守护育人本质的智慧思政体系,如何平衡效率追求与人文关怀的价值张力,如何在技术应用中实现工具理性与价值理性的辩证统一,这些问题的解答将直接影响新时代高校思想政治工作的创新发展方向。

第一节　意识形态偏差

一、意识形态偏差的内涵与表现

意识形态作为社会上层建筑中的观念形态部分，集中反映了社会的经济基础和政治制度，并对社会存在具有能动的反作用。人工智能技术的出现，使人们精神交往、精神实践从个体劳动上升到社会生产具有了技术可能。人们通过网络信息技术快速、便捷地交往，使得意识形态、文化、价值观、舆论等精神范畴在网络化中出现了新现象、新规律。网络信息技术给精神生产带来的变革，在技术路径上重塑了高校辅导员工作途径，生成了网络思想政治教育。网络思想政治教育是思想政治教育依赖于网络信息技术的技术形态①。"网络思想政治教育是发生在网络空间的思想政治教育，是伴随互联网的兴起而形成、发展的思想政治教育，是思想政治教育的新形态，即思想政治教育的网络形态。"其中，互联网的开放性拓宽了精神生产的范围，重构了思想政治教育的场域。

图 12-1 所示为人工智能在高校思想政治教育应用呈现新趋势。

图 12-1　人工智能在高校思想政治教育应用呈现新趋势

---

① 刘伟兵. 智能思政：人工智能时代精神生产与思想政治教育发展研究 [J]. 福建师范大学学报（哲学社会科学版），2025（1）：25-34.

第十二章　人工智能技术赋能高校辅导员工作的挑战

人工智能技术在为网络意识形态安全建设开辟新前景的同时，其黑箱效应和工具理性等隐匿性风险带来的价值偏离也在不断弱化意识形态安全建设的有效性[①]。伴随"信息茧房效应""泛娱乐现象""去主导化"等问题的产生，直接导致网络意识形态领域的潜在风险不断暴露，使得互联网成为负面舆情和错误思潮的放大器和原生地。在人工智能技术的推动下，高校辅导员工作环境发生深刻变化，学生群体在信息接收、价值判断和行为选择上表现出鲜明的数字化特征，这使得传统思政教育中的意识形态传播、教育和引导方式面临新的挑战。一方面，人工智能技术打破时间和空间的双重限制，为意识形态的传播提供了更为便捷和高效的渠道，但同时也使得各种思潮和观点在网络空间内快速扩散和交融，增加了意识形态斗争的复杂性和隐蔽性。另一方面，学生群体在享受人工智能技术带来的便利的同时，也容易受到网络舆论、虚假信息和极端观点的影响，导致意识形态认知的偏差和混乱。这种偏差可能表现为对某种思潮或观点的过度认同、对多元价值观的混淆不清、对主流意识形态的淡漠或排斥等。

人工智能时代精神要素数据化变革，给思想政治教育内容带来了挑战。人工智能在数据环节，通过数据采集、数据标注的方式，使图像、文字、声音等精神要素数据化，成为人工智能后续环节的基础。数据化与数字化不同，数字化是将信息转化为能让计算机识别的二进制编码的数字形式，而数据化则是建立在数字化基础上，进行数据标注后形成的结构化和半结构化的数据结构[②]。也就是说，相比较于数字化的数字形式转型进程，数据化多了数据标注、数据训练等过程。在此意义上，思想政治教育内容和安全等，就要面临比数字思想政治教育更加复杂的局面。即不再是形式的数字化，还在数字形式中蕴含着数据标注等"意识投喂"的环节。于是，人工智能时代高校辅导员工作的内容除了面临数字化变革的挑战，还

---

① 洪晓楠，刘媛媛．人工智能时代网络意识形态安全建设的发展契机、潜在风险与调适进路[J]．思想教育研究，2022（10）：138–144．

② 刘伟兵．智能思政：人工智能时代精神生产与思想政治教育发展研究[J]．福建师范大学学报（哲学社会科学版），2025（1）：25–34．

面临着内容数据化的真实性挑战,即内容的权威性问题。无论是文本、图像还是视频,在使用时,都是已有"意识"的产物,进而也就存在虚假性、片面性。思想政治教育绝不能将素材直接"拿来就用",而是要比以往多一个环节,即检验相关数据的准确性、权威性。

意识形态偏差的影响不容忽视。它可能导致学生群体在价值观上产生混乱和迷茫,影响个人的成长和发展;也可能削弱高校思政教育的整体效果和稳定性,对高校辅导员工作的稳定开展产生负面影响。因此,高校辅导员在借助人工智能技术的同时需要采取有效措施来应对意识形态偏差问题,加强对学生群体的意识形态教育和引导,推动高校思政教育的高质量发展。

二、意识形态偏差的成因

(一)数据偏差

数据是人工智能系统的基石,训练数据的来源和质量直接关乎系统的输出准确性和价值导向。在高校辅导员工作中,若所依赖的数据存在偏差或不全面,如仅基于部分学生的行为数据来推断全体学生的思想动态,或数据来源缺乏多样性,都可能导致系统输出的结果偏离正确的价值导向。这种偏差不仅会影响辅导员对学生思想状况的准确判断,还可能误导辅导策略的制定,进而对学生的成长和发展产生不利影响。

(二)算法设计缺陷

算法作为人工智能技术的核心,对技术覆盖广度和宽度影响颇深。而算法设计者往往会不自觉地将个人的价值观和偏见嵌入到算法中。如果算法设计者缺乏对学生思想政治教育的深入理解,或存在某种偏见,那么系统在处理信息时就可能产生偏差,可能表现为对某些敏感话题的过度敏感或忽视,对特定学生群体的刻板印象等,从而影响辅导员工作的公正性和有效性。

(三)文化差异

高校是一个多元文化交融的场所,不同文化背景下的学生拥有各自独特的价值观和意识形态。然而，人工智能系统在设计时往往基于特定的文化背景和假设，这可能使其难以准确理解和适应不同文化之间的差异。例如，对于某些来自特定文化背景的学生而言，他们的行为方式和表达方式可能与系统所期望的不符，从而导致系统对这些学生的误解或误判。这种文化差异带来的挑战需要辅导员在引入人工智能技术时予以充分考虑，并采取相应措施来确保系统的适应性和包容性。

三、意识形态偏差的影响

尽管如今高校思想政治教育与人工智能技术耦合不断深入，但我们应明确人工智能技术始终为人类创造，离不开人类意志行为驾驭[①]。"一切技术都是身体和神经系统增加力量和速度的延伸。[②]"这一观点深刻地揭示了技术的本质，即科学技术不仅仅是推动客观世界变革的工具，更要在其发展方向和应用规律的层面上，处处体现着人类世界的主观意识。在人工智能研究领域，有一个经典的问题一直备受关注："机器能否思考"。当前，在深度学习技术的加持下，人工智能技术已经具备了人类属性，特别是近几年生成式人工智能技术的成熟，计算机已经可以自适应提取海量数据，用人类习惯的沟通方式生产知识。正如马克思所担忧的："自然界没有造出任何机器，没有造出机车、铁路、电报、自动走锭精纺机等。它们是人的产业劳动的产物，是转化为人的意志驾驭自然界的器官或者说在自然界实现人的意志的器官的自然物质。它们是人的手创造出来的人脑的器官；是对象化的知识力量[③]"。再中立的人工智能技术都是人类设计的，其所依赖的数据更是离不开人的数字化行为和人的行为数字化[④]，人工智能技术也必然会向意识形态领域渗入。当前西方国家在人工智能技术市场化领域

---

① 李秋韵. 人工智能赋能高校思政教育的挑战及其应对 [J]. 牡丹江大学学报，2023，32（1）：74－79.

② 马歇尔·麦克卢汉. 理解媒介：论人的延伸 [M]. 何道宽，译. 南京：译林出版社，2019.

③ 《马克思恩格斯全集》第31卷，北京：人民出版社，1998.

④ 向征. "黑镜"中的对垒：生成式人工智能背景下网络意识形态风险与防范 [J]. 社会科学战线，2024（4）：9－12.

占有明显优势，其科技主导权正逐渐变为科技霸权和文化霸权，人工智能技术也有着为西方意识形态侵入提供载体的风险，智能算法中暗藏的政治立场容易出现科技政治化倾向，其生产的多元化知识语言容易冲击社会主义核心价值观话语体系的政治性逻辑性和传播力，这与高校辅导员工作价值引领功能相背离。

人工智能的资本应用逻辑及其带来的精神生产变化，对思想政治教育安全、领导权构成了挑战。人工智能作为科技本身并不具有意识形态，也不具有价值偏好。人工智能带来的一系列异化现象、意识形态偏向等问题的关键是人工智能的资本应用而不是人工智能本身[①]。人工智能技术路径上，无论是数据标注、算法选择还是模型设计之所以会存在意识形态问题，也在于其资本应用而不是技术本身。"这些劳动新异化的根源在于数字技术的资本主义应用[②]。"人工智能的资本应用带来精神生产的异化和意识形态的偏见，也给人工智能时代高校辅导员工作和思想政治教育安全、领导权等领域带来了挑战。是人工智能给出的答案对，还是思想政治教育的答案对？是人工智能传授的价值观好，还是思想政治教育传授的价值观好？是人工智能的"教育"形式美，还是思想政治教育形式美？这些挑战的背后，事实上是资本应用逻辑对社会主义逻辑的挑战，是符合资本增值的意识形态对社会主义意识形态的挑战，其实质是挑战了思想政治教育安全和领导权。

---

① 刘伟兵. 智能思政：人工智能时代精神生产与思想政治教育发展研究 [J]. 福建师范大学学报（哲学社会科学版），2025（1）：25-34.

② 肖峰：数字技术资本化与劳动新异化 [J]. 马克思主义研究，2022（5）：121.

第二节　隐私安全风险

一、隐私安全风险的具体表现

"人工智能时代，一切都可能被记录，一切都可能被分析。[①]"在信息社会里，人工智能技术为人们提供了大型开放场所，人人都可以通过端口连接互联网，进而享受互联网产品，在互联网上发表言论。精深生产的产品通过互联网技术，真正具有了世界性意义。不同国家、地区、民族的人们通过互联网可以享受同一首歌、看同样的视频，甚至进行跨区域交流、合作等精神交往。可以说，互联网以智能技术的方式打破了现实社会中许多时间、空间的壁垒，也重构了高校辅导员的工作场域，使得高校辅导员不再局限于传统的一地一域。

在人工智能时代，我们见证了一个前所未有的现象，那就是几乎所有的活动和信息都有可能被记录下来，并且通过先进的分析技术进行深入地挖掘和理解。人工智能应用越广泛，对于精准目标的追求越强烈，对学生数据的需求就越庞大，因此产生的数据安全和学生个人隐私权利让渡是当前人工智能技术赋能高校辅导员工作应用的基础性潜在风险。

（一）学生信息泄露

为了对学生的思想动态和行为举止进行精准画像，需要收集和分析学生在校园内学习和生活中的各项数据。这些数据包括但不限于校园卡的消费记录、社交媒体上的公开言论、日常学习成绩等。随着技术的不断进步，学生的人脸识别数据、脑电反应等生物学数据也开始被记录和应用。这些数据来源广泛，数据量庞大，如果人工智能系统没有采取充分的信息保护措施，学生个人隐私数据就有可能泄露，甚至侵犯学生的个人隐私权

---

① 程乐．"数字人本主义"视域下的通用人工智能规制鉴衡[J]．政法论丛，2024（3）：3-20.

和名誉权。此外,学生在使用人工智能系统时,往往需要在系统中注册个人信息,包括姓名、学号、联系方式等敏感信息,这些信息若被不当使用或泄露,也会给学生带来不必要的困扰和安全隐患。更为严重的是,一旦学生的个人隐私数据被不法分子获取,可能会被用于诈骗、身份盗用等犯罪行为,对学生的人身安全和财产安全构成严重威胁。信息泄露的同时,还会对学生的日常生活和学习造成一定困扰,如接收到大量垃圾邮件和骚扰电话等。见图 12-2。

图 12-2　人工智能存在数据泄露问题

目前,高校在思政教育中引入的人工智能技术应用,主要是通过与企业合作来实现的。这些企业在提供技术服务的过程中,通常会获得查阅学生数据的权利。然而,企业的介入也带来了数据丢失、算法漏洞、黑客攻击以及内部人员操作不当等风险。更严重的是,还存在企业违法交易数据的权益风险,这不仅威胁到学生数据的安全,也可能对学生的未来产生不可预知的负面影响。

(二) 信任危机

若学生信息在人工智能系统的处理、存储或传输过程中发生泄露等隐私安全问题,这将直接触及学生的敏感神经,严重损害学生对高校及辅导员的信任,学生可能会质疑学校对个人信息的保护能力。学生在将个人信息交付给学校时,是基于对学校保护个人隐私能力的信任。一旦这种信任被打破,学生可能会开始质疑学校对个人信息保护机制是否健全,是否真正能够确保他们的数据安全。这种质疑不仅会影响学生对学校的整体评价,更可能直接波及辅导员的工作开展。辅导员作为与学生接触最密切、负责思想政治教育的重要角色,其工作的顺利开展很大程度上依赖于与学生的良好关系和信任基础。当学生对学校失去信任时,他们可能会对辅导员的工作产生抵触情绪,不愿意配合辅导员的各项工作安排,甚至对辅导员的教导产生怀疑。

这种抵触情绪和怀疑态度将进一步对思想政治教育的开展和效果产生相反的影响。思想政治教育本身就需要建立在信任和理解的基础上,才能引导学生树立正确的世界观、人生观和价值观。而一旦信任基础被削弱,思想政治教育的难度将大大增加,其效果也将大打折扣。

二、隐私安全风险的成因

(一)数据收集与存储

在当今的教育环境中,为了训练和分析人工智能系统,从而对不同学生进行精准分析画像,就必然需要大量的学生数据作为支撑。这一数据收集和存储的过程存在诸多不容忽视的隐患。

数据收集渠道的正规性至关重要。若数据收集渠道不正规,例如,一些未经授权的第三方收集者或者存在恶意目的的收集者介入,他们可能会利用非法手段获取学生数据。这些非法手段可能包括欺骗学生提供个人信息,或者通过网络技术漏洞窃取学生在学习平台、校园网络等环境下的相关数据。而且,在数据收集过程中如果缺乏必要的监管机制,就很难保证收集者遵循合法、合规的原则,这就为学生信息泄露埋下了隐患。一旦学生信息被泄露,就可能被不法分子利用,进而侵犯学生的隐私权。例如,学生的个人身份信息可能被用于身份盗用,诈骗分子可能利用这些信息进行诈骗活动,这不仅会对学生的个人生活产生严重的负面影响,也会给高校辅导员的工作开展带来极大的阻碍。

数据存储作为学生信息的"存放地",其安全性极为关键。存储系统可能存在技术漏洞，例如，系统的加密机制不完善，容易被黑客破解；或者存储系统的访问权限管理混乱，使得一些未经授权的人员能够访问到学生数据。另外，管理不善也是一个潜在风险。如果存储系统的管理人员缺乏安全意识，没有严格遵守数据存储的安全规范，如未定期进行数据备份、未对存储设备进行安全检查等，就可能导致存储的数据被非法访问或窃取。一旦发生这种情况，学生的信息安全将受到严重威胁，可能引发一系列如前所述的严重安全问题。

（二）数据处理与使用

在数据处理过程中，确保学生信息的准确性和完整性是非常重要的。数据处理是人工智能系统分析学生数据、生成精准画像的关键环节。如果数据不准确或者不完整，可能会导致分析结果出现偏差，进而影响对学生的精准画像和个性化教育方案的制定，造成辅导员工作的片面性。例如，错误的成绩数据可能会使人工智能系统误判学生的学习能力，从而为其推荐不适合的学习资源或发展路径。

同时，在使用这些数据时，严格遵守相关法律法规是确保学生信息合法、合规使用的必要条件。任何未经学生同意或超出法律授权范围的数据使用行为，都是对学生隐私权的侵犯。然而，在实际情况中，可能存在多种因素导致学生信息被不当使用或滥用。一方面，可能是因为缺乏有效的隐私保护措施。例如，数据处理者在处理数据过程中没有对学生的敏感信息进行加密处理或者脱敏处理，这就使得学生信息在处理环节容易被泄露。另一方面，部分数据使用者可能出于商业利益或者其他不当目的，在未遵循相关法律法规的情况下使用学生数据。例如，将学生数据出售给第三方商业机构用于营销目的，这会给学生带来不必要的困扰和损失，如骚扰电话、垃圾邮件等。而且这种不当使用行为还可能引发更严重的法律后果，不仅对数据使用者自身造成法律风险，也会对学校的声誉和学生的权益保护带来负面影响。

（三）技术漏洞

技术漏洞是人工智能技术赋能高校辅导员工作面临的最大挑战之一。

尽管人工智能技术已经取得了显著的进步，但其本身仍可能存在未知的技术漏洞。这些漏洞一旦被黑客攻击或恶意利用，就可能导致学生信息的泄露，甚至可能对整个高校辅导工作系统造成严重的破坏。例如，2023年南昌某高校在开展数据处理活动中，未建立全流程数据安全管理制度，未采取技术措施保障数据安全，未履行数据安全保护义务，导致学校存储教职工信息、学生信息、缴费信息等3000万余条信息的数据库被黑客非法入侵，其中3万余条教职工、学生个人敏感信息数据被非法兜售。

因此，高校在推广和应用人工智能技术时，必须高度重视数据安全和学生个人隐私权利的保护，建立健全信息安全管理制度和技术防护措施，加强系统安全，对存储学生数据的服务器和系统进行定期安全检查和更新，及时修复漏洞；采用先进的加密技术，确保学生数据在传输和存储过程中的安全性；设置防火墙和入侵检测系统，防止黑客攻击和恶意软件的入侵，确保学生数据的安全性和隐私性。同时，也需要加强对校企合作企业的监督和管理，明确数据使用的权限和责任，防止数据泄露和滥用事件的发生。此外，为了进一步增强学生对个人隐私保护的意识，高校还应开展相关的宣传教育活动。通过讲座、研讨会、在线课程等形式，向学生普及个人隐私保护的重要性以及如何在日常生活中有效防范隐私泄露的方法。这不仅能够提升学生的自我保护能力，还能够促进整个校园形成重视隐私保护的良好氛围。

另外，还应建立起学生数据泄露的应急响应机制，制定应急预案，一旦发生数据泄露事件，能够迅速启动应急预案，及时采取措施防止泄露范围扩大，并积极配合相关部门进行调查处理。同时，还应做好受影响学生的安抚工作，提供必要的心理支持和法律援助，确保学生的合法权益得到充分保障。

第三节　　　　智能算法歧视

一、智能算法歧视的具体表现

高校肩负着为党育人、为国育才的光荣使命，高校辅导员作为青年大学生成长成才路上重要的一环，承担着"立德树人"的艰巨使命。阐释中国特色社会主义发展成就、传承中华优秀传统文化，为中国式现代化凝聚强大精神力量的重要任务，面向所有青年大学生，"立德树人"的根本目标适用于所有学生，推动教育内容入脑入心也是对所有学生的要求。因此，广泛覆盖、全部适用、消除歧视应当是高校辅导员运用人工智能技术的工作原则。人工智能技术依托于大数据和机器学习，可以实现自主决策，通常认为基于广泛数据和智能算法，人工智能技术提供的自主决策是客观中立的，但事实并非如此，管理者往往拥有算法程序的修改权利，并且智能算法不断强化个人兴趣数据，通过精准推送偏好内容增强学生用户黏性。算法歧视的具体表现可以简单概述为种族歧视、男女上的性别歧视、价格上的消费歧视、社会中的智障者群体歧视和年龄歧视等，这对高校思想政治教育公平性冲击是明显的。一方面，人工智能技术依托训练数据对学生进行精准画像时，如果数据集合不具有广泛代表性，或者数据过度偏向和忽视某一群体时，系统作出的画像和预测决策就无法做到公正公平，容易给高校思政工作者戴上"有色眼镜"。另一方面，人工智能技术可以通过互动探知学生个人偏好，在生成、推荐和评价思政教育内容时会倾向于推荐学生喜欢的单一内容，学生被智能算法困在了"信息茧房"，影响思政教育多元化和多样性，学生也容易因为自己的偏见而盲目自信，阻断高校辅导员思政教育工作对价值观的塑造。

（一）算法推荐下的"信息茧房"

在人工智能时代，算法推荐系统通过对学生的个性特征、兴趣倾向和价值观念进行精确分析,为其提供与个人偏好相匹配的内容,以满足其个性化信息需求。然而,该方法在与高校思想政治教育的关联中,易导致"信息茧房"现象的产生,进而引起信息范围的局限化和观念的固化,妨碍主流共识的形成,甚至可能催生社会圈层的极化,引导极端思潮的兴起,给网络意识形态安全及高校思想政治教育工作带来挑战。见图 12-3。

图 12-3 "信息茧房"现象产生

一是"信息茧房"现象阻碍了共识的形成。算法依据学生偏好进行智能筛选,并根据个体特征的差异性过滤掉异质信息,精确推送个性化产品与服务,促使个体不断消费与其偏好相契合的内容。长此以往,个体深陷于算法构建的"信息茧房"中,导致认知的极化和群体的固化,不利于高校学生对多元思想的接纳与理解,影响辅导员的思想引领效果。

二是"信息茧房"现象促进了社会圈层的极化。受证实性偏见的影响,处于"信息茧房"中的人更倾向于寻找与自己观点一致的信息,而忽视或回避与自己观点相悖的信息,从而触发"回声室效应",进一步加剧了社会圈层的隔离与对立,对高校思想政治教育中的共识凝聚构成挑战。

三是"信息茧房"现象扰乱了价值观念的凝聚。算法推荐不仅确保了内容与用户之间的精准对接,还将内容选择的决策权转移至智能设备和用户手中。这种做法解构了传统信息把关者的角色,导致网络空间中充斥着各种价值观念,最终压缩了网络主流意识形态及高校辅导员的表达空间。

（二）西方渗透下的泛娱乐化

人工智能技术在推动网络娱乐化传播的同时，也催生了"娱乐至上"和"万物皆可娱乐"的现象，这种趋势正在逐步削弱主流价值观、滋长价值虚无主义，并与不良社会思潮耦合，致使主流意识形态逐渐被消解和边缘化，此现象给高校辅导员工作的开展带来了严峻挑战。首先，泛娱乐化倾向于夸大明星绯闻、炒作社会道德热点事件、恶意制造话题以博取关注，通过煽动非理性情感引导价值观。这种手法削弱了应有的价值象征意义，使得许多重要的人、事或事件被过度娱乐化，瓦解了主流价值共识，进而影响了学生对正确价值观的接受和理解。其次，泛娱乐化自身缺乏价值属性，需要依附有价值的事物以获取关注，通过对具有象征意义的对象进行娱乐性戏谑来满足存在感。容易助长价值虚无主义，削弱了学生对主流价值观的认同和坚持，不利于形成正确的世界观、人生观和价值观。最后，泛娱乐化与不良社会思潮耦合，进一步加剧了网络意识形态的隐蔽性。消费主义和资本主义意识形态往往通过娱乐内容渗透到用户的日常生活中，历史虚无主义、普世价值观、新自由主义等错误思潮也在娱乐化的过程中得以传播，对学生的主流价值观造成潜在威胁，增加了高校辅导员思想政治教育的难度。

（三）资本裹挟下的去主导化

人工智能技术在市场经济中的应用激发了资本的营利性和资源的占有性，导致资本无限制扩张，并逐渐成为影响和改变社会秩序的新力量。资本与技术相结合带来的巨大流量效益，为敌对势力占据数字空间提供了土壤。第一，资本的营利性驱使其大力运用人工智能技术吸引学生眼球，任意挑战法律权威和道德底线。智能识别与算法推荐助长了庸俗、媚俗和低俗内容的传播，削弱了互联网主流意识形态的向心力[①]。这种现象不仅会导致社会文化环境恶化，还可能侵蚀社会道德基础。第二，算法推荐系统

---

① 洪晓楠，刘媛媛．人工智能时代网络意识形态安全建设的发展契机、潜在风险与调适进路[J]．思想教育研究，2022（10）：138-144．

依据学生偏好提供个性化内容,使得学生的异质思想被消弭,对真相的探索变得狭隘,导致"信息茧房"效应加剧,限制了学生表达的多样性。这种局面让其思维和视野变得封闭,阻碍了不同观点之间的交流与碰撞,不利于形成社会共识。第三,资本利用人工智能技术操控网络舆论导向,通过迅速占据数字空间,削弱了主流价值观的传播,威胁国家安全。在资本的驱动下,某些技术平台为了追求流量和利润,可能会放任甚至鼓励极端言论和虚假信息的传播,进而影响社会稳定。与此同时,资本对技术和平台的控制也使得网络空间的话语权逐渐向少数利益集团倾斜,导致公共舆论空间被扭曲,主流意识形态的传播力和影响力受到严重削弱,容易对学生的主流意识和价值观形成造成极大冲击,阻碍高校辅导员思想政治工作。

二、智能算法歧视的成因

(一)数据偏差

在当今这个数据驱动的时代,训练数据的来源和质量直接影响人工智能系统的输出。如果数据存在偏差或不全面,那么这种缺陷可能会在算法的决策过程中被放大,导致系统对某些群体产生歧视。例如,如果一个用于招聘的智能系统主要使用某一特定性别或种族的数据进行训练,那么它可能会倾向于选择与训练数据中相似的候选人,从而对其他性别或种族的求职者产生不公平的待遇。这种现象在现实世界中已经有所体现,比如,某些面部识别技术在识别不同肤色的人时准确率存在显著差异,这正是因为训练数据集在肤色多样性上的不足。这种偏差不仅限于招聘场景,它可能在任何使用人工智能的领域中出现,包括信贷审批、司法判决甚至医疗诊断,从而对个人和社会产生深远的影响。想象一下,如果一个医疗诊断系统主要基于某一特定人群的健康数据进行训练,那么它在诊断其他人群时可能会出现误诊,这不仅会危害患者的健康,还可能加剧医疗资源的不平等分配。

（二）算法设计缺陷

算法设计者的价值观和偏见可能会不自觉地嵌入到算法中，导致系统在处理信息时产生歧视。设计者在编写算法时可能会无意中加入自己的主观判断，这可能会影响算法的决策过程，使得算法在处理某些情况时，不自觉地偏向于某些特定的群体或个体。例如，在开发用于贷款审批的智能系统时，如果设计者对某些职业或教育背景有偏见，那么算法可能会对拥有这些特征的申请者给予更优惠的条件，这对其他申请者是不公平的。这种设计缺陷可能源于设计者对社会现实的误解或对特定群体的刻板印象，而这些偏见一旦被编码进算法，就可能在不为人知的情况下影响成千上万的决策。更令人担忧的是，算法的这种偏见可能被隐藏在复杂的数学模型和代码中，使得识别和纠正这些偏见变得异常困难，需要高度的专业知识和道德责任感。

（三）社会结构差异

社会中存在的性别、种族、经济等结构差异可能在数据中体现出来，导致算法在处理这些数据时产生不公平的结果。由于社会结构的不平等，某些群体可能在数据集中被代表得更多或更少，这会影响算法的判断，使得它在处理与这些群体相关的问题时，可能无法做到完全中立和公正。例如，如果一个智能系统在分析就业市场时，主要依据的数据集来自一个性别或种族占主导地位的行业，那么它可能会错误地推广该行业内的成功模式，而忽视了其他群体的特定需求和挑战。这种现象不仅反映了数据集的局限性，也揭示了算法在处理复杂社会问题时的局限性，提醒我们在设计和应用智能系统时必须考虑到其可能带来的社会影响。我们必须认识到，技术并非中立，它反映了创造它的社会和文化背景，因此在技术的设计和实施过程中，需要有意识地采取措施，以确保技术的公平性和正义性。

第四节　师生关系消解

一、师生关系消解的具体表现

当前,以人工智能为核心的科技进步展现出空前的活力,构建起庞大的数据架构和算法体系,其在特定领域展现出超越人类生理限制的潜能,并以此优势满足社会大众多样化的需求、提供各类服务、创造巨大价值。然而,人工智能技术的飞速发展可能导致事物和人的工具化倾向,将科学技术异化为"偶像"和"信仰",进而导致对工具理性的极端崇拜。在主体性视角下,对工具理性的极端崇拜势必导致对人的忽视,削弱人在社会发展中的作用和价值,这与高校辅导员思想政治教育工作的核心宗旨——重视人、培养人、实现人的全面发展——背道而驰。同时,对人工智能的过度依赖将显著降低人们追求目标与实际获得之间的张力。人的生活世界因环境的复杂变化、心理的内在调适、价值实现的矛盾冲突等丰富过程而具有决定性意义,只有保持个体与社会之间必要的张力,才能感知和创造丰富的意义世界。设想一下,在人类世界过度依赖人工智能以满足一切生活需求的情境下,仅剩下享受,那么奋斗、思考、探索、责任等品质将沦为"奢侈品",进而引发人的自我价值、人文精神、情感关怀和人际关系的危机。

传统的高校辅导员思政工作关系主要是二元关系,师生在共同时空区域内通过面对面的方式完成理论内容的输入输出,师生互动关系和依赖性较高。人工智能技术的介入重构了师生互动的主体关系,"人—人"的主体构成扩展为"人—机—人",依托人工智能技术,学生可以在开放、平等的关系中获取虚拟场景中的海量、个性教育内容,这给传统教育环境和教师的权威性带来了挑战,教师角色"由管理者的角色变为了引导者与合作者"①，学生主体意识被不断强化，其对强硬的、直接的主流价值观灌输教育内心抵抗感增强。一方面，人工智能在高校思政教育过程中的作用显得过于"喧宾夺主"，有的超出了其应当承担的协助角色，过于崇拜技术赋能，削弱了教师的主观能动性，一系列科技感十足的知识内容和互动体验全面兴起，过于追求教育形式的智能化，反而削弱了内容本身的价值引导作用。另一方面，思政教育归根结底是一项育人的工作，需要通过教育工作者与学生建立强有力的情感联系，用自身的德行品质引导学生的人格德行和价值观念的养成。当前，"大数据运用的热处理、温导入与冷输出"②是当前智慧思政所面临的主要问题，人工智能技术为高校思政教育精准化和科学化提供了技术支撑，但是引发了教育工作者"身体缺位"的问题，变成了操作教育过程的"幕后人"，师生互动内容更多的是以数字符号呈现，互动过程也趋向于程式化，本应丰富的情感被技术所屏蔽，消解了师生主体关系，催生了高校辅导员和学生间的互动伦理风险。

二、师生关系消解的成因

（一）技术依赖

在现代教育环境中，辅导员越来越倾向于依赖人工智能系统来执行学生管理和教育任务。这种依赖性直接导致辅导员与学生之间的直接交流和互动机会显著减少。例如，辅导员可能会使用人工智能系统来监控学生的出勤情况，自动回复学生的常见问题，甚至通过算法来评估学生的学习进度。虽然这些技术手段极大地提高了效率，减少了辅导员的工作负担，但它们也剥夺了辅导员与学生进行深入交流的机会。辅导员无法通过日常的面对面互动来了解学生的个性和需求，无法在学生遇到困难时提供及时的安慰和指导。这种缺乏人际互动的环境，使得学生在情感上对辅导员的依赖度降低，进而影响了师生关系的紧密度。

---

① 吴满意，宁文英，王欣玥. 网络思想政治教育生态系统研究［M］. 北京：人民出版社，2019.

② 刁生富. 重估大数据与人的生存［M］. 北京：电子工业出版社，2018.

(二) 沟通方式变化

人工智能技术的应用改变了传统的沟通方式,学生可能更倾向于通过技术手段与辅导员交流,而不是面对面地沟通。见图 12-4。例如,学生可能觉得通过校园在线平台提交问题更加方便快捷,而辅导员也可能认为这种方式可以节省时间、提高效率。

图 12-4 人工智能技术改变沟通方式

然而,这种缺乏面对面交流的沟通方式,可能会导致师生之间缺乏必要的非言语信息交流,如肢体语言和面部表情,这些往往是建立信任和理解的重要因素。此外,面对面的交流能够更好地促进情感的传递和共鸣,而技术手段则可能使交流变得冷冰冰,缺乏人情味。这种沟通方式的变化,不仅影响了师生之间的情感联系,也可能导致学生在遇到复杂或敏感问题时,不愿意寻求辅导员的帮助。

(三) 情感缺失

人工智能系统无法完全替代辅导员的情感支持和人文关怀,导致学生在情感上对辅导员的依赖度降低。辅导员的同理心、鼓励和指导对于学生的个人成长和情感发展至关重要。然而,当辅导员过度依赖技术时,学生可能会感到在情感上对辅导员的依赖度降低,这可能导致师生关系的疏远。例如,学生在遇到困难和挑战时,可能更倾向于寻求来自同龄人的支持，而不是向辅导员寻求帮助。这种情感上的疏离感可能会削弱学生对辅导员的信任，进而影响到整个教育过程的成效。辅导员如果不能及时察觉并调整这种趋势，可能会导致学生在情感上更加孤立，影响他们的心理健康和学业表现。

第十三章
人工智能技术赋能高校辅导员工作高质量发展路径

人工智能技术的深度融入不仅重构了传统教育管理模式,更对辅导员的角色定位提出了新要求。从日常事务的智能化处理到个性化思政教育的精准供给,从数据驱动的决策支持到技术伦理的价值坚守,技术赋能的广度与深度直接影响着育人实效。然而,技术理性与教育本质的碰撞、工具价值与人文关怀的平衡始终是辅导员工作创新必须破解的核心矛盾。

人工智能技术为辅导员突破时空限制、精准把握学生需求提供了新工具,为创新思政教育方式、提升服务效能开辟了新路径。本章立足教育数字化战略行动背景,聚焦人工智能技术赋能高校辅导员工作的实践前沿,从思想革新、制度建构、技术创新三个维度探讨人工智能与辅导员工作深度融合的实施路径。

第一节 思想方面：转变观念，积极应对

随着人工智能技术的飞速发展，其在教育领域的应用日益广泛，给高校辅导员工作带来了新的机遇与挑战。在这一背景下，辅导员必须转变观念，积极应对人工智能技术的融入。

人工智能应该也有必要成为高校辅导员开展工作的有效工具，乃至成为革新辅导员工作形式既有生态的利器，对此辅导员应持有积极的态度，并不断深化辅导员工作与人工智能的技术结合和协同运用。在此过程中，需要明确技术为用、育人为本的价值导向。从根本上讲，思想政治教育是意识形态的教化与濡化，并不断提高人的思想道德素质，实现人的发展和为社会主义服务的过程，一切的技术利用都应该服务于这一根本[①]。人工智能赋能高校辅导员工作，并非将两者融合生成一项新的活动，更不是高校辅导员工作完全被人工智能接管替代，丧失其独立性；而是立足育人中心，遵循教育规律以及人的身心发展规律，吸纳利用人工智能技术优势和强大能力，充分发挥其快速感知和获取需求的能力，营造适宜的氛围和支持环境，愉快地创设相应的知识、能力、素养和服务的供给，最终是为了实现思想的认同、良好道德品质的形成和行为的笃定，实现学生的个性化发展和全面发展。通过智能化的教学和学习方式，让每个学生都能找到适合自己的学习路径和发展方向。人工智能正展现着其史无前例的数据处理、分析能力和算法、深度学习优势，而这些也正是提升高校辅导员工作效果所不可或缺的因素。可以预见的是，在超人工智能发展阶段，其智能程度将更胜现在，技术上赋能高校辅导员工作的强度也将远胜现在，但无论人工智能如何发展和进步，均不能改变其为人所用、服务于育人的技术和器物属性，只能成为增强辅导员工作有效性和针对性的媒介和手段，不

---

① 杨仁财. 人工智能赋能高校思想政治教育的挑战与应对[J]. 国家教育行政学院学报，2020 (5)：54 – 59.

能"本""用"倒置。

思想是行动的先导。习近平总书记指出:"教育数字化是我国开辟教育发展新赛道和塑造教育发展新优势的重要突破口",人工智能、大数据等先进技术加持下的第四次工业革命席卷世界,高校辅导员需要认识到人工智能技术并非替代者,而是辅助工具,以价值理性引导工具理性。它能够帮助辅导员更高效地处理烦琐的行政事务,释放更多时间用于与学生的深入交流和个性化指导;它能够作为媒介手段助力辅导员教育教学环节,简化繁杂重复的工作。高校作为"教育、科技、人才协调发展"的结合点,理应紧跟时代步伐,推动思维创新,主动结合时代机遇,积极应对和规避伦理风险。

一、坚持马克思主义在高校思政教育中的指导地位

"理论武装本质是马克思主义思想闪电唤醒人民群众"[①],高校是知识密集型场所,汇聚了众多思想活跃且互联网素养较高的大学生群体。在当今时代,随着信息技术的飞速发展,信息传播的便捷性达到了前所未有的程度,各种庞杂多样的社会思想和价值观借助互联网这一强大的信息渠道,如同潮水般不断地冲击着大学生的思想世界。

在这样的大背景下,特别是在面对人工智能技术可能带来的在意识形态领域的潜在风险时,高校辅导员更要坚定不移地将马克思主义确立为工作的根本指引和行动指南。马克思主义为我们提供的不仅仅是一种理论体系,更是一套科学的世界观和方法论。这种科学的世界观和方法论能够帮助我们深入地剖析诸多政治、经济、社会的实际问题。高校辅导员运用马克思主义的立场、观点和方法剖析这些现实问题具有深远意义。这有助于引导大学生以正确的视角认识和理解社会现象,使他们在纷繁复杂的社会思潮中站稳中国立场。同时,辅导员必须鲜明地反对和批判各种错误思想,特别是那些企图借助人工智能技术来渗透意识形态领域的错误观念。

---

① 邢鹏飞,张佩. 准确理解马克思主义理论武装的科学内涵[J]. 理论导刊,2020 (5):51–57.

这是因为，西方敌对势力一直妄图通过文化渗透和意识形态颠覆来影响我国，我们必须坚决抵制，从而维护国家的文化安全和意识形态安全。

在坚持马克思主义指导地位的过程中，高校辅导员还要注重凸显社会主义制度的优势。通过对比不同社会制度下的政治、经济、文化发展情况，能够让学生深刻且直观地认识到社会主义制度所具备的优越性和先进性。这种对比教育不仅可以增强学生对社会主义制度的自信，而且能够进一步提升马克思主义在学生心中的吸引力和影响力。高校辅导员要着力提升社会主义核心价值观的话语权。借助马克思主义理论武装，积极引导学生树立正确的世界观、人生观和价值观，使社会主义核心价值观真正成为学生的精神支柱和行动指南。同时，辅导员还要通过多种方式积极传播社会主义核心价值观，让其在校园内外形成广泛的共识，为构建和谐社会、实现中华民族伟大复兴的中国梦贡献不可或缺的力量。

二、保持改革进取的思维

习近平总书记指出："理论创新每前进一步，理论武装就要跟进一步。"[①]伦理安全风险的存在并不是高校辅导员工作停滞不前的借口，辅导员必须充分认识到人类正在迈入智能时代，人工智能赋能高校辅导员工作是未来教育发展的趋势，需要突破传统工作方式的思维枷锁，积极思考提高教育教学数字化实效的可行路径。辅导员要树立"以学生为本"的工作理念，认识到当前的教育对象是互联网的"原住民"，要根据其积极开放、多元个性以及渴望平等对话的特点，系统调研学生对新时代思政教育的需求，坚持育人为本、技术为用，构建良好的师生互动关系，避免人工智能技术带来的情感缺失和伦理风险。

重视算法推荐的"智能"，更要重视个人学习的"自主"。人们需求的是什么已经不再是难题，因为有智能推荐，但是人们真正需求的是什么可能成为一个需要深思熟虑的问题。人工智能使得算法变得聪慧，智能推

---

① 习近平在"不忘初心、牢记使命"主题教育工作会议上的讲话［J］. 求是，2019（13）.

荐极大便利了信息的精确获取,但未经干预的算法推荐容易导致信息固守、传播偏好和价值失衡,呈现出消解学习者的自主学习和独立思考能力的特性。在充分发挥智能推荐的优势时,实行逆向推荐"你最不需要什么""你最不喜爱什么"等内容,减少智能推荐因标题做推荐,增加因内容和价值做推荐都是必需的措施。毋庸置疑,个人自主意识和行为是减少或者避免算法推荐过度干预的关键因素。通过培养个人自主忽略、过滤不相关的信息能力,才能不被算法的智能所掩盖。在一定意义上说,人工智能之所以不能取代人也是因为人有自主学习、独立思考和创新创造的能力[1]。因此,应加强个人自主学习、选择和信息辨识能力的培养,增强对个人自我效能感、自主调整策略和对获取信息价值目标的引导。如果个人拥有较高的自主学习能力和媒介素养,就能够有意识地避免算法的用户偏好所带来的过度推荐和智能遮蔽。由此,基于主流媒体传播和"以内容为王"的核心价值的传播力、影响力和整合力势必得到加强。

第二节 制度方面:制度创新、审慎监管

"如何处理好法律的稳定性和与时俱进性之间的关系,是考量立法者的理性和智慧的最大问题"[2]。法律的稳定性犹如社会秩序的坚固基石,它为人们的行为提供明确的准则和预期,让社会运行能够在既定的轨道上平稳前行。然而,时代在飞速发展,社会在不断变迁,新的技术、新的社会现象如潮水般涌来,这又要求法律必须具备与时俱进的特质,及时回应现实的需求,为新生事物提供规范和引导。人工智能技术作为科技领域的一颗璀璨新星,其发展态势迅猛且影响深远。鉴于人工智能技术可能带来的诸多复杂影响,国家始终对其保持高度警惕。为了确保人工智能技术能够

---

[1] 米华全. 人工智能赋能高校党建的逻辑理路与实践策略 [J]. 思想理论教育, 2021 (9): 81-87.

[2] 司春燕. 试论良法及其标准 [J]. 湖北工程学院学报, 2013, 33 (5): 103-106.

健康可持续发展，国家出台了一系列制度文件。这些文件从不同层面、不同角度对人工智能技术的发展进行规范和引导，力求在推动技术进步的同时，最大限度地降低潜在风险。在我国，《中华人民共和国宪法》《中华人民共和国民法典》《中华人民共和国刑法》《中华人民共和国刑事诉讼法》《中华人民共和国民事诉讼法》等都对个人信息相关范畴作出法律规定，对个人隐私的保护规定从而引申出对信息技术伦理安全的保护，但是，随着人工智能技术的飞速发展，其对个人数据的需求呈现出爆发式增长。人工智能系统需要大量的个人数据来进行训练和优化，以实现更精准地预测和决策。在这样的背景下，个人数据的重要性日益凸显，数据安全和隐私保护面临着前所未有的挑战。仅仅依靠原有的法律规定，已经难以充分应对这些新出现的问题，基于这样的现实状况，我国开始高度重视对个人数据的法律保护，个人数据不仅关乎个人的隐私和权益，更影响着整个社会的信息安全和稳定。高校辅导员工作场景具有其独特性，在人工智能技术逐渐渗透到高校管理和教育教学各个环节的今天，也面临着诸多与人工智能相关的伦理问题。例如，在学生信息管理、心理健康辅导等工作中，如何确保学生的个人数据不被非法获取和滥用，如何保障人工智能辅助决策系统的公正性和可靠性等。因此，建立起适用于高校辅导员工作场景下的相应制度体系迫在眉睫。

一、加强对数据隐私的保护

2019年，教育部、国家网信办、工信部、公安部、民政部、市场监管总局、国家新闻出版署、国家"扫黄打非"行动办等八部门联合发布的《关于引导规范教育移动互联网应用有序健康发展的意见》明确规定，在获取学生个人信息之后，必须贯彻质量最小化原则。这意味着在收集和使用学生个人信息时，要严格限制数据的范围和数量，仅获取实现特定教育目的所必需的最少数据，避免过度采集和滥用个人信息。例如，对于学生的一些非必要信息不应随意收集，像家庭收入情况等与教学直接关联不大的信息不应纳入收集范围。而且，针对大范围的数据使用，要求必须经过学校领导的联合调研和审核。另外，要严格控制使用个人生物识别技术，在当今科技发展迅速的背景下，个人生物识别技术如人脸、指纹、虹膜识别等在教育移动互联网应用中有一定的应用场景，但也存在较大的隐私风险。该意见在深入调查基础上，确定了App的控制要求，从内容控制、管理和安全防护的角度，划出了红线①。高校辅导员作为教育领域的重要主体，在数据隐私保护方面承担着重要责任，高校应当制定严格的数据保护措施，例如，对个人敏感信息加密，要通过有效的机制对数据访问采取限制，建立严格的权限管理和审计流程，设定不同的权限级别，如普通教师只能访问与其教学相关的学生成绩等基本信息，而涉及学生更隐私的数据如家庭特殊情况等只有特定的管理部门有权限访问。对学生个人数据的使用应当遵循"合理、合法和必要"的原则。例如，学校为了评估学生的学习成绩而收集学生的考试作答情况是合理合法且必要的，但如果将这些数据用于商业营销则是不被允许的。同时，高校还应主动告知学生所需数据的类别、用处以及他们享有的权利，如知情权、选择权、删除权等。比如，在新生入学时，学校可以通过专门的手册或者线上平台告知学生，学校会收集他们的姓名、学号、专业等基本信息用于教学管理，学生有权要求查看自己的数据是否准确，也有权在毕业后要求学校删除某些非必要保留的数据等，以增强学生的数据保护意识和自主权。

二、形成行之有效的监管机制

多方参与的监管机制是提高监管全面性和有效性的有效路径。监管主体除教育行政部门、高校以外，还应当包括技术企业、民间团体和社会公众等。

（一）政府充当牵头角色

政府应当扮演牵头角色，积极作为，成立专门的高校人工智能技术应

---

① 教育部等八部门关于引导规范教育移动互联网应用有序健康发展的意见[EB/OL].（2019-08-15）(2023-05-10) http://www.moe.gov.cn/srcsite/A16/moe_784/201908/t20190829_396505.html.

用伦理审查委员会，对人工智能技术赋能高校辅导员工作中的应用进行伦理安全风险的全面评估，确保技术应用符合伦理规范、教育初衷以及社会期待。同时，政府还应主动收集社会各界和师生群体的意见反馈，以此为基础不断完善监管措施和政策。

（二）健全法律责任追究机制

建立健全法律责任追究机制是确保监管制度严肃性和权威性的关键。对于任何违反数据隐私保护规定、滥用学生个人数据的行为，都应依法追究相关责任人的法律责任。这不仅能够震慑潜在的违规行为，还能够确保法规的严格执行。

（三）教育培训与风险预警

加强对高校辅导员和技术人员的培训，提高他们的法律意识和数据保护能力，确保他们在日常工作中能够严格遵守相关法律法规和制度规定。还可以探索建立人工智能技术应用的风险预警机制。通过对人工智能技术的深入研究和分析，及时发现潜在的风险和问题，并采取相应的措施进行防范和应对。

（四）高校、机构、企业合作与创新

鼓励高校、科研机构和企业加强合作，共同推动人工智能技术的创新和发展，为高校辅导员工作提供更加先进、高效的技术支持。加速技术创新，确保技术应用的安全性和可靠性，服务于学生的全面发展和社会的进步。

第三节 技术层面：创新应用，实效为重

人工智能本身就是正在发展中的科学技术，因此对其进行有效规约，除遵循思想逻辑和制度逻辑之外，也应当从技术本身特质出发，针对其已经出现或者潜伏存在的伦理风险进行攻关和重修，通过技术改进、体验提

升、决策透明等方式增强高校辅导员工作中的人工智能技术的可解释性，增强师生及社会公众对其的信心。

一、破解算法歧视难题，强化智能决策公平

"随着计算机算力提升而不再可靠的算法应当及时废弃"[①]，为了确保人工智能技术在高校辅导员工作中的公正性和有效性，必须加强监管行为的技术水平，通过构建完善的监测机制，实时捕捉用户反馈和监管主体的意见，从而精准识别算法中可能出现的偏见问题。高校辅导员作为连接学生与学校的桥梁，应当积极研究人工智能技术应用场景下的工作原理和决策依据。不仅要掌握人工智能技术的基本原理，还要深入了解其在学生日常事务管理、思想政治教育等方面的具体应用。通过不断学习和实践，辅导员能够更好地驾驭人工智能技术，确保其服务于教育教学的核心目标。在数据收集、整理和应用过程中，高校辅导员要主动形成"人工智能＋智慧思政"的协调工作机制，确保数据来源的广泛性和代表性，避免数据集合出现偏差，从而确保人工智能技术在决策过程中能够充分考虑各方利益，尽可能引导人工智能技术作出公平决策。同时，辅导员还应积极引导学生参与数据收集和反馈过程，让学生的声音成为算法优化的重要参考，进一步提升人工智能技术的公平性和有效性。

通过更新换代来不断提升人工智能技术的服务质量和效率。随着技术的不断进步和应用场景的拓展，辅导员应积极探索新的人工智能技术应用方式，将其融入学生管理、思想教育等各个环节，实现教育工作的智能化、精准化和个性化。

二、布局深耕人工智能在思政教育领域内的关键共性技术体系研发

当前，西方国家在人工智能技术及其应用方面仍占据优势，从技术研

---

① 纯全. 人工智能技术在城建档案管理工作中的应用研究［J］. 未来城市设计与运营，2024（2）：90-92.

发的投入、高端人才的汇聚到应用场景的拓展等多个方面，西方国家都走在前列。例如，美国在各热点技术大类下的人工智能发文量位居全球首位，在技术的商业化应用方面也有诸多成功案例。在这种形势下，我们必须深刻认识到，只有自身拥有强大的技术实力，才能够有效地防范各类可能出现的风险，这对于人工智能技术赋能高校辅导员工作同样至关重要。

中国共产党领导下的高校，是具有鲜明中国特色的高校，高校辅导员工作更是在这样的大环境下开展的，需要依托强有力的中国特色话语体系在思政教育中发挥重要的引导作用。国家需要大力支持高校和社会各界开展相关工作，明确技术价值指向，要确保人工智能技术在思政教育领域的研发和应用符合社会主义核心价值观，符合国家和民族的长远利益。同时，加大科研投入力度刻不容缓，以中国电子教育学会启动人工智能赋能思政教育专项课题为例，这一举措为推动人工智能在思政教育中的应用提供了新的思路和研究方向。国家应该鼓励更多的这样科研项目开展，尽快研发并上线一批符合思政教育目标、能够深度融入高校辅导员工作的平台和应用。

特别是在生成式人工智能快速发展的当下，像 ChatGPT 这样具有代表性的生成式人工智能技术已经引起了广泛的关注。ChatGPT 作为生成式人工智能的典型代表，能够更加准确地理解连续的自然语言对话背后的需求，并迅速生成有效的答案。见图 13-1。它在教育领域具有一定的应用前景，例如，可以辅助辅导员备课，为学生提供个性化的学习内容等，但同时也带来了一些挑战，如可能引发教育诚信危机、对用户的信息甄别能力要求更高以及可能引发新的隐私保护问题等。我们必须紧跟这一发展机遇，抢占新的发展赛道，充分发挥生成式人工智能在思政教育中的优势，如利用其强大的生成能力和创造力，实现个性化教学内容的生成、智能化学习路径的规划以及精准化学习效果的评估等，从而极大地提升思政教育的吸引力和感染力，增强我国在这一领域的技术话语权。

图 13 – 1　生成式人工智能——ChatGPT

高校自身也应当紧跟时代发展的潮流，积极发挥自身的科研优势。在国际合作方面，有许多成功的案例可以借鉴。例如，我国一些高校与国际先进的人工智能研究机构和企业开展合作研究项目，共同探讨人工智能技术在教育领域的应用。在高等教育领域，人工智能技术的应用伦理规范是一个亟待探讨和解决的问题，高校可以通过参与国际合作，与国际伙伴共同探讨和制定人工智能技术在教育领域，特别是高等教育领域的应用伦理规范。一方面，学习国外在人工智能技术研发、应用伦理等方面的先进经验和技术成果，如欧洲一些国家在人工智能伦理方面的研究成果以及相关的政策法规制定经验；另一方面，贡献中国在伦理安全风险防范方面的智慧与方案，如中国传统文化中蕴含的伦理道德观念如何与现代人工智能技术相结合，构建具有中国特色的人工智能伦理体系，为全球人工智能的健康发展提供有益的参考，既学习国外先进经验，也贡献伦理安全风险防范的中国智慧。

三、注重人工智能技术的本土化应用与创新

在全球化的浪潮下，国际先进技术的交流与借鉴犹如一股强劲的东风，为各个领域的蓬勃发展注入了源源不断的动力。高校思政教育领域同样受到这股潮流的影响，但对于中国高校的思政教育而言，仅仅依赖国际

技术是远远不够的,必须紧密结合中国高校思政教育的实际情况,深入开发适合本土特色的智能教育工具和平台,显著提高人工智能技术在中国高校思政教育场景中的适应性和实用性,从而更加精准地服务于中国高校思政教育的特殊需求,进而有力地推动高校辅导员工作向着创新与发展的方向大步迈进。在借鉴国际先进的人工智能技术的过程中,不能简单地生搬硬套,而是要巧妙地在内容设计、功能设置等关键环节融入中国元素。以中国丰富的传统文化为例,我们可以将传统文化中的经典故事、哲学思想等融入智能教育工具的内容中,这样的智能教育工具才能够真正扎根于中国高校思政教育的土壤,满足实际需求。此外,加强人工智能技术与传统思政教育方法的融合,形成线上线下相结合、人工智能相补充的多元化教育模式,以全面提升高校思政教育的质量和效果。

发挥人工智能技术赋能教学创新价值,为高校辅导员提供智能教学助手,利用人工智能提升教学工作效率,Kimi、文心一言、ChatGPT、豆包等智能模型都可以作为智能备课助手,为辅导员的教学工作提供强有力的支持。见图13-2和图13-3。这些智能模型可以根据辅导员的需求迅速生成详尽实用的教案,而且还能针对教案中的相关内容为辅导员提供进一步的建设性建议,帮助辅导员不断完善教案,从而使课堂内容更加丰富、深入且富有内涵。这一过程不仅大大减轻了辅导员的备课负担,还显著提高了教案的质量和针对性。

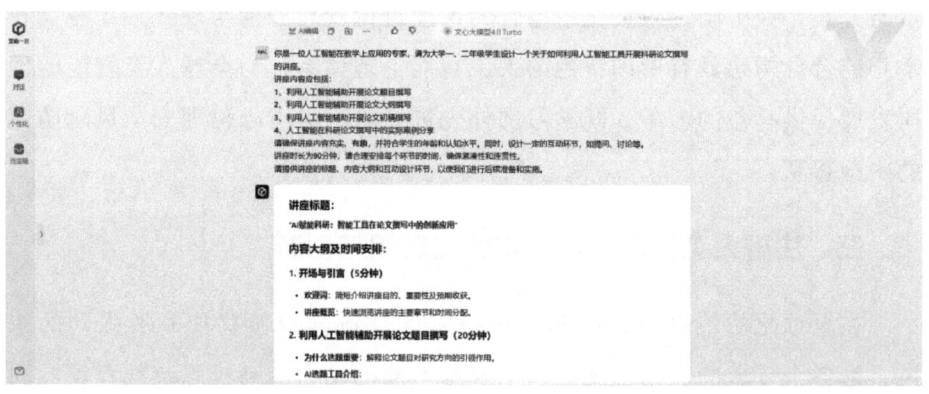

图13-2 利用文心一言智能模型辅助备课

第十三章 人工智能技术赋能高校辅导员工作高质量发展路径

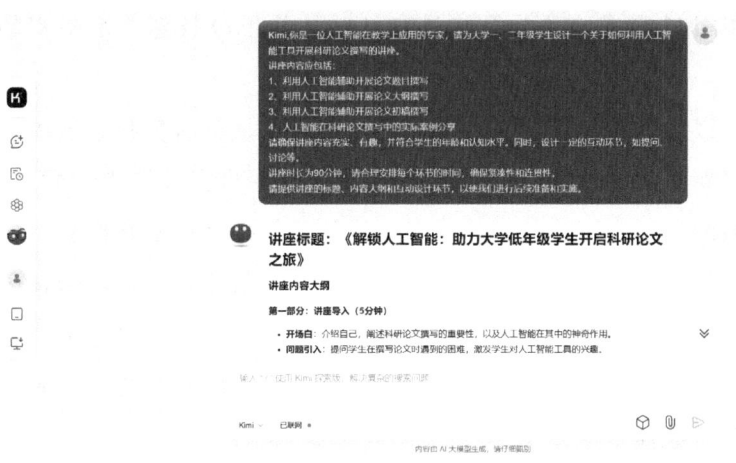

图 13-3 利用 Kimi 智能模型辅助备课

除了在智能备课这一重要方面，人工智能技术在高校辅导员工作的多个场景中都有着广泛且深入的应用。在个性化教学方面，人工智能技术能够根据每个学生的独特学习风格、知识基础和兴趣爱好等因素，量身定制个性化的教学内容和学习路径。例如，对于理论理解能力较强但实践操作能力较弱的学生，智能系统可以为其推送更多与理论联系实际的案例和实践练习。人工智能还可以实时监测课堂的各项动态，如学生的参与度、注意力集中程度等，辅导员可以根据这些数据及时调整教学策略，确保课堂秩序井然且高效进行。在智能教学分析方面，人工智能技术能够对教学过程中的各个环节进行深度剖析，从教学方法的有效性到教学内容的难易程度等，为辅导员提供全面的教学反馈，以便他们不断优化教学过程。在智能作业批阅环节，智能系统能够快速准确地对学生的作业进行批改，不仅能够指出答案的对错，还能针对学生的错误提供详细的解释和改进建议。智能辅导答疑为学生提供了随时随地获取帮助的渠道，无论是学习上的疑惑还是思想上的困惑，都能得到及时解答。人工智能技术通过对大量数据的捕捉和分析，深入了解每个学生的学习情况，包括学习进度、知识掌握程度、学习习惯等，从而为每个学生定制专属的学习方案。这一系列的应用极大地缩减了辅导员烦琐的程序化工作，使他们能够将更多的精力投入了解学生个体的独特需求上，为开展具有针对性的思政教育奠定坚实的基础。

辅导员还可以借助人工智能技术帮助学生创建专属的智能体，这些智能体包含智能答疑系统、学生学情分析等功能，进一步提升了教学质量。通过智能答疑系统，学生可以在任何时间、任何地点向系统提出问题，迅速获取专业的解答和建议，这大大提高了学生的学习效率。而学生学情分析功能则像是辅导员的"千里眼"和"顺风耳"，能够及时准确地了解学生的学习状况和存在的问题，为辅导员调整教学策略提供科学依据，确保教育的针对性和有效性。

图13-4所示为大学英语学习智能体。

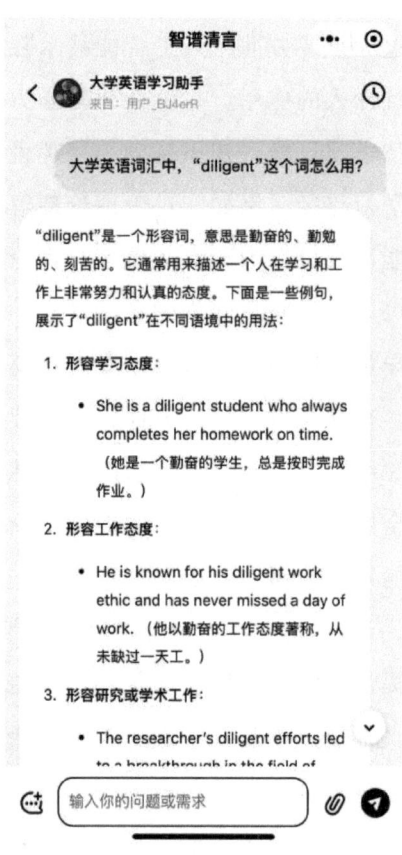

图13-4　大学英语学习智能体

通过注重人工智能技术的本土化应用与创新,并加强其与传统思政教育方法的融合,能够开辟出一条推动高校辅导员工作高质量发展的崭新路径。在这条道路上,充分发挥人工智能技术的赋能作用,为高校辅导员提供更加高效、便捷、个性化的教学助手和工具,从而全面提升高校教育的质量和效果,为培养德智体美劳全面发展的新时代大学生贡献力量。